사회행동과 미술치료

Frances F. Kaplan 엮음
최 한 옮김

Σ 시그마프레스

사회행동과 미술치료

발행일 | 2016년 2월 1일 1쇄 발행

편저자 | Frances F. Kaplan
역자 | 최 한
발행인 | 강학경
발행처 | (주) 시그마프레스
디자인 | 우주연
편집 | 이지선

등록번호 제10-2642호
주소 서울특별시 영등포구 양평로 22길 21 선유도코오롱디지털타워 A401~403호
전자우편 sigma@spress.co.kr
홈페이지 http://www.sigmapress.co.kr
전화 (02)323-4845, (02)2062-5184~8
팩스 (02)323-4197

ISBN 978-89-6866-530-1

Art Therapy and Social Action

First published in the UK in 2007 by Jessica Kingsley Publishers Ltd
73 Collier Street, London, N1 9BE, UK
www.jkp.com

Printed and bound in Great Britain

* 책값은 책 뒤표지에 있습니다.
* 이 도서의 국립중앙도서관 출판시도서목록(CIP)은 서지정보유통지원시스템 홈페이지(http://seoji.nl.go.kr)와 국가자료공동목록시스템(http://www.nl.go.kr/kolisnet)에서 이용하실 수 있습니다. (CIP제어번호: CIP2016001665)

역자 서문

이 책은 비단 미술치료 전문가뿐만 아니라 다양한 전문가에게 사회환경에서 미술이라는 공통된 소통 방식을 통해 사회적 약자들과 피해자들이 직면한 사회문제를 해결해나가는 과정을 흥미롭게 풀어간다. 그동안 열정적인 미술치료사들은 도움을 필요로 하는 이들에게 고달픈 삶의 고통으로부터 벗어날 수 있는 지혜를 우리들에게 일러주었다. 하지만 그들의 노력들이 어떠한 과정으로 개인적인 수준에서 사회적 수준으로 파급되는지 정리된 책은 없었다. 이 책은 분쟁과 차별, 폭력 같은 사회적인 주제들에 대한 구체적인 사례들과 이론적 배경을 독자들에게 제시하며 창의적인 방식으로 서로의 다름을 존중하고 타인을 이해할 수 있도록 안내한다. 때로는 문제해결의 실마리를 찾아가는 기고자들의 솔직 담백하고 인간적인 경험담을 담고 있기도 하다. 공통적으로 공동체적인 선의적 행동이 지닌 의미와 선의적 행동이 미치는 사회적 파급 효과는 부조리한 것들을 변화시킬 수 있다는 것을 일깨워준다. 위스턴 휴 오든Wystan Hugh Auden이 시사한 것처럼 꿈과 희망이 안개같이 흐려진 불안의 시대The Age of Anxiety에 살고 있는 우리에게 이 책은 직접 행동하기를 독려하는 시작점으로서 확장된 시각으로 가장 먼저 우리의 가정과 일터 및 학교를 넘어 범국가적 문제를 볼 수 있도록 도와줄 것이다. 본문의 저자들은 타인을 돕거나 치유하는 것의 의미는 곧 우리 스스로를 돕는 의미이고 상호교류적인 사회를 만들어 가는 것이라고 말한다. 이 책의 번역을 맡겨 주신 (주)시그마프레스와 이지선 편집자에게 무한의 감사 말씀을 올린다.

2016년 1월

최 한

편저자 서문

Frances F. Kaplan

왜 이 책이어야만 하는가

여전히 미술과 치료는 많은 이들에게 납득되어야 된다. 이 책은 미술치료의 가능성을 꿈꾸는 여러분들에게 읽힐 것이다. 어떠한 모순되는 조건에서 미술치료는 대부분 일종의 독자적인 형태의 사회행위로서 수용된다. 미술치료는 내면적이고 개별적인 변화를 용이하게 하기 위함이고 사회행동은 외적이고 집합적인 변화를 창조하기 위한 노력이라고 말할 수 있다. 본격적으로 사회행동으로서 미술치료가 무엇인지를 다루기 전에 이러한 접근 방식들을 통합하려고 하는 동기가 먼저 거론되어야 한다. 전체적인 시야를 제시하려는 시도의 일환으로서 가장 먼저 기본 동기들을 다루고 이를 기초 삼아 추가적인 설명을 제시할 것이다.

삶을 되돌아보면 나는 항상 이질적인 독립체들을 화합시키고 싶다는 충동을 느끼곤 하였다. 아마도 이러한 나의 성향은 어린 시절 친밀감이 실종된 가족을 밀착시켜보려는 시도로부터 시작되었을 것이다. 하지만 안타깝게도 나의 노력은 제한적인 성과만 낳았다. 성인이 되어서야 비로소 '하찮음'과 '의미 있음'의 두 가지 방식으로 나의 충동에 반응해야 한다는 해답을 얻었다. 하찮음과 의미 있는 방식의 해답을 얻기 위해 요리를 시작했다. 특이한 식재료들을 결합시켜 '땅콩 수프' 요리나 농축 토마토를 사용하여 케이크를 만들었다. 일적으로 되돌아보자면 나는 미술과 과학을 결합시키려는 방식을 찾고 있었다. 이 실험의 마지막 과정에서 나는 더 많게 혹은 더 적게 미술치료 이론을 '정리' 하였다. 그리고 그 당시 다른 이들이 나보다 먼저 그 실험을 하고 있다는 것을 알았다(Kaplan, 2000). 중년에 접어들어 여러 해 동안 평화운동에 관여하고 있던 나는 개인적 단계가 부조리한 사회관습에 영향을 준다는 점에 흥미를 느꼈다.

이러한 나의 노력의 시작은 미술치료를 거대한 명제로 접근하는 것이다. 나는 다른 이들이 나보다 그 문제에 더욱더 우위에 있다는 것을 알게 되었다(예 : Junge et al., 1993). 오직 나 홀로 미술치료의 가능성을 넓은 시야로 관철하지 못한 것이 아니었던 것을 알게 되었기 때문에 이 책을 집필하는 데 격려가 되었다. 이러한 방식으로 타인에게 도움을 주는 전문가들과 동료 미술치료사들의 일련의 노력에 확장된 이론을 통해 기여할 수 있게 되었다.

사회행동과 미술치료는 무엇인가

20세기 중반 미술치료가 시작되었을 당시 시각적 이미지를 활용한 정신분석적 이론이 사용되었다. 미국 미술치료의 '대모' 인 Margaret Naumburg에 따르면 미술치료는 정신분석에서 시각적 이미지를 거론하며 시작되었다고 한다. 쉽게 말하자면 이젤은 정신분석가의 소파를 대체하는 것이다(Ulman, 1987). Naumburg는 개인의 무의식에 중점을 두었으며 프로이트 학파의 꿈의 해석과 유사한 과정으로 내담자가 회화적 작업을 통해 자유연상이 된다는 점을 인식하였다.

1960년대 무렵 내가 개인 심리치료를 받고 있을 당시 정신분석의 범위는 확장되었다. 비록 정신분석가들은 집단치료를 반대하였지만 나는 개인치료와 집단치료를 혼합하는 정신분석가를 찾아가 치료를 받았다. 초기 미술치료사들은 이론을 따르기보다는 다수의 내담자들을 보는 것이 비용 대비 효과적이기 때문에 필연적으로 집단치료를 선택하였다. 이후 Edith Kramer(미술치료의 두 번째 대모)의 영향을 받아 대인 간의 상호작용보다는 조형활동에 중점을 두었다. 내가 미술치료사가 되기 위한 훈련을 받던 1974년 무렵부터 눈에 띄는 변화가 나타났다. 상호작용적인 집단 미술치료는 후기 프로이트파 정신역동 이론에 기초하여 변론하고 적용되기 이르렀다.

20세기 후반부터 21세기 초반 사이에 특별한 변화가 일어났다. 미술치료는 정신분석 이론뿐만 아니라 다양한 심리치료 이론들과 다양한 문화를 수용하기에 이르렀다. 이는 미술치료사가 대인관계적이거나 내적인 문제뿐만 아니라 문화와 관련된 문제에 당면한 개인을 돕게 되었다는 의미이다. 일부 미술치료사들이 확실성과 불확실성을 갖고 사회적인 견해에 접근하는 것인데 이러한 견해는 내담자를 현명하게 돕는다는 의미이기도 하다.

그러나 우리는 아직 "어디부터 문제가 발생되는가?", "사회행위로서 미술치료는 무엇인가?"에 대한 명확한 해답을 얻을 수가 없다. 각 장의 기고자들에게 위의 질문에 대한 의견을 청하기 시작하였을 무렵 나는 사회행동으로서 미술치료에 대한 막연한 생각만을 가지고 있었다. 나는 이 책의 기고자들에게 질문할 때 단순명료한 정의를 내려줄 것을 요구하였다. 나는 개인의 질병(신체적 또는 정신적)이라는 고정된 틀에 벗어나 사회행동으로서 미술치료는 가해자와 피해자(잠재적이거나 현실적인) 또는 이들과 관련된 전문가들에게 사회적인 문제를 제기하는 것이다. 어쨌거나 이 책을 편집하는 과정에서 기고자들의 사회행동으로서 미술치료의 확장된 시각은 나를 성장하게 만들었다.

흥미로운 점은 양립할 수 없어 보이는 구성 요소들(미술, 사회행동, 치료)의 문제로 회기되어야 한다는 것이다. 다시 떠올려 보자면 미술가들은 작품으로 통해 사회적인 문제를 제기해왔다(이와 관련된 최근의 예로는 O' Brien and Little, 1990 참조). '심리학자의 사회적 책임' 과 '상담가의 사회적 정의' 단체들이 증명하는 바와 같이 치료사들 또한 예로부터 살기 좋은 세상을 만들기 위해 노력하였다(www.psysr.org와 www.counselorsforsocialjustice.org 참조).

이러한 깨달음은 우리에게 전통적인 미술치료 환경을 벗어나 사회문제들을 다루기 위해 사회행동으로 이어져야 한다는 결론을 내리게 했다. 이것이야말로 사회행동으로서 미술치료인 것이다(제3장과 제4장 참조). 미술활동을 통해 환경적이거나 문화적 재앙으로부터 실의에 빠진 사람을 돕는 것을 결심하게 되는 것일 수도 있고(제5장 참조), 전통적으로 미술치료가 이루어지는 장소에 대신 길거리에서 행하는 것일지도 모른다(제6장 참조). 다시 말해 우리는 불충분한 해답을 가지고 있다.

제1장과 제2장에서는 미술치료를 다른 각도로 볼 수 있도록 초대한다. 제1장과 제2장의 기고자들은 사회행동이나 미술치료는 분리할 수 없으며 분리되지 않아야 한다고 제안한다. 자, 이제 머릿속에는 어떤 생각이 떠오르는가? 해결책은 복잡하면서도 단순하다. 복잡한 이유는 아직 단순한 개념에 우리가 익숙하지 않아서이다. 즉 우리는 우리가 살아가는 문화에 영향을 받고 삶을 사는 동안 타인들로부터 분리될 수 없다. 어느 누구

도 사회적 진공 상태에서 존재할 수 없다. 이유인즉슨 우리는 유전적 자질을 가진 유일 존재이고 가정교육을 받으며 환경적인 영향을 받는 역사적인 공동체이기 때문이다.

우리는 성격과 정신병리학적인 것들에 대한 원리를 병인학적으로 규정지으려고 하였다. 최근에 들어서야 우리는 이 둘이 상호작용한다고 이해하기 시작했다. 동시 다문화운동으로 인하여 우리 문화의 원천은 가족단위와 그것을 뛰어넘는 민족과 인종을 이상이라는 것을 외면할 수 없다(Lee, 1999). 이러한 점은 우리가 타인을 상대할 때 반드시 상대방의 출신이 어디이고 어떤 인종인가 하는 문화적 특성(혹은 문화적 다양성)을 고려해야만 한다는 의미가 된다.

과연 이것이 시사하는 바는 무엇인가? 이제 거리에서 혹은 한적한 치료 공간에서 미술치료를 행하는 것이 되었든 사회행동을 '유념' 해야 한다는 불가피한 결론을 내릴 수 있다. 일부 가족치료사들은 가족치료가 치료를 개념화하는 방식인 동시에 치료를 하는 것이라고 말한다. 이는 사회행동으로서 미술치료와 일맥상통하는 의미이다. 가족문제를 해결하기 위해 모든 가족 구성원들을 한방에 모이게 할 필요는 없는 것(Goldenberg & Goldenberg, 1985)과 마찬가지로 공공장소에서 사회행동의 효과를 증명할 필요 또한 없다.

종합하자면

치료적 경향은 내적인 과정의 결과이고 심리학적이거나 생물학적인 본질을 가지고 있으며(Freud, 1949; Shuchter, Downs & Zisook, 1996), 초기 가족관계에서 그 원천을 찾으려하고(Kernberg, 1976; Kohut,

1971), 거대한 사회 영역 안에서 일어나며(Laing, 1967), 이러한 시도는 이 모든 원천에 신뢰를 준다(Erikson, 1963). 사회행위로서 미술치료는 사회구조적인 요인들이 흔히 소외되는 것을 강조한다. 이 책의 여러 장에서는 창조적 사회변화, 사회적 문제에 대한 인식의 고취, 대화 기술의 제공, 사회적으로 용납하기 어려운 행위에 대한 이해, 중재를 지향하는 사회적 훈련, 그리고 사회적 맥락에서 고통받는 이들을 위하는 것과 같은 방법을 제시한다. 어쨌거나 이런 것은 아무런 의미가 없다. 다만 일반적인 치료에서 인물(인성)이나 관계요인들은 무시되어야만 한다. 오히려 세 번째 구성요소가 앞의 두 번째 요소에 추가되어야 한다.

앞서 제안한 바에 따르면 이 책의 각 장들은 각기 다른 방식과 형식으로 사회행동과 미술치료를 다루고 있다. 대부분의 장은 다른 이들이 적용할 수 있는 실용적인 기술을 다루고 있다. 여기서 적용이란 무척 개인적인 방식, 즉 예술가이자 치료사이자 사회행동가로서의 통찰력을 제공하는 것이다. 그리고 전체적이거나 부분적인 개념에서 이론적으로 책 제목에 도달하는 기초를 마련하는 것이다. 그럼에도 불구하고 모두 통과하는 경향이 있다. 광대한 시야로 조망해보라. 이 책의 연구는 미술치료사들을 인정하는 것이다. 그리고 도움을 주는 전문가들은 내담자에서 비롯된 크나큰 사회적 책임을 갖게 된다. 또한 다양하고도 새로운 해답들을 제시하고 미술치료사들이 압도감보다 책임감으로 진행해 나아갈지에 중대한 질문을 던진다.

얼마 전 점심식사 자리에서 대화의 주제가 미술로 흘러갔는데 미술치료사인 친구의 발언에 소스라치게 놀란 적이 있다. 그녀는 "나는 더 이상 미술로 세상을 구할 수 없다고 생각해."라며 슬픈 표정을 지었다. 나는 낙담하며 그녀의 견해에 고개를 끄덕일 수밖에 없었다. 나는 이 상황을 되짚어보았다. 미술이 세상을 구할 수는 없더라도 치료와 결합된다면 분명 타인을 구하는 데 중요한 부분을 차지하지 않을까 생각한다. 그리하여 더욱이 논리적으로 옹호하고 이러한 타인들의 사정을 헤아린다면 더욱 성공적이지 않을까 한다.

논리적 결론

나는 한 걸음 뒤로 물러나서 상대적으로 나를 보호하는 불명의 장막을 걷으려고 한다. 나는 여러분을 그 밖으로 데려가려고 한다. 2001년 9월 11일에 발생한 사건으로 인하여 이 책의 기획은 중단에 처할 뻔했다. 이 책의 원고를 준비하기 시작할 무렵 펜타곤과 뉴욕 월드센터에 대한 테러 공격이 자행되었다. 어느새 내 계획은 하찮고 경솔하기도 하며 헛되다고까지 느껴졌다. 미국 정부의 강력한 심판이라는 명목 아래 전쟁이 선포되었으며 언론비평가들은 21세기의 전쟁이라는 것을 부각시켰다. 나 자신을 당당하게 비난하거나(나는 이에 대해 어떠한 공헌도 한 적이 없지 않은가?) 그런 동기를 잃어버리게 된 이유를 호되게 꾸짖고 스스로 망설이는 기간이었다.

9 · 11 테러 이후 망연자실했던 나는 뉴욕타임스의 John Rockwell의 논설(2001)을 접하게 되었다. 그의 논설은 나에게 깊은 자각을 가져다주었고 무엇인가 생각하는 데 도움을 주었다(아무것도 안 하는 것보는 작은 실천이라도 하는 것이 옳다는 것을 알게 되었다). Rockwell은 다음과 같은 질문을 던진다. "오늘날의 위기에서 예술에 대한 정의는 무엇이고 예술은 새로운 환경에 당면한 우리의 삶을 어떻게 변화시킬 것인가?(p. 1)" 그는 9명의 각기 다른 분야의 예술가의 응답을 통해 보통 언제 무력함을

느끼고 언제 자신의 작업이 '부적절하면서도 아주 비열' 하다고 판단하는지 추측하였다. 그는 다음과 같이 역설한다.

> 어떠한 위기에서 미술은 멸시되거나 연관성 없는 방해요소로 치부되곤 한다. 테러나 죽음, 전쟁이라는 현실적 상황에서 예술은 더 이상 적절하지 않다.
>
> 그럼에도 불구하고 예술은 그 자체로 중요하다. 우리는 어떠한 위기에서 믿음이 필요하다는 점을 지극히 당연하다고 생각한다. 미술은 우리에게 깊은 위안을 주어 믿음을 북돋게 할 수 있다. 새로운 형태의 공포와 복수의 끔직한 결말은 우리 눈을 멀게 하고 관용을 실종시켜 우리를 적들과 동일하게 만든다. 우리는 반드시 우리의 가치를 보존하고 창조적 예술을 통해 적극적으로 포용해야 한다.
>
> 미술은 삶이다. 만약 우리가 풍요로운 사회, 정치, 종교의 다양성에서 예술을 지속시킬 수 있다면 예술가는 정치적 그리고 종교적 다양성을 위해 주어진 역할을 수행할 것이고 이것이이야 말로 예술가의 가치 있는 역할이다. 대부분 정치나 종교의 다양함에서도 활동할 수 있다. 그리고 실로 다양한 규칙 속에서 활동할 수 있다. 예술가들은 우리를 지탱하고 격려할 수 있으며 직접적으로 혹은 간접적으로 우리를 어둠에서 빛으로 인도할 수 있다(Rockwell 2001, p. 3 Copyright ⓒ 2001 by The New York Times Co. Reprinted with permission).

불필요하게 덧붙이자면

지금 나는 이제 무대를 떠나 새로운 무대의 장을 열 것이다. 이제 시각적인 미술치료에 집중하려고 한다. 난관을 마음에 새겨 그것이 무엇이 되든

타인을 돕는 전문가로서 다른 창조적 방식으로 접근할 것이다.

참고문헌

Erikson, E.H. (1963) *Childhood and Society* (2nd edn). New York: W.W. Norton.

Freud, S. (1949) *An Outline of Psycho-Analysis* (rev. edn, J. Strachey, trans.). New York: W.W. Norton.

Goldenberg, I. and Goldenberg, H. (1985) *Family Therapy: An Overview* (2nd edn). Monterey, CA: Brooks/Cole.

Junge, M.B., Alvarez, J.F., Kellogg, A. and Volker, C. (1993) "The art therapist as social activist: Reflections and visions." *Art therapy: Journal of the American Art Therapy Association 10*, 3, 148–155.

Kaplan, K.K. (2000) *Art, Science and Art Therapy: Repainting the Picture.* London: Jessica Kingsley Publishers.

Kernberg, O. (1976) *Object Relations Theory and Clinical Psychoanalysis.* New York: Jason Aronson.

Kohut, H. (1971) *The Analysis of the Self: A Systematic Approach to the Psychoanalytic Treatment of Narcissistic Personality Disorders.* New York: International Universities Press.

Laing, R.D. (1967) *The Politics of Experience.* New York: Pantheon Books.

Lee, W.M.L. (1999) *Introduction to Multicultural Counselling.* Philadelphia, PA: Accelerated Development.

O'Brien, M. and Little, C. (eds) (1990) *Reimaging America: The Arts of Social Change.* Santa Cruz, CA: New Society.

Rockwell, J. (2001) "Peering into the abyss of the future" (Electronic version). *The New York Times,* 23 September, 1–3.

Shuchter, S.R., Downs, N. and Zisook, S. (1996) *Biologically Informed Psychotherapy for Depression.* New York: Guilford Press.

Ulman, E. (1987) "Variations on a Freudian Theme: Three Art Therapy Theorists." In J.A. Rubin (ed.) *Approaches to Art Therapy: Theory and Technique.* New York: Brunner/Mazel.

차례

제1부 | 치료의 확장적 의미

01 사회변화 도구로서의 미술치료 / 3

02 사회행동가로서 미술치료사의 삶 / 31

제6부 | 공동체 건설

제 1 부

치료의 확장적 의미

제1장

사회변화 도구로서의 미술치료

Dan Hocoy

도입 : 이란성 쌍둥이

미술치료와 사회행동 간의 관계는 전적으로 자명하지 않다. 미술치료는 여성주의적인 근원과 진보적 정치의 배움을 양성하기는 하지만(Junge, 1994), 현대적인 의미로서의 미술치료(Elkins & Stovall, 2000)는 여전히 정의 사회를 구현하기 위한 정치적 행동과 이에 상응하는 직접적인 행동과 크게 나뉘지 않는다. 반면 사회적 행동은 개인의 심리나 내면의 상처에 대하여 특정하게 거론하지 않는다. 그렇다면 구체적으로 미술치료와 정치적 실천praxis[1]으로서의 사회행동이 서로 어떻게 교차되는 것일까? 이러한 거대한 주제에 대해 논리 정연한 관계를 뒷받침할 수 있는 이론적 모형은 존재하는가? 문헌 검토 결과 다른 분야의 몇 가지 이론들은 특정한 사회적 구조와 관련하여 미술치료의 다양한 측면을 개념화하고 있다. 예를 들어, Gussak(2002)은 사회적 체계, 전문가 규제 기관, 동료의 영향, 미술치료사의 일상적인 업무 간의 관계에 대하여 이해하기 위해

---

[1] 역주 : 그리스어로 실천적인 행동action, 그리고 연구, 성찰reflection이 지속적으로 주고받으며 발전해나가는 배움을 뜻한다.

서 사회심리학 이론인 상호작용주의적 관점을 적용시켰다. 미술치료가 미술과 치료를 조화시킬 수 있는 적절한 타협점을 찾기 위해 분투한 것과 다르게(Rubin, 1987), 포괄적 범주 안에서 미술치료와 사회행동을 통합 가능하게 한 이론적 모형은 없다. 그러나 미술치료와 사회행동 안에 내재된 관계성과 그에 상응하는 개념, 원칙, 방향을 분명히 인식하는 중요한 이론적 모형은 가치가 있을 것이다.

심리치료사인 Hocoy, Kipnis, Lorenz, Watkins(2003)는 그들이 수용한 범주 안에서 미술치료 이론의 부재로 인하여 어려움을 겪었고, 서양적 심리치료에서 어떠한 방식으로 사회행동과 조화를 이룰 수 있는 보편적인 이론적 모형을 창안하였으며, 이 모형이 미술치료에 어떻게 적용될 수 있는지 이 장에서 다룰 것이다. 이론적 모형은 Hillman(1992), Jung(1960, 1961), Lorenz와 Watkins(2001)의 심층심리학과 Sohng(1995), Stringer(1996)의 행동연구, Martin-Baro(1994)의 해방심리학과 Foucault(1980), Grabb(1997), Prilleltensky(1994, 1997)의 핵심이론으로부터 도출되었다.

이미지와 사회행동

단면적으로 사회행동과 미술치료는 다재다능한 이미지의 힘으로 연결되어 있다. 사회행동은 궁극적으로 개인의 고통 그리고 공동체 고통 간의 관계에 입각하고 있으며, 이미지는 공동체가 곤경에 처해 있는 현 상황에 실질적인 의식을 불러일으키는 것과 마찬가지로 개인 고통의 보편성과 영원함을 불러일으키는 고유의 능력이 있다. 또한 이미지는 사회적 불의에 행동할 것을 요구하는 동시에 개인적 상처와 공동체적인 상처를 치유할 수 있다.

이미지는 개인과 공동체 간의 관계를 중재할 수 있는 가능성을 가지고 있는 것으로 간주된다. Cassirer(1955)[2]는 "의식은 상징적인 유형들로부터 중재되고 변형되며 이미지는 나 자신을 세상으로부터 파악하는 하나의 방식이다(p. 204)."라고 믿는다. 칼 융은 시간과 문화를 초월하여 보편적으로 순환되는 표현의 원형적인 이미지(Schaverien, 1992)가 공동체적 무의식과 연결을 가능하게 한다고 주장하였다. 서로 공유된 각성은 그 자체로 변화될 뿐만 아니라 사회행동 기반의 역할 또한 수행할 수 있다. 예를 들어, 1900년대의 멕시코 벽화운동[3]에 차용된 이미지들은 Kuhns (1983)의 '문화적 재현'(p. 53)을 구체화한 것이며, 이미지는 공동체가 처해 있는 처지에 대한 인식이었으며, 대체적으로 문맹인구를 위한 결속, 권한과 혁명의 언어인 것이다.

융에 따르면 이미지는 기본적으로 두 가지 방식으로 변형될 수 있다고 한다. 첫 번째로, 이미지는 이전에 거부된 경험이나 감정의 치유를 통해 의식을 인식하는 것이며, 두 번째로 이미지는 정신의 치유적 잠재력을 활용하며, 특히 가장 핵심의 원형인 자아를 찾는 것이다(Wallace, 1987). 분명한 것은 이미지의 공동체적 범주뿐만 아니라 개인의 수준에 적용된다. Schaverien(1992)은 융의 첫 번째 방식을 다음과 같이 설명한다.

> [이미지]는 주관적이며 객관적인 방식으로 환자의 경험을 중재하도록 한다. [이미지]는 단순히 심리치료의 부름에 답하는 종이 아닌 대신 이미지는 무의식의 부산물로서 의식적 태도를 확립하기 위한 구성요소이

---

[2] 역주 : Ernst Cassirer

[3] 역주 : 1920년대 멕시코에서 시작된 반정부적 성향의 메시지를 담은 벽화

> 다(p. 11). 환자는 이미지를 목격함으로써 …… 그의 무의식은 탈바꿈되어간다(p. 21).

Wallace(1987)는 융의 두 번째 방식에 대하여 자아는 광대하며 무한한 치유적 요소로서 '발생될 수 있는 불균형'을 이미지를 통해 보상할 수 있다고 설명한다(p. 114). 이러한 치유적 기능은 Augusto Boal[4]의 작품인 억압받는 자들의 연극(*Theatre of the Oppressed*, 2000)에 잘 녹아 있다. 연기자의 정지된 몸짓(억압에 대응하는)은 관객들의 의식 향상뿐만 아니라 그 자체로 무의식의 창조적인 즉흥을 불러일으킨다(예 : 집단의식).

융(1961)은 이미지의 세 번째 치유적 기능에 대하여 다음과 같이 시사하였다.

> 무의식적 이미지는 인간에게 방대한 책임의 요구를 시사한다. 우리가 이 점을 이해하지 못하거나 윤리적 책임을 회피하는 것은 우리 스스로 온전성을 박탈하는 것이며, 우리의 인생은 고통스러운 미완의 상태로 남게 될 것이다(p. 193).

융은 여기서 이미지는 정신이 소외된 양상으로 묘사될 수 있으며 '도덕적 의무'(p. 187)는 무의식으로부터의 메시지와 보상reparation[5]에 대한 영향을 이해하는 것이라고 주장한다. 즉 이미지는 개인과 공동체적 행동에 대한 요청(외침)으로서의 역할을 수행하며 소외받은 인간의 잠재력에 대한 이의를 제기한다. 일련의 예로서 Sebastiao Salgado(1997, 2000,

---

[4] 역주 : 브라질 출신의 극작가, 연출가, 연극이론가

[5] 역주 : 파괴적인 에너지와 이를 복구하려는 본능

2004)의 사진은 토지에 대한 권리, 빈곤, 추방, 대량학살과 같은 인간의 처지에 대한 기록으로 관객들에게 암묵적으로 불의에 대응하는 의무를 부여하고 있다. 흥미롭게도 이러한 역동을 지지하는 경험적 현장연구 empirical research가 있다. Kaplan(1994)은 이미지의 속성이 사회행동의 범주에 포함될 가능성에 대한 근거를 발견하였다.

미술치료는 누구를 위한 것인가

모든 사회제도와 마찬가지로 미술치료는 "특정한 문화적 통념, 가치관과 구조에서 유래되었다(Hocoy, 2002a, p. 141)." 또한 그 안에 사회적 편견으로 인한 산물이 포함되어 있다. 미술치료는 기타 다른 구조적인 사회보다 다소 덜 사회적 영역 안에 귀속되어 있어서 반문화적인 역할(예 : Kalish-Weiss, 1989)을 수행하기도 하며 여전히 문화가 유래되었던 지점에서 다양한 관점들과 사회정치적인 합의가 필연적으로 구체화된다. 현대 사회를 뒷받침하는 구조에서 권력 주변에 있는 이들이 그렇지 못한 누군가의 희생을 통해 이득을 보는 것은 마치 우리가 숨쉬는 공기처럼 존재의 여부는 알지만 그 실체를 알기 힘든 것과 마찬가지이다(Greenfield, 1997). 이러한 실체 없는 불공평한 사회적 현실은 사회질서를 유지하기 위해 사회적 불균형을 초래하는 개인의 의견과 다양성을 경멸하는 경향이 있다.

이러한 그림자적 요소는 사회제도나 우리 의식 안에 깃들어 있으며 미술치료나 미술치료사의 정신 속에도 깃들어 있다(Hillman, 1975, 1992). 미술치료의 세계관과 사회질서가 같은 지배문화dominant culture의 관행과 철학에 어떻게 내포되어 있는지에 대한 탐구 없이 미술치료는 이 점을 알아채지 못하고, 지배 구조를 강화하고, 부당함이 계속되는 것을 막는 데 기여할 수 없다. 전통적인 의미로서 '치유'는 지배 문화의 필요에 따른 것이며, 신新식민지주의적 협의에 공모자이며, 사회적 동화와 사회 통제를 실현하는 도구로 이용될 수 있다(Szasz, 1984). Junge, Alvarez, Kellogg 그리고 Volker(1993)는 이렇게 묻는다.

> 미술치료사로서 우리는 너무 자주 사람들이 파괴적인 사회에 적응을 하도록 돕는 것인가? 우리는 우리 스스로 현실에 동화되었으며, 너무 당연하게도 치명적인 상처를 입은 정신보건의료 체계에 소속되도록 열망하며, 받아들이도록 하며, 대처하려고 하는 것인가? (p. 150)

미술치료사는 사회적 순응을 위한 원동력이 되기보다는 개인과 사회 해방을 표방하는 주체가 되어야 한다. 미술치료는 그 자체를 지탱하고 있는 보이지 않는 구조와 편견으로부터 반드시 해방되어야 한다.

> 우리 역사의 일부분인 미술치료사로서 방해요소 …… 일반적으로 미술치료사는 사회나 문화의 분석가나 평론가로서 훈련받지 않으나 치료 과정을 통해 사람들이 부당한 처사에 대처하거나 적응하도록 돕는다 (p. 150).

이제 어려운 질문에 대한 답이 필요하다. 미술치료는 과연 어떠한 사회 계층에게 도움을 주는가? 무려 87%의 미술치료 종사자들이 '백인'인 상황에서(Elkins & Stovall, 2000) 지배권력 구조는 어떻게 작용되는가? 과연 미술치료는 어떠한 방식으로 억압된 관점들과 변화의 역동에 관여하게 되는가? 건강, 정상 상태, 보편성, 인간의 본성, 자신 그리고 정신은 과연 어떤 이들에 의해 정의가 내려지고 설파되는 것인가?

> 해방으로 시작하여 통제와 억압으로 끝난 비통한 역사적인 예가 많이 있다. 동시에 많은 심리학파(심리치료 방식)는 새로운 잠재력을 찾기 원하는 개인을 지지하며 변화를 불가능하게 만드는 비판과 사회적 한계를 극복하도록 한다. 정신의학 기관은 개인화, 소외화 그리고 인간성을 말살시키는 것과 억압된 사회적 환경으로부터 보호하며, 의료를 베푸는 것이 주요하게 작용된다(Lorenz & Watkins, 2001, p. 295).

동성애공포증

위에 제시된 개념적 모델의 다양한 측면을 설명하기 위해 동성애공포증 문제를 예로 들겠다. 동성애공포증 사례에서는 우리는 어떻게 동성애자에 대한 사회적 편견이 제도화되었으며 미국정신의학회American Psychiatric Association(이하 APA)를 포함한 다양한 정신건강 관행으로 전파되었는지 살펴볼 수 있다. 비교적 최근까지 동성애는 공식적으로 '이상'과 '정신 병리학'(Friedman, 2002)의 명칭으로 사용되었다. 동성애는 1968년까지 APA의 **정신장애의 진단 및 통계 편람(DSM-II)**에서 반사회적 기질 증후군의 유형이라는 질병으로 정의되었으며, 1980년 개정판(DSM-III)까지 '성적 도착' 또는 '동성애공포증'으로 간주되었다. 1987년 개정판(DSMIII-R)에서야 비로소 '자아-이조적 동성애'는 정신장애 범주에서 삭제되었다. 동성애공포증은 현재까지 보편적인 사회 문제로 남아 있으며(Franklin, 2000), Rauchfleisch와 Twomey(2003)가 스위스와 영국 정신분석과 관련하여 서술한 바로는 심리치료 전문가 집단 안에서도 동성애공포증에 대한 편견이 남아 있다.

이러한 예로 우리는 이성애자들이 누렸던 특권적인 가치, 전제와 이념들을 기존 핵가족 사회가 동성애자들에게 얼마나 영속시켜왔는지 확인할 수 있으며, 심지어 이는 심리치료에서도 적용되었다. 억압된 사회 구조를 강화함으로써(예 : 결혼, 배우자 권리행사, 입양, 고등학교에서의 성교육 등) 치료를 행사하는 기관은 다수의 목소리를 위시한 이성애자의 입장이기 때문에 소외받는 인구 집단은 등한시된다. 이 점이 거대한 인간 집단에서 검증되지 않는 것은 사회적 불의와 지배적인 목소리의 수단으로서 연루될 수 있게 한다.

개인의 고통 그리고 사회적 구조의 역학

해방심리학의 지지자인 Martin-Baro(1994)는 내담자의 고통 또는 정신병리학적으로 목격하는 것과 문화, 사회정치구조적 사회를 서로 연결하는 역할을 수행한다고 한다. 정규성과 정신병리학 같은 DSM은 지배적인 문화 구조 안에서 빈번하게 개인과 사회 불균형에 의해 표현되는 증상 사이의 관계를 역설한다. 이러한 구조는 거대한 공동체보다는 개인의 문제가 발생하도록 하며, 역사와 사회에서 제거되는 것처럼 사람의 '병'도 제거된다고 주장한다(p. 27). 인종차별과 같은 현상은 사회 구조에 직접적으로 인간의 심리적 안녕을 저해할 수 있다는 것을 입증한다(Hocoy, 1999a, 1999b, 2000). 이보다 덜 극단적인 조건인 빈곤, 주거지 문제, 교육, 실업, 사회적 차별 같은 경우에도 정신건강의 하위범주에 포함된다(Kleinman, 1988). 원형 심리학자인 James Hillman(1992)은 개인과 공동체의 질병의 관계에 대하여 다음과 같이 명료하게 연결 짓는다.

> 나는 더 이상 개인의 신경증과 세상의 신경증, 개인의 정신병리학과 세상의 정신병리학 간의 관계를 뚜렷하게 규명하기 어렵다고 본다. 또한 그것은 신경증이 전적으로 개인의 현실에서 정신병리학적 사실을 현실적으로 경험하고 무엇이 망상적으로 억압되어 있는지 알려준다. 만약 이러한 현실에서 병리적인 것이 개선되지 않는다면 정신병리학 범주에서 신경증의 급진적인 개선은 이루어질 수 없다(p. 93).

Junge 등(1993)은 "(미술)치료사는 상처 입은 것을 치유하지만 그 상처로 인해 더욱더 깊은 상처를 입은 주변 환경을 치유하지 않는 일들이 너무 빈번하게 일어나는 것"을 경고한다(p. 149). 이는 여성주의적 관점(Alcoff & Potter, 1993; Hooks, 1984)과 생태학적 관점(Goldenberg & Goldenberg, 1991)으로 개념화시킬 수 있는데, 이 두 관점은 위와 마찬가지로 피해자가 경험한 추가적인 심리적 피해를 책망하는 것을 회피한다.

사회정치적 현실에서 개인의 심리적 상황과 동떨어진 세계관은 전체주의적인 것을 거역하는 것이다. 개인주의와 자아는 문화적 패러다임의 고유한 구성요소이다(Cushman, 1990). 개인의 경험은 사회적 체계 안에서 여러 단계로 존재하며, 거미줄 같은 형상으로 상호적으로 밀접하게 연결되어 있다. 불균형으로부터 일어나는 인간 고통의 개인주의적 이데올로기가 사회 구조와 일치한다는 것은 결코 우연의 일치가 아니다. 만일 개인의 심리적 고통이 어떠한 사회적 방식과 밀접한 관계가 있다면 이러한 방식들은 개인을 시험대에 오르게 한다. 개인주의자의 세계관과 사회적 맥락에서 개인의 고통과 거리를 두는 것은 사회질서를 유지하기 위한 필수적인 수단으로서 묵인되었다. 예를 들어, 역학연구는 동성애자가 이성애자보다 우울장애, 공황장애, 불안장애의 유병률이 높으며 일반인보다 심리적 고통을 호소한다고 한다(Cochran, Sullivan, & Mays, 2003). 그리고 이러한 정신장애는 사회적으로 동성애자에 대한 편견에서 비롯된 것이라고 연구자들은 결론을 내렸다(Taylor, 2002; Weishut, 2000). 정신건강 문제는 동성애자에 대한 편견으로부터 파생되었다는 것을 알 수 있으며 남성우월주의적 사회에서 이들은 남성과 동등한 지위를 획득하는 데 많은 제약이 따른다.

심층심리학 그리고 상호의존적인 자아

심층심리학depth psychology(예 : Jung, 1961)은 초자아적 관점을 통해 개인 그리고 사회에 어떠한 상호관계가 존재하는지 알려준다. 초자아적 관점은 인간의 내적인 심리적 경험과 외적인 물질계 간에 경계의 구분이 없이 하나의 세계안에 존재한다고 가정한다. 오히려 이러한 영역들은 불가분하게 상호의존적이라는 것이다. 기존에 행해졌던 개인적인 경험을 주관적인 것으로, 공적인 경험을 객관적인 것으로 차이를 두어 분류하는 것은 불필요하다. 이러한 관점에서 사회 안에서 주도권을 가진 목소리는 개인의 자아를 통해 표현되며(예 : 의식적인 자각) 사회 집단의 자아는 주도권을 가진 목소리로 구성된다. 사회에서 원하지 않는 목소리들은 필연적으로 공동체 그림자상이나 집단 무의식의 형태로 떠밀리게 된다. Lichtman (1982)은 불균형적인 사회요소가 개인의 자아 무의식을 불안하게 하고 억압하며 비도덕적이거나 양심의 가책을 느끼지 않도록 한다고 주장한다.

심층심리학자인 Mary Watkins(1992, 1999, 2000a, 2000b)의 연구에서 인간관계의 상호의존적 특성에 대한 연구뿐만 아니라 자아성과 정신이 개인과 사회 안에 상호 침투되어 있다는 개념적인 해석은 필요 불가결하다. 이러한 시각을 통해 개인의 정신과 사회적 소외는 상호의존적인 것이다. 이것은 우리 스스로 우리의 잠재력을 거부하는 것으로 인간으로서의 정체성을 부인하는 것이기도 하다. 개인은 사회적 압력에 의해 결정되는 것처럼 사회는 개인의 반응에 의해 좌우된다. 우리가 평소 불의에 눈을 감는다면 불의에 불복하게 되는 것이다. 개인 그리고 공동체적 경험과 행동은 여러 분야의 상호적 협력을 창조한다.

사회의 축소판

미술치료사와 내담자의 치료적 관계는 축소된 사회 구조의 역동을 반영한다. 치료적 관계에는 사회적 영역에서 불균형을 이루고 있거나 구제책이 요구되는 상황이 필연적으로 나타난다. Junge 등(1993)은 "미술치료사가 내담자의 고통을 함께 나누는 것은 그것이 우리 모두의 문제이기 때문이다(p. 150)."라고 말한다. 이러한 맥락으로 사회 불균형은 강화될 수 있는 동시에 무너트릴 수 있다. Junge와 그녀의 동료들은 다음과 같이 제안한다.

> 미술치료사는 이제 새로운 도약을 할 시간입니다. 활동가적인 도약 말입니다. 우리 자신을 인식해야 하며, 우리와 상호적인 누군가를 치료하는 것으로부터 시작됩니다. 그다음, 우리는 내담자들을 어느 거대한 체계의 일부라고 지각하는 것이 필요합니다……. 그리고 우리는 그들의 고통을 보다 뚜렷하게 보아야 하며, 전략적이며 효율적으로 치료실의 경계를 허물고 우리의 의식과 정신의 한계로부터 탈피해야 합니다(Junge et al., 1993, pp. 150-151).

전문가로서 지니는 능력을 감안할 때 내면적으로 억압된 역동을 파악하고 더 이상 개인의 문제가 전파되고 강화되는 것을 막아야 한다. 동성애공포증을 예로 들면, 치료사는 자신의 정신에 새겨진 동성애 혐오에 대한 사회적 낙인을 인식하고, 소외된 동성애자의 발언이 자유롭게 통용되는 치료 맥락적인 대안공간을 만들어야 한다.

심층심리학은 무의식으로 억압된 요소를 의식적으로 인식하게 하며 하나의 정체성으로 통합되는 것을 추구하는데, 이는 치료적인 동시에 심리적으로 성숙하게 한다(Freud, 1954; Jung, 1961). 물론 치료사 자신의 온전함과 전문가적 역량이 직접적으로 내담자의 문제해결에 다다를 수 있게 하는 것이 원칙이다. 또한 사회 안에 억압된 요소를 의식적으로 인식하고 공동체적인 집단성을 통합시키는 것은 본질적으로 개인의 정신건강과 공동체적으로 온전하게 되는 것을 제시한다. 다른 말로 사회정의는 본질적으로 인간의 안녕, 사회성숙도, 개인의 정신적 성장에 불가결하다.

치료사의 그림자 지우기

> 임상과 이론의 범주를 확장시키는 것이 우리가 이전에 인식하지 못한 것으로부터 결정된다면 우리 스스로의 정신적 내면의 문제들을 단지 육성 언어로 외재화시키는 것에 지나지 않는다(Rubin, 1979, pp. 1-2).

내담자가 침묵하는 것에 침묵으로 일관하는 것은 우리가 소외받은 자들의 목소리를 듣지 못할 만큼 사회화되었기 때문일까? 첫 번째 단계는 개인에 대한 치료적 개입이 무의식에 영향을 미침으로써 외도적이고 포괄적인 자기성찰의 기회를 얻는 것이다. 이러한 노력은 의식적으로 우리에게 숨겨진 개인적 의제와 사회 집합점과 관계를 맺는 방식으로 이루어진다.

상호작용에서 의식적인 것에 대한 정의는 쉽사리 식별되기 어렵다. 그러나 신중하고 지속적인 관찰을 통해 정의할 수 있다. 명상, 심리치료, 일지, 미술작품, 꿈, 몽상 그리고 행동습관뿐만 아니라 타인과 세상과 교류하는 방식을 통해 그림자의 주체를 인식하게 된다. 의식적 기법, 즉 사회해체이론적 자기비판(Foucault, 1980)이나 개인의 '문화 가계도'(Hardy & Laszloffy, 1995)를 통해 편견이 잠재되어 있는 체계를 파악하는 데 도움이 된다. 미국심리학회 윤리규약(2002)은 '피해를 주지 말 것' 이라고 간략하게 인용하는 등 치료사의 개인적인 그림자가 내담자의 정신적 · 사회적 의식이나 선택에 영향을 주지 않도록 세련되게 직접적으로 명시하고 있다.

미술치료와 사회행동의 실천

육체에 동봉된 서구적 자아에서 미술치료와 사회행동 고유의 상관관계는 애매모해지기 쉽다. 하지만 개인의 자아를 초월한 상호의존적 관점으로부터 사회적 문제에 인식 가능한 수준으로 미술치료를 적용하는 것은 사회적 활동이며, 치료는 정치적으로 적극적인 행위이다. 이러한 활동들은 상호연관된 과정으로 이해할 수 있다. 인간 존재 고유의 상호연관성을 인식하려는 관점을 통해 개인적 · 사회적 치료와 사회행동을 구분하는 경계는 사라진다.

〈그림 1.1〉은 사회행동과 미술치료사의 관심사가 다르지 않을 수 있다

는 것을 보여준다. 영향력 원의 차이가 단지 치료사에 의한 초기 영향에 따른 맥락일 수 있음을 시사한다. 화살표 A1과 A2는 보다 전통적인 사회활동의 영역으로 식별되는 것으로 구성되는데, 그 과정에서 치료사는 사회의 부정적인 면을 직접 다룬다. 이러한 행위는 차례로 (그리고 심지어 몇몇 개인 초월적 혹은 상호 정신적 차원에서) 내담자의 자아와 그림자 구성에 영향을 미칠 것이다. 화살표 B1과 B2는 보다 전통적인 치료로 식별되는 원을 구성하는데, 그 과정에서 치료사는 내담자에게 영향을 미치고, 내담자는 다시 (혹은 동시에) 자신을 통해 집단 내 지배적 의견과 소외된 의견 간의 균형에 영향을 미친다. 물론 치료사는 사회와 내담자 모두에 의해 상호 영향을 받는다. 하지만 이를 나타내는 화살표들은 치료사의 영향을 나타내기 위해 삭제되었다.

사회활동가이기도 한 치료사는 자신의 그림자 안에 동성애에 대한 잠재의식을 식별하고, 잠재의식을 통합함으로써 시작한다. 자아-그림자 소재의 균형 내에 이러한 행동은 치료사가 구성원인 집단 내 균형을 즉시 전환한다. 또한 일단 치료사가 동성적 느낌을 인정하면 그는 보다 확장된 사회에서 동성애의 인권에 대해 적극적인 캠페인을 벌이고 집단적 그림자 밖으로 동성애를 끌어내려 노력할 것이며, 이는 내담자의 정신적 균형에 더 큰 영향을 준다. 치료사의 의식 전환은 암묵적, 적극적, 수동적으로 치료사와 관계에 있는 모두에게 영향을 미친다. 반면에 내담자는 의식 면에서 비슷한 전환에 의해 그리고 내담자 자신의 사회행동주의를 통해 창안된 집단 내 사회적 파급 효과에 의해 사회에 영향을 준다.

〈그림 1.1〉은 치료적 맥락에서 치료를 행하는 사회행동과 연관되어 있으며, 이러한 행동들은 독자적으로 가능하지만, 실제적으로나 필연적으로 서로를 필요로 한다는 점을 시사한다. 이러한 그림을 통해 우리는 치

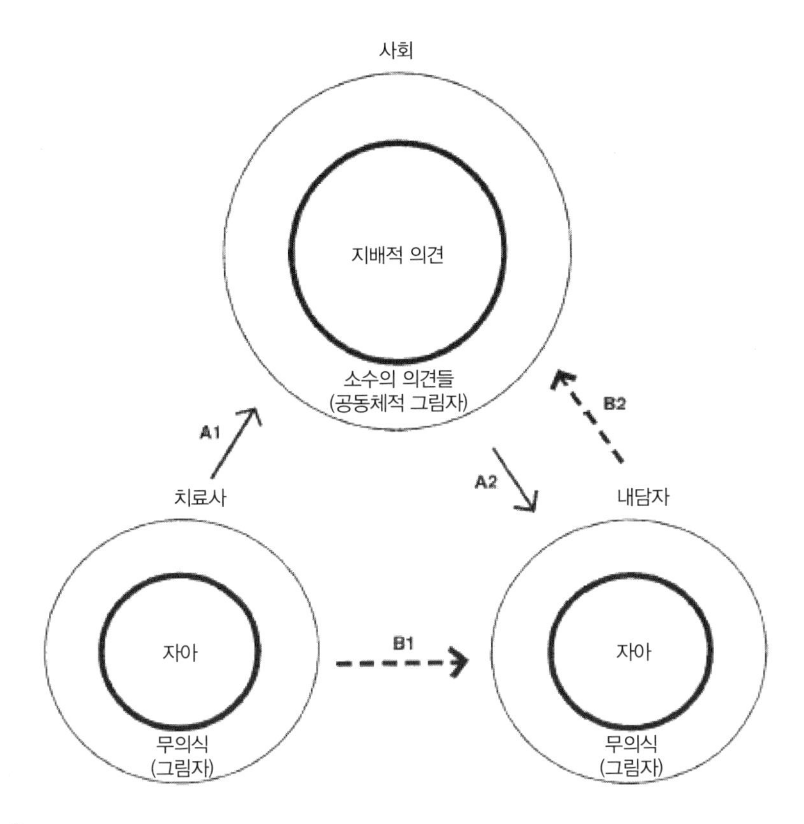

그림 1.1 영감의 고리

료사가 사회적 편견(즉 동성애공포증)이 지속될 수 있다고 상상할 수도 있다. 이러한 시나리오에서 치료사는 (사회와 내담자로부터 치료사에게 향하는 영향력, 즉 화살표로 표현되는) 동성애공포증의 사회적 전파를 내면화하고 다시금 동성애공포증을 투사시킨다. 비판에서 자유로운 치료사들은 자신이 사회와 접촉하는 과정에서 이러한 인간의 잠재성을 수동적으로 억압함으로써 동성애공포증을 조성한다.

사회행동가로서 미술치료사

미술치료는 언제나 사회상을 반영하기 때문에 미술치료사가 사회행동가로 간주되는 것은 개인과 집단에서 개인의 고통과 사회의 불균형 간의 상호연관성에 대한 자각은 물론 권리를 잃은 개인과 사회가 상호연관된 측면들을 지지하여 개인과 사회가 변형되도록 하는 적극적 헌신이다. 이러한 불균형에 대응하여 미술치료사들은 자기 스스로 연루되고 사회적 불평등을 개선하는 과정에서 의식적 또는 윤리적 입장을 취함으로써 행동가로서의 면모를 갖춘다. 이러한 인식과 헌신은 과소평가되어선 안 된다. 사회 질서 안에서 개인의 가치가 실종되는 개인주의의 안개 속에서 사회행동가는 명료하고 권한위임이나 혁명적인 인식을 가지고 사회에 이바지한다.

사회적 맥락을 분석하고 의식적 행위를 실천하며 도덕적인 미술치료사는 사회행동가로서 치료적 공간을 뛰어넘고, 각각의 내담자에게 발견되는 사회적 부조리에 대한 증상적 표명을 넘어선다. 사회행동가로서 미술치료사는 소외된 인간성을 우선시하고 목소리를 내지 못하는 자들이 표현하도록 격려하며 희망을 잃은 자들을 기억하며 파괴적인 이상과 통념에 도전하고 권력의 차이를 최소화시키며 파편화된 관계 안에서 전체성을 모색한다. 행동가-치료사는 정치적 중립과 치료의 수동성이 억압과 부정에 대해 유일하게 편재하는 효력을 발휘한다는 점을 이해해야 한다.

현장연구 방식을 이용한 미술치료

미술치료가 적용될 수 있는 공동체의 다양성을 감안할 때 사회적으로 양심적인 미술치료가 취하는 형태는 지역 문화의 가치, 믿음, 치유적 전통에 부합하고 문화화(문화 적응을 시키는) 세력으로 작용하지 않는 것이 매우 중요하다(Hocoy, 2002a). 미술치료가 채택할 수 있는 접근법은 현장연구 방식과 유사한 것이다(Stringer, 1996). 현장연구 방식은 다른 문화에 대한 유럽적이거나 미국적 철학의 가정이나 치유 방식, 심지어 진취적 기상의 가치가 지니는 타당성을 가정하지 않는다. 또한 어떠한 경우 "미술치료가 최고 혹은 유일한 중재가 아닐 수 있음"을 제시한다(Hocoy, 2002a, p. 144).

현장연구 방식에는 몇 가지 변수가 있지만 세 가지 일정한 요소, 즉 권력, 사람들, 정치적 실천이 있다(Finn, 1994). 현장연구는 권력이 현실의 구성, 해석, 심리적 경험의 핵심이 되며, 사회적 관습에 대한 비판적 분석과 지식의 민주화를 통한 공동체 권한위임을 실천해야 한다는 자각을 통해 정치적 실천으로 이루어진다(Foucault, 1980). 그것은 권한을 박탈당한 사람들의 경험을 우선시하며, 그들의 특정 요구사항을 대상으로 한다(Brown, 1985). 이 접근법은 모든 행동이 암묵적이든 아니든 필연적으로 어떠한 이론적 기반으로부터 파생된 것이라고 가정한다. "(당시 미술치료사인) 우리가 지지하는 이론이 우리 자신 안에 인식되지 않은 욕구나 갈등 혹은 유해한 정치적 사항을 숨기고 있지 않은지 …… 주의해야 한다(Rubin, 1987, pp. 318-319)." 현장연구에서 정치적 실천은 참여 민주주의를 통한 개인과 정치 간의 변증과 사회 문화적 구조의 변형에 대한 비판적 자각으로부터 파생된다(Sohng, 1995).

잠재적으로 억압적인 문화적 형태에 민감하며, 현장연구 방식을 이용하는 미술치료는 이행 면에서 유연하면서 자기비판적인 동시에 지역의 생각, 구조, 개념들, 특히 전체, 균형, 건강에 대한 공동체의 비전과 관련된 것들을 통합하는 문화적 혼합주의나 혼합된 형태를 포함한 새로운 표현에 개방적일 것이다(Hocoy, 2002b). 미술치료는 부적절한 외국의 관습이나 이미지를 부여하는 식민지화라는 도구를 필요로 하지 않는다(Hocoy, 2002a). 그것은 '전통'에 대해 이념적으로 이질적이기보다는 (외부인을) 수용하는 지역사회의 세계관과 특정 요구사항에 적응할 수 있다.

미술치료는 정체성을 유지하는 동시에 유동적일 수 있을까? 미술치료의 이론, 적용, 목표는 내담자와 지역사회 주민들의 관심을 최고 상태로 유지함으로써 엄격한 윤리보다는 지침이 되는 원리로서 손쉽게 유지될 수 있다. 역설적으로 이를 통해 미술치료의 지속적인 영향력과 수명이 보장되는 이유는 복잡성과 범위 면에서 발달하면서 보다 보편적으로 적용 가능해지기 때문이다. Rubin(1987)은 다음과 같이 주장한다.

> 미술치료사는 …… 적절한 관점을 포착하여, 매 순간 우리 눈앞에서 과정이나 결과물이 진정으로 조화를 이루는 모습을 볼 수 있도록 해야 한다(p. 318).

지역사회에 기반한 미술치료

이제 미술치료는 닫혀 있는 상담실 밖으로, 전통적인 '치료적 틀'에서 나와 사회 영역으로 진출해야 한다(Hocoy, 2004). 지역사회 안에서 미술치료와 사회행동은 자연스럽게 융합된다. 미술치료가 어떻게 공동체 맥락에서 현실화될 수 있는지 Boal(2000)의 억압받는 자들의 연극(*Theatre of the Oppressed*)의 예로 알 수 있다. 그의 심리극은 전통적인 무대 환경에서 벗어나 공공장소(예 : 길거리, 공원, 업무현장)에서 공연되었으며 관객들은 자신의 억압을 표현하고 정치, 경제 및 기타 사회조건과 연관시키는 동시에 새로운 반응을 촉진시켰다. 공동체적 미술치료는 지역사회심리학과 유사하다(Rappaport, 1987). 지역색이 물씬 풍기는 예술적 시각표현뿐만 아니라 의식, 신화, 퍼포먼스 그리고 영적인 표현을 아우른다. 지역사회에 기반을 둔 현대적인 미술치료는 에이즈 퀼트 전시 같은 형태로 발현될 수 있으며(Junge, 1999), 다양한 범주의 지역사회 예술운동(Brown, 2002; Timm-Bottos, 1997), 즉 노숙인 같이 사회적 약자가 포함된 지역사회 주민들의 개인적인 변형, 지역사회 개발 그리고 정치적 표현은 미술적 창조의 원동력이 된다.

미술치료를 통한 경험의 다중적 깊이는 실천연구처럼 심리적-정치적, 생태적-경제적, 문화적-사회적, 물질적-영적인 요소가 서로 짝을 이루어 상호 침투적으로 상호적인 자아성을 이해하는 것이 내포된다. 이러한 개인성에 대한 시각으로 미술치료사는 이제 다학제적인 방식으로 다른 지식과 다른 분야의 기법과 결합하고 미술치료를 더욱더 폭넓은 학문의 일부분으로 인식하게 된다. 미술치료는 다차원적으로 상호의존되어 있기 때문에 미술치료는 불균형적인 권력으로부터 사회를 화합하고 희망을 재건할 수 있다.

텔로스 : 화목한 사회

인류의 억압된 측면을 해방시키려는 영속적인 사회적 진화의 여러 목표들은 유동적, 과도기적, 저항적인 등장의 과정이라고 정의한다. 하지만 사회행동으로서 미술치료는 평화로운 인간 공동체를 달성한다는 신념 아래 일관된 목표telos 또는 종점을 지닐 수 있다. 여러 회선들이 해방의

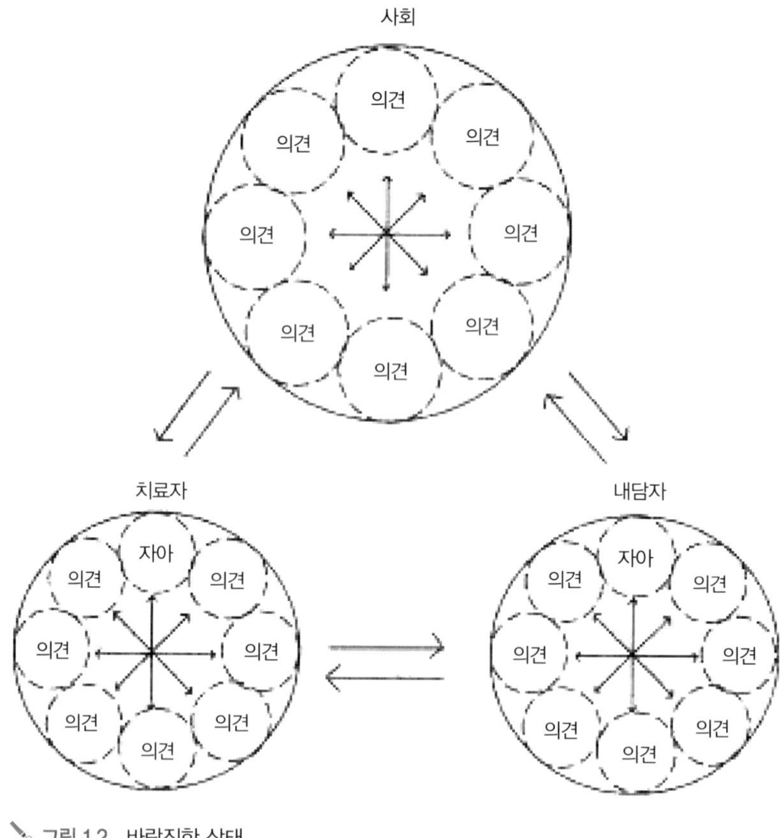

그림 1.2 바람직한 상태

과정에서 등장할 수 있지만, 평화와 정의는 사회가 어떻게 구성되는가와 무관하게 영속적인 목표를 달성하게 되는 것이다.

〈그림 1.2〉는 '상태'와 '평등한 사회'로서 모든 면에서 바람직한 상태를 묘사한다. 이렇게 이상화된 상태의 특징은 대안적 목소리들에 대해 엄격하고 획일적이며 지배적인 의견이 존재하지 않고, 동등한 지위를 지닌 다수의 의견들이 지속적인 대화를 나누며 서로 영향을 주고받는 공동의 공간이 존재하는 사회이다. 사회는 균형 잡힌 평등을 통해 형성되고, 그 사회를 구성하는 개인은 균형을 맞춘다. 즉 개인의 자아는 타인과 소통하

며 제3자와 상호의존한다. 여기에서 자아는 중심에서 벗어나 일반적으로 같은 뜻을 품지 않는 의견들에 의한 변형에 개방적인 자세를 취한다. 이처럼 이상적 상태에 있는 개인은 평등의 구조를 창안하고 보강하는 데 도움을 줄 것이다. 사회적 주안점과 그것의 부수적 관성은 자원과 권력의 공정한 분배를 선호할 것이다. 중심이 비워지면 등장하여 표현될 다른 잠재성을 위한 은유적 공간이 생긴다. 이러한 변증법적 공간에서 가령 이성애는 지배적이거나 핵심적이지 않고 다양한 인간의 경험 그리고 잠재성 측면에서 여러 목소리 중 일부일 뿐이다. 사회 내 이성애자, 동성애자, 양성애자 그리고 트랜스젠더들 각각의 정신 내 여러 요소들은 동등한 상태이며, 상호영향력은 물론 아직 표현되지 않았지만 등장할 성적 특징에 대해 개방적이다.

분명한 점은 이처럼 바람직한 상태가 달성 가능한 수준이 아닌 유토피아적 이상에 가깝다는 것이다. 하지만 또한 분명한 것은 방향과 실행 가능한 과정을 제시한다는 것이다. 누가 알겠는가? 인간의 창의성과 발달 가능성의 전제가 될지 모를 일이다. 기존에 억압받던 요소들을 인정하는 과정이 시작되면 어떠한 시너지 효과가 생길 수 있을지 누가 알 수 있는가? 현재 문화적 구조에 의해 거부당한 인간의 잠재성 그리고 다양성은 사회의 구원과 성숙한 사회 기반으로서의 역할에 충실할 수 있게 된다.

이론의 한계

여기에서 제시된 이론적 모형은 철학적 출발점이자 담론의 방향을 제시할 임시 격자에 해당한다. 이 이론에는 분명한 한계가 있다. 그중 한 가지는 이론적 모형 자체가 특정 역사적, 사회적, 지역적 결과물이며 여러 가

설들이 집합된 특정한 세계관에서 파생되었다는 것이다. 이 이론적 모형이 암시하는 바는 사회적 진화와 진도에 대한 서양적 가정뿐만 아니라 유토피아적 관념론이다. 또한 이러한 관점은 일차적으로 심리학적 특성을 지니며 일정한 방식으로는 유용하지만 제한적이다. 이론을 통해 특정한 인간의 측면이 드러나는 반면 다른 측면은 감춰지게 된다. 영적인 본성 기반 혹은 마르크스주의 관점을 통해 전혀 다른 양상이 펼쳐진다. 이 장에 제시된 형식적인 개념들 역시 학술적 그리고 전문적 몰입에 의해 강요된다. 수사학은 일정 수준의 교양을 지닌 사람들은 물론, 세상에서 특정한 존재 방식을 지닌 사람들에게 특권을 부여하는 일정 정도의 교육, 추상적 사유, 서술 형식에 대한 이해를 근거로 한다.

합리적 생각에 대한 이러한 책임의식은 어떠한 문제 영역, 영혼, 퍼포먼스, 이미지, 음악, 직관 그리고 무의식 영역에서 제거된 이해를 요하며, 특정 유형의 지식 습득이 가능해진다.

사회행동과 미술치료가 통합되기 위한 비전과 기본 전제를 제안한다. 또한 현실적으로 세상에서 이러한 진취적 구상을 짜임새 있게 다듬어야 하는 실천적 과제가 남아 있다. 이러한 이론의 적용은 앞서 시사한 것보다 더 복잡할 수 있다. 비록 편리하긴 하지만 이 이론은 이미 사회행동을 실천하는 미술치료사들이 파악하고 있는 동성애공포증을 일종의 예시로 들었다. 잠재적으로 소외된 과거나 현재의 구조화된 편향을 식별하기는 쉽다. 동성애가 상당한 저항을 부르는 논점이긴 하지만(Franklin, 2000), 아직 지지를 필요로 하는 여러 요소들을 식별하는 데 실질적인 어려움이 있을 수 있다. 예를 들어, 폭력성이나 소아성애를 바람직한 것으로 여기는 사람들을 상대할 방법은 명확하지 않다.

우리는 정당화된 문화적 경멸과 비전통적인 성적 취향에 대한 독점적인 문화적 차별을 궁극적으로 어떻게 구별하는가? 이러한 문제와 관련된 이 도전은 어떠한 단일 맹점에 관한 윤리적 입장의 문화적 분기이다. 미술치료사는 특정 문화권 내에서 동성애에 대한 인권 박탈이 자행된다면 어떻게 행동해야 할 것인가? 동성애가 죄악시되는 공동체 내에서 동성애에 대한 개방성을 촉진해야 한다는 문화적 부담이 있을까? 누군가는 실제로 발생할 수 있는 끝없는 분규를 상상할 수 있다. 명확한 지시가 요구될 때 변증법적 공간을 창안하기 위한 지시만으로는 불충분할 수 있다.

이 이론적 모형에 대한 또 다른 주요 가정은 '하나의 세계안' 에 관한 것으로 개인의 심리적 경험, 사회적 구조와 사건들이 타인과 상호연관되고, 공동 창안된다는 것이다. 사회적 구조들이 개인의 심리적 경험에 영향을 미칠 수 있으며(Hocoy, 1999b) 정신적 과정(명상, 의도)을 제시하는 최근의 과학 연구는 심리적 사건에 영향을 미칠 수 있지만(Benson, 1997; Dossey, 1999), 여전히 이러한 문제에 관해서는 상당한 논란이 있다.

이 모형에 대한 일차적인 방어지향적 맹점은, 윤리적 확신은 결코 절대적일 수 없고 개인의 사유와 경험의 다양성은 무궁무진하고 진화 중이며, 어떠한 논점에 대한 한 가지 혹은 어떠한 최종적 이해란 존재할 수 없다는 것이다. 이론적 모델의 작동 원리는 지속적으로 대화를 유도하고 비평과 새로운 발견을 통해 확장과 복잡성에서 개방되는 것이다. 이론적 모형은 사회적 위치로부터 스스로를 제거하지 못하고 단순히 한계점과 기타 다른 관점들을 인식할 수 있다. 이와 유사하게 Robbins(1987)는 주장한다.

> [미술치료] 이론은 매우 유기적이고 여러분의 일부가 되며, 환자에 대한 여러분의 경험을 가로막는 방어막으로 이용되지 않는다. 실제로 각

각의 치료적 만남을 통해 우리는 이 이론을 새로운 시각으로 재발견한다(p. 14).

미술치료사를 위한 시사점

미술치료는 "세상으로부터 단절된 개인을 세상으로 나오게 하는"(Jung, 1960, p. 432) 일련의 과정을 통해 진화되었다. 이러한 한계에도 불구하고 이 장에 소개된 이론은 보는 것, 치유하는 것 그리고 행동하는 것을 통해 개인과 집단을 통합하는 미술치료의 새로운 패러다임을 제시하고 있다. "[미술치료사]는 치료에 적용하기 위해 정신역동심리학과 미학의 통합적인 이해를 요하는 이론이 필요하다."라고 Robbins(1985)는 말한다(p. 68). 이제 우리는 융(1961)의 '도덕적 의무'를 유념해야 하며(p. 187) 사회정의 구현을 위해 노력해야 한다.

미술치료와 사회행동의 상호의존성은 우리 미술치료사에게 직접적인 영향을 미칠 수 있다.

1. 우리 자신의 무의식 또는 그림자를 받아들이려 애써야 한다.
2. 다른 치료적 노력들이 지역사회나 세상의 사회적 불균형을 바로잡는다는 것을 받아들이려고 애써야 하며 작품을 통해 박탈당한 권리를 대변하려 노력해야 한다.
3. 우리는 삶의 상호연결성에 대한 영원한 의식을 함양하면서 다음과 같은 진실을 알고 있어야 한다. 우리가 아무리 많은 치료를 하더라도 우리가 아무리 현명할지라도, 정신적인 트라우마를 초래하는 사회적 격차를 해결하기까지는 심리적 고통을 벗어날 가능성은 없으

며, 우리가 아무리 많은 정치적 행동과 공동체 서비스를 할지라도 우리 마음 내부에 있는 사회적 소외의 영향을 수용할 때까지 사회적 정의를 달성할 가능성은 없다.

감사의 말

저자는 이 장에 소개된 이론에 도움을 준 Mary Watkins 박사와 Helene Lorenz 박사, Aaron Kipnis 박사에게 깊은 감사의 말을 전한다. 이 장의 저작권은 미국미술치료협회AATA에 있으며, 재판을 허락해주었다. 이 장은 *Art Therapy: Journal of the American Art Therapy Association 22*, 1, 2005, pp. 7-16에 실린 원저 논문을 각색한 것이다.

참고문헌

Alcoff, L. and Potter, E. (1993) "When Feminisms Intersect Epistemology." In L. Alcoff and E. Potter (eds) *Feminist Epistemologies* (pp.1-15). New York: Routledge.

American Psychiatric Association (1968) *Diagnostic and Statistical Manual of Mental Disorders* (2nd edn). Washington, DC: American Psychiatric Association.

American Psychiatric Association (1980) *Diagnostic and Statistical Manual of Mental Disorders* (3rd edn). Washington, DC: American Psychiatric Association.

American Psychiatric Association (1987) *Diagnostic and Statistical Manual of Mental Disorders* (3rd edn rev.). Washington, DC: American Psychiatric Association.

American Psychological Association (2002) "Ethical principles of psychologists and code of conduct." *American Psychologist 57*, 1060-1073.

Boal, A. (2000) *Theatre of the Oppressed*. London: Pluto Press.

Brown, B.A. (2002) "Empathy, connection, commitment: Community building as an art form (Part I)." *ArtScene*, January. Retrieved 11 May 2006 from www.artscenecal.com/ArticlesFile/Archive/Articles2002/Articiles0102/Bbrown0102.html

Brown, L.D. (1985) "People-centered development and participatory research." *Harvard Educational Review 55*, 69-75.

Cassirer, E. (1955) *Philosophy of Symbolic Forms: Vol. 2 Mythical Thought*. New Haven, CT: Yale University Press.

Cochran, S., Sullivan, J.G. and Mays, V.M. (2003) "Prevalence of mental disorders, psychological distress, and mental services use among lesbian, gay, and bisexual adults in the United States."

Journal of Consulting and Clinical Psychology 71, 53–61.

Cushman, P. (1990) "Why the self is empty: Toward a historically situated psychology." *American Psychologist 45*, 599–611.

Elkins, D.E. and Stovall, K. (2000) "1998–1999 membership survey report." *Art Therapy: Journal of the American Art Therapy Association 17*, 41–46.

Finn, J. (1994) "The promise of participatory research." *Journal of Progressive Human Services 5*, 25–42.

Foucault, M. (1980) *Power/knowledge: Selected Interviews and Other Writings.* New York: Pantheon.

Franklin, K. (2000) "Antigay behaviors among young adults: Prevalence, patterns, and motivations in a noncriminal population." *Journal of Interpersonal Violence 15*, 339–362.

Freud, S. (1954) *The Origins of Psychoanalysis.* New York: Basic Books.

Friedman, R.C. (2002) "Male Homosexuality and Psychoanalysis." In C. Schwartz and M.A. Schulman (eds) *Sexual faces.* Madison, CT: International Universities Press.

Goldenberg, I. and Goldenberg, H. (1991) *Family Therapy: An Overview.* Pacific Grove, CA: Brookes/Cole.

Greenfield, P.M. (1997) "Culture as Process: Empirical Methods for Cultural Psychology." In J.W. Berry, Y.H. Poortinga and J. Pandey (eds) *Handbook of Cross-cultural Psychology* (Vol. 1). Needham Heights, MA: Allyn and Bacon.

Hardy, K.V. and Laszloffy, T.A. (1995) "The cultural genogram: Key to training culturally competent family therapists." *Journal of Marital and Family Therapy 21*, 227–237.

Hillman, J. (1975) *Re-Visioning Psychology.* New York: Harper and Row.

Hillman, J. (1992) *The Thought of the Heart and the Soul of the World.* Woodstock, CT: Spring.

Hocoy, D. (1999a) "The validity of Cross' model of Black racial identity development in the South African context." *Journal of Black Psychology 25*, 131–151.

Hocoy, D. (1999b) "Marginalization among Blacks in South Africa." In J.C.L.J. Adair and K. Dion (eds) *Latest Contributions to Cross-Cultural Psychology.* Lisse, Switzerland: Swets & Zeitlinger.

Hocoy, D. (2000) "Clinical Implications of Racial Identity in the Legacy of Apartheid in South Africa." In W.J. Lonner, D.L. Dinnel, D.K. Forgays and S.A. Hayes (eds) *Merging Past, Present, and Future in Cross-cultural Psychology.* Lisse, Switzerland: Swets & Zeitlinger.

Hocoy, D. (2002a) "Cross-cultural issues in art therapy." *Art Therapy: Journal of the American Art Therapy Association 19*, 141–145.

Hocoy, D. (2002b) "Ethnography as Pedagogy in Multicultural Competency." In P. Boski, F. van de Vijver and M.A. Chodynicka (eds) *New Directions in Cross-Cultural Psychology.* Warsaw, Poland: Wydawnictwo Instytutu Psychologii.

Hocoy, D. (2004) "Working with Asian-American Clients." In J.V. Diller (ed.) *Cultural Diversity: A Primer for Human Service Professionals.* Belmont, CA: Brooks/Cole.

Hocoy, D., Kipnis, A., Lorenz, H. and Watkins, M. (2003) "Liberation psychologies: An invitation to dialogue." Unpublished manuscript.

hooks, b. [sic] (1984) *Feminist Theory from Margin to Center.* Boston, MA: South End Press.

Jung, C. (1960) *The Structure and Dynamics of the Psyche.* Princeton, NJ: Princeton University Press.

Jung, C. (1961) *Memories, Dreams, and Reflections.* New York: Vintage Books.

Junge, M.B. (with Asawa, P.P.) (1994) *A History of Art Therapy in the United States.* Mundelein, IL: American Art Therapy Association.

Junge, M.B. (1999) "Mourning, memory and life itself: The AIDS quilt and the Vietnam veterans' memorial wall." *The Arts in Psychotherapy 26*, 3, 195–203.

Junge, M.B., Alvarez, J.F., Kellogg, A. and Volker, C. (1993) "The art therapist as social activist: Reflections and visions." *Art Therapy: Journal of the American Art Therapy Association 10*, 148–155.

Kalish-Weiss, B. (1989) *Creative Art Therapies in an Inner City School.* New York: Pergamon.

Kaplan, F.F. (1994) "The imagery and expression of anger: An initial study." *Art Therapy: Journal of the American Art Therapy Association, 11,* 139–143.

Kleinman, A. (1988) *Rethinking Psychiatry.* New York: Free Press.

Kuhns, R. (1983) *Psychoanalytic Theory of Art.* New York: Columbia University Press.

Lichtman, R. (1982) *The Production of Desire: The Integration of Psychoanalysis into Marxist Theory.* New York: The Free Press.

Lorenz, H. and Watkins, M. (2001) "Depth Psychology and Colonialism: Individuation, Seeing through, and Liberation." In D. Slattery and L. Corbett (eds) *Psychology at the Threshold.* Carpinteria, CA: Pacifica Graduate Institute Publications.

Martin-Baro, I. (1994) *Writings for a Liberation Psychology.* Cambridge, MA: Harvard University Press.

Rappaport, J. (1987) "Terms of empowerment/exemplars of prevention: Toward a theory for community psychology." *American Journal of Community Psychology 15,* 121–148.

Rauchfleisch, U. (2003) "Psychiatric, psychoanalytic and mental health profession attitudes toward homosexuality in Switzerland." *Journal of Gay and Lesbian Psychotherapy 7,* 47–54.

Robbins, A. (1985) "Perspective: Working towards the establishment of creative arts therapies as an independent profession." *The Arts in Psychotherapy 12,* 67–70.

Rubin, J.A. (1979) "Opening Remarks." In L. Gantt (ed.) *Art Therapy: Expanding Horizons.* Baltimore, MD: American Art Therapy Association.

Rubin, J.A. (1987) "Conclusion." In J.A. Rubin (ed.) *Approaches to Art Therapy: Theory and Technique.* New York: Brunner/Mazel.

Salgado, S. (1997) *Workers: An Archeology of the Industrial Age.* New York: Aperature.

Salgado, S. (2000) *Migrations: Humanity in Transition.* New York: Aperature.

Salgado, S. (2004) *Sahel: The End of the Road.* Berkeley, CA: University of California Press.

Schaverien, J. (1992) *The Revealing Image: Analytical Art Psychotherapy in Theory and Practice.* New York: Routledge.

Sohng, S.S.L. (1995) "Participatory research and community organization." Paper presented at the New Social Movement and Community Organizing Conference, Seattle, WA, November.

Stringer, E.T. (1996) *Action Research.* Thousand Oaks, CA: Sage.

Szasz, T. (1984) *The Myth of Mental Illness.* New York: Quill.

Taylor, G. (2002) "Psychopathology and the Social and Historical Construction of Gay Male Identities." In A. Coyle and C. Kitzinger (eds) *Lesbian and Gay Psychology: New Perspectives.* Malden, MA: Blackwell.

Timm-Bottos, J. (1997) "Joan Flynn Fee interviews Janis Timm-Bottos." *Salt of the Earth.* Retrieved 6 July 2006 from www.salt.claretianpubs.org/issues/homeless/bottos.html

Twomey, D. (2003) "British psychoanalytic attitudes towards homosexuality." *Journal of Gay and Lesbian Psychotherapy 7,* 7–22.

Wallace, E. (1987) "Healing Through the Visual Arts: A Jungian Approach." In J.A. Rubin (ed.) *Approaches to Art Therapy: Theory and Technique.* New York: Brunner/Mazel.

Watkins, M. (1992) "From individualism to the interdependent self: Changing paradigms in psychotherapy." *Psychological Perspectives 27,* 52–69.

Watkins, M. (1999) "Pathways Between the Multiplicities of Psyche and Culture: The Development of Dialogical Capacities." In J. Rowan and M. Cooper (eds) *The Plural Self: Multiplicity in Everyday Life.* Thousand Oaks, CA: Sage.

Watkins, M. (2000a) "Depth Psychology and the Liberation of Being." In R. Brooke (ed.) *Pathways into the Jungian World.* London: Routledge.

Watkins, M. (2000b) "Seeding Liberation: A Dialogue Between Depth Psychology and Liberation Psychology." In D. Slattery and L. Corbett (eds) *Depth Psychology: Meditations in the Field.* Einsiedeln, Switzerland: Daimon Verlag.

Weishut, D. (2000) "Attitudes toward homosexuality: An overview." *Israel Journal of Psychiatry and Related Sciences 37*, 308–319.

제2장

사회행동가로서 미술치료사의 삶

Maxine Borowsky Junge

창의적인 작품은 어떤 면에서 세상과 유사해야 하다. 현 세상과 유사하지 않다면 앞으로의 가능한 세상과라도 유사해야 한다. 그것은 세상에서 비롯되서 다시 세상 속으로 융합된다. 따라서 자신에 대한 책임, 즉 내적 온전성에 대한 책임을 수행하려는 창의적인 사람은 또한 반드시 어떤 방법으로든 세상에 대하여 반응해야 한다(*Creative People at Work* by D. Wallace & H. Gruber 1990, pp. 280-281에서 인용, reprinted by permission of Oxford University Press)

도입

창의적인 사람들의 일화는 인간의 행동을 이해하는 원천이자 역사적으로 심리학이나 심리치료 이론의 근간이 되었다(Polkinghorne, 1988). 프로이트(1961)의 레오나르도 다빈치에 대한 연구뿐만 아니라 Erik Erikson(1958, 1969, 1975)은 간디, 마틴 루터 킹 목사와 같은 인물의 일생을 연구하였다. Howard Gardner는 저서인 **열정과 기질**(임재서 역, 2004)에서 창의성과 다중지능에 관한 그의 이론을 뒷받침하기 위해서 프로이트, 아인슈타인, 피카소, 스트라빈스키, T.S. 엘리엇, 마사 그레이엄 그리고 간디의 일대기를 연구하였다.

일대기 형태의 인생사는 대부분의 심리상담치료 그리고 미술치료에서 다루는 중요한 요소이다. 개인의 인생사는 발달과정에 지극히 중요한 부분으로 더 이상 비밀스러운 것이 아니다. 개인이 트라우마적 상처를 극복하고 견뎌내기 위해 노력하는 것 또한 비밀스러운 것이 아니다. 그러나 최근 들어서 체계적인 연구 패러다임을 통해 서술적인 형태의 치료 방식에 대한 정당성이 입증되었다. 다행히도 현재 미국의 정신보건제도는 개인의 인생사를 타인에 의해 파급되어 개인을 이해하며 개인의 관점을 관철시키는 중요한 도구로써 활용되고 있다.

서술적 접근 방식은 미술치료사가 내담자의 본질적인 세계관에 다가갈 수 있다는 것을 의미한다. 이 장을 차지하는 많은 부분은 사회행동가로서의 나의 개인적 인생사이다. 나는 두 마리 토끼를 잡으려 한다. 그 첫 번째로 일생 동안의 봉사, 사회정의 그리고 사회행동에 헌신한 나의 경험담이 다른 이들에게 감동을 주길 바란다. 두 번째로 67세 나이의 외로운 여행의 연장선상에서 나를 재발견하고 싶다. Audre Lorde는 다음과 같이 말한다.

> 나에게 있어 가장 중요한 것은 비록 다치거나 오해받을 위험이 있더라도 말로 내뱉어야 한다는 것이고 구두로서 공감받는 것이라는 사실을 점점 더 확신하게 된다(1984, p. 40).

이 글을 쓰고 있는 현재 나는 67세의 이성애자이자 비종교적인 유대인 여성이다. 나는 미술치료라는 용어가 없을 당시부터 미술치료계에 종사하였다. 내 '공식적인' 미술치료 업무는 1974년 내 슈퍼바이저인 Helen Landgarten의 초청으로 캘리포니아의 이매큘러트하트대학 미술치료 석사과정 학생들을 가르치면서 시작되었다.

1930년대 미술치료와 심리학의 주된 관심사는 개인과 개인 발달이었다. 지난 오랜 시간 동안 '지구촌' 이나 현재 관심사인 '다양성' 혹은 '다문화' 에 대한 개념은 등장하지 않았다. 이러한 단어들은 개인이 생각하거나 개념화시키기에 다소 복잡하다. 미술치료의 명백한 패러다임 전환의 필요성은 새로운 체계적 접근 방식으로 이루어지지는 않는다. 나는 치료사로서 사회 질병을 다루어왔기에 체계적인 사고가 변화에 대처하는 가장 탁월한 방식이라는 것을 알게 되었으며, 이러한 방식을 반영한 미술치료사 양성과정이 필요하다고 생각하였다. 체계적인 사고는 화가에게 자연스러운 일이다. 회화는 전체를 아우르는 체계의 모든 구성요소가 하나가 되어야 비로소 온전해진다. 하나를 변화시키는 것은 전체를 변화시키는 것이다. 예를 들어, 회화작품에 색을 바꿀 때는 바뀌지 않은 나머지 부분 역시 변화에 맞게 조정해야 된다.

나는 미술치료사 이전에 화가이자 사진작가, 저술가, 교육자, 체계적인 인간, 조직개발 컨설턴트, 가족치료사 그리고 사회적 변화의 촉매제이다. 나에게 주어진 이러한 다양한 역할은 비교적 단순하다. 개인, 가족, 집단, 체계 그리고 내 자신으로부터 내가 하는 일에 창조적 변화를 결합한다. 나는 젊은 시절부터 겉돌았다고 느꼈기 때문에 예전부터 소위 '투명인간' 이라 불리는 소외 집단에 대해 관심이 있었다. 나는 테네시 주에 위치한 Highlander Institute와 메인 주 베델에 위치한 미국현장교육연구소에서 사회정의와 사회적 행동을 연구했다.

사회적 행동주의의 뿌리인 나의 가족과 나의 유년기

예술가 집안에서 태어난 것은 나에게 행운이었다. 제2차 세계대전 당시 L.A.에서 태어난 나는 할리우드 블랙리스트 시절을 겪으며 자랐다. 내가 유년시절을 보낸 이 지역은 드문드문 몇 채의 주택들과 리마콩밭뿐이었다. 몇 해가 지나고 이 동네에 꿈틀거리며 나타난 모터에비뉴 한쪽 끝에는 20세기폭스 영화스튜디오가, 다른 한쪽에는 메트로골드윈메이어 영화스튜디오가 자리 잡았다. 제2차 세계대전 기간 중에 나의 아버지는 영화스튜디오에 자전거를 타고 출근하였다. 그 당시 우리 동네에는 여자아이가 없어 나는 남자아이들과 함께 현재 도시화된 이 광활한 지역을 뛰어놀며 자유를 만끽하였다. 태평양 끝자락에 위치한 캘리포니아 남부 지역은 대부분의 동부 도시들에 비해 행동과 매너 그리고 감정에 제약이 없었다. 이러한 전원적인 분위기에도 불구하고 나는 네 살 정도 됐을 무렵, 도보 위를 지나가다 이 지역에 살고 있는 유대인 집 앞뜰에 불타버린 십자가를 본 기억이 남아 있다. 나는 집에 도착하여 부모님에게 "우리는 유대인이 아닌가요?"라고 물었다. 부모님은 즉시 내가 오해한 부분을 바로잡아주었다.

나는 극작가 겸 캘리포니아대학교UCLA의 각본/극작과 교수로 재직한 아버지를 사랑한다. 그는 작가였고 미국작가노조를 설립하였으며 수채화 화가이자 꽤 훌륭한 바이올린 연주자였다. 그는 학생들의 말에 귀 기울였다. 나에게 가장 중요한 점은 아버지는 자신이 옳다고 생각하는 일에 대해서 투쟁하는 사람이었던 것이다. 그는 불공평한 처사를 싫어하였다.

뉴욕에서 연극의상 디자이너였던 어머니는 21세에 뉴욕에 있는 연극의상점인 WPA[1]를 총괄하였다. 어머니는 21세에 나를 낳으시면서 부분적으로 청각을 잃었고 1941년 남동생이 태어났을 때 완전히 청각을 잃으셨다. 어머니는 설파제나 항생제가 등장하기 전 심각한 부비동염으로 청력을 잃으셨다. 전업주부로서 어머니는 보청기에 적응하고 있는 사람들에게 비공식적인 상담을 해주었으며, 아픔을 들어주었고 격려하였다. 그 당시 어머니가 끼고 있던 보청기는 매우 크고 무게가 2kg이나 나가서 다리에 얹고 다녀야만 했다. 어머니는 차고를 개조한 작업실에서 회화를 가르쳤으며 76세에 폐암으로 돌아가시기 전까지 초창기부터 같이한 학생들을 가르치셨다. 돌이켜 생각해보면 나는 가업을 물려받은 것이다.

부모님은 나를 훈계하거나 자신들의 신념을 어떠한 방식으로도 강요하지 않았다. 부모님은 단순히 자신들이 사회정의와 사회적으로 활발히 활동하여 내가 이를 스스로 교훈 삼을 수 있게 하셨다. 나는 부모님의 직접적인 지시 없이도 배움을 얻을 수 있었다. 예를 들어, 우리 집은 파티와 모임이 끊이지 않았는데 다양한 인종, 민족, 성적 취향을 지닌 사람들이 참석하였다. 우리 동네의 지식층인 할리우드 극작가들도 초대되었는데 업무적인 대화는 오가지 않도록 하였다. 사교모임에는 나이 구분 없이 예술가, 역사학자, 작가, 정원사와 가사도우미들도 초대되었다. 우리 부모님에게 즐거운 모임이란 다양한 아이디어와 따듯하고 개방적인 태도였다.

그 당시 L.A.의 많은 곳은 유대인의 출입을 허용하지 않았다. 나는 특정 사립학교와 컨트리 클럽이 유대인의 출입을 허용하지 않는다는 것을 잘 알고 있었다. 1967년 나는 스크립스 해양학연구소 박사후과정에 있던 남편과 어린 아이들과 함께 남부 라호이아로 이사하였는데, 알고 보니 이

---

1 'Works Project Administration' 공공 기획 촉진국의 약자인 WPA는 루즈벨트 전 대통령이 1930년대 대공황 시기에 예술가들과 작가들에게 일자리를 촉진하기 위해 추진했던 사업이다.

곳은 유대인의 주택 구입이 허용된 지 몇 년 안 된 곳이었다. 나는 그 당시 유대인의 고된 삶을 통해 사회행동가로 살 수밖에 없다는 것이 머릿속에 존재했다.

나는 아버지로부터 내 의견, 생각 그리고 신념을 지키는 것을 배웠다. 어떠한 것을 개선시키기 위해 노력하는 것 말이다. 어머니로부터는 듣는 법을 배웠다. 나는 두 분에게 불공정한 처사에 맞서 싸우는 법, 관용을 베푸는 법을 배웠다.

미술의 힘

중학교를 다닐 무렵 나는 열반에 배정되었으며, 수시로 학교를 결석하였다. 그 당시 학교는 부모들의 여론에 무관심하였기 때문에 내 어머니의 항의는 학교의 관심을 사지 못하였다. 어머니는 내게 심리치료를 받게 할 방법까지 생각했으나 결국 주말에 미술학교에 보내기로 결정하셨다.

나는 이 대목과 관련하여 글을 투고한 적이 있다(Junge, 1994).

> 활기 넘치는 백발의 미술선생님은 심리적인 측면의 창의성 증진에 관심이 있었으며, 특히 게슈탈트심리학에 심취해 있었다……. 그녀는 긍정적이고 정적인 분위기가 아동의 예술창작 활동에 필수적이라고 여겨 아동의 작품을 비판하기보다는 칭찬이 필요하다고 믿었다. 또한 예술적 기교를 가르치는 것은 그다지 중요하지 않으며 기교는 아동의 창의력을 방해한다고 주장하였다.
>
> 3년 동안 그녀는 자신의 수업을 미술치료라고 부르거나 자신을 미술치료사라고 간주하지 않았지만 나는 분명 그녀가 미술치료사였다고 확신한다. 내 스케치들과 회화는 부자연스럽고 의식적이었지만 부모님,

> 선생님들과 친구들은 점점 감정의 풍부함을 알아보기 시작하였다. 선생님을 통해 나는 미술이 가진 본질적인 치료적 기능의 가능성을 경험하였다(pp. xv-xvi).

당시 나는 '미술치료'라는 단어를 몰랐지만 화가로서, 미술치료사로서의 길을 걷기 시작했다. 나의 회화작품에는 사람들로 가득 차 있었다. 많은 시간이 흐른 후 미술치료사로서 내담자들을 만날 무렵에는 내 회화작품이 점차 풍경화로 바뀌어갔다. 고등학생 시절 미술과 사회변화의 통합이라는 주제로 "도미에, 고야 그리고 벤 샨 : 사회적 항변의 그림"이라는 글을 쓰기도 하였다.

이 나라의 사회변화는 음악과 연관이 있다. "우리는 승리하리라(We Shall Overcome)"는 노래는 이 예 중 하나이다. 음악은 항변의 뜻을 함께하는 집단을 신속하게 융합하기 용이한 매체이다. 예전부터 이미지는 변화의 힘을 가졌다고 인식되었다. 예술가들은 빈번하게 변화를 예측하는 것을 묘사하였다. 앤디 워홀의 〈캠벨 수프 통조림〉은 우리 문화에 중요하게 인식되는 오브제가 어떠한 의미를 제공하는지 인식하기 어렵다는 것을 보여주고 있다. 조이스 캐리의 소설 **확실한 소식통으로부터**[2](*The Horse' Mouth*, 1965, 1944 초판인쇄)의 주인공 걸리 짐슨은 런던의 어느 상점에 걸려 있는 모네의 작품을 보며 "내 눈은 발가벗겨졌으며 이로 인해 나는 다른 사람이 되었다(1965, p. 63)."라고 말하는 대목이 등장한다. 피카소의 〈게르니카〉를 직접 본 사람은 스페인 내전에 대한 강렬한 이미지에서 헤어날 수 없는 것처럼 고야의 〈전쟁의 참화〉는 우리를 평화

[2] 역주 : 말의 치아의 수를 헤아림으로써 말의 나이를 정확히 알 수 있다는 데서 유래했으며 가장 확실한 정보라는 뜻이다.

주의자로 변모하게 한다.

미술치료에서 이미지는 개인이 지닌 내면의 풍경을 계몽한다. 이미지는 과거, 현재, 미래를 조명한다. 현실은 변화될 수 있다는 것을 구체적으로 보여준다. 치료에서 개인은 이미지를 변화시킬 수 있으며, 그렇게 함으로써 개인의 행동을 변화시킬 수 있고, 결과적으로 가족, 집단과 세상을 변화시킬 수 있다. 이미지는 집단 정체성, 소외계층이나 투명한 사회 구성원에게 가시성, 위상 그리고 존재감을 주는 데 사용된다. 이미지는 중요한 상징을 꾀하며 상징은 변화를 취한다. 이라크 전쟁의 당위성에 공감하지 않는 이들이라도 사담 후세인 동상이 무너지는 광경을 잊을 수 없게 만든다.

언어는 모든 치료사에게 중요한 과제이다. 불행히도 심리치료는 교육받은 자들의 고유의 산물이다. 언어는 가치와 바람이다(예전에 정신병원에서 의뢰받은 몇몇 환자들은 말수가 없었으며 나는 지루함을 느끼곤 하였다). 우리는 미술치료사로서 우리 스스로 소통이란 육성언어의 형태로만 존재하지 않는다는 점을 상기하지 않아도 될 만큼 당연한 이치이며, 내담자들에게는 이미지가 필요하다. 이미지는 '창의적 목소리' 로 단어가 지니지 못하는 여러 가지 색깔을 지니고 있다.

사회행동 프로젝트

이 절에서는 내 인생에서 벌어지고 있는 다양한 프로젝트를 예로 들어보겠다. 나는 인종차별주의와 반유대주의 근절, 남녀평등 그리고 미술치료의 발전을 위해 노력해왔다. 이러한 노력은 내 자신이 주최가 되었기에 가능할 수 있었다.

오퍼레이션 어드벤처

나는 미국 남부에서 시민권리를 위한 행진Freedom Ride에 참여하고 자유의 기수freedom rider가 되고 싶었다. 그러나 나는 가정이 있었으며 그럴 만한 금전적 여력이 없었다. 1967년 당시 샌디에이고에 살던 어느 날 신문 광고 지면에 교사들을 구한다는 구인광고를 보고 지원하게 되었으며, Sandy Turner를 만나게 되었다. 퀘이커교도 집단공동체 활동가인 그녀와 함께 샌디에이고 남부지역에 있는 빈민가 부모들의 관심을 끌기 위한 노력을 시도하였다.

'오퍼레이션 어드벤처'는 미술을 원동력으로 하는 대안적인 교육 프로그램이다. 우리는 미술을 통해 배움을 즐겁게 한다면 아이들이 다양한 것을 배우고 싶어 할 것이라고 판단했다. 비록 교사는 아니었지만 흥미로운 사람들이 자원봉사자로 참여하였으며, 프로그램은 점점 커지며 성공하였다. 남편이 UCLA 부교수로 채용되어 L.A.로 돌아가야 했기 때문에 나는 이곳으로 돌아와 오퍼레이션 어드벤처 프로젝트를 계속 진행하고 싶었다. L.A. 폭동 직후 흑인들에 대한 인권이 신장되던 시기였기 때문에 나는 백인 여성으로 흑인 거주지역보다는 치카노Chicano[3] 거주지역에 쉽게 받아들여질 거라고 판단했다. International Institute이 위치한 보일하이츠Boyle Heights[4]라고 부는 곳에서 내가 원하는 바를 실행에 옮길 수 있었다.

오퍼레이션 어드벤처를 통해 나는 생각을 입으로 뱉을 수 있도록 배웠다. 보일하이츠에서 시도한 성과는 이전보다 성공적이었다. 어느 여름,

---

[3] 역주 : 스페인어 *Mexicano*를 줄인 것으로 미국에 거주하는 멕시코계 미국인들을 지칭하는 말

[4] 역주 : 로스앤젤레스의 다운타운 동쪽에 위치하는 지역

우리는 학생들을 가르치기 위해 38명의 대학생을 고용하였다. 나는 L.A. 시위원회를 찾아가 학생들에게 지급할 급여를 마련해주기를 건의하였다. 나는 '자신감을 북돋아 주는' 목표지향적인 비전을 제시하였다. 그 해 여름 우리는 L.A.에서 가장 많은 기금을 지원받는 프로그램으로 우뚝 서게 되었다.

나는 이 경험을 통해 집단역동을 가늠할 수 있게 되었다. 다양한 부류의 학생들과 교사들 그리고 백인 리더로 구성되었기 때문에 우리 프로젝트는 바람 잘 날 없었다. 이러한 문제를 대처할 방법을 몰랐기 때문에 나는 운영자들을 한데 모아 이런 난국을 극복할 수 있는 방식을 고민하게 하였다. 놀랍게도 운영자들의 관계가 계선되었다(이후 집단 응집력에 대하여 호기심을 가지는 계기가 되었으며 집단전문가를 고용하였다).

오퍼레이션 어드벤처를 통해 치카노 언어로 출판되는 잡지인 *Con Safos: Reflections of Life in the Barrio*를 운영하는 젊은 치카노 청년들과 만남을 가졌다(춤과 파티는 사회행동의 훌륭한 도구로 집단을 융합시킬 수 있다). 오퍼레이션 어드벤처는 그 후 4년 동안 계속되었으며 이후 소외된 어린 멕시코 갱단원을 대상으로 한 프로그램으로 변화했다. 35년이 지난 지금까지 연락하고 있는 한 어린 여자아이는 현재 성인이 되어 식물학 박사학위를 받았다. 그러나 대부분의 아이들은 현재까지 방황하며 교도소에 수감되어 있거나 죽임을 당했다.

여성평등

> 이 지구 상에 흑인이 차별받지 않는 곳은 있지만 여성이 남성과 평등한 곳은 없다(J. Fisher, 2001, 개인적인 서신).

나는 남성과 여성 모두의 내면에 있는 성차별을 오랜 시간 주목해왔다. 그리고 재능 있는 여성이 고통스러운 시간을 보내는 것 또한 지켜봐왔다(Junge, 1988). 나는 우리 문화권에서나 다른 문화권에서 여성이 남성과 평등하지 않다는 것을 알고 있다. 나는 당시 풍조였던 남성중심적인 중산층 가정에서 자랐다. 나는 우리 세대의 여느 사람들처럼 1950년대에 유년시절을 보냈으며, 1960년대에 결혼하여 30세 이전까지 두 아이를 낳았다. 나는 나름 명석하고 재능도 있고 야망도 있었지만 남편의 성공을 위해 모든 것을 포기해야만 했다. 여성주의운동이 일어나 내 비밀스러운 분투가 허락되기 이전까지 나는 아이들을 키우며 전업주부로 살기 위해 노력했다. 하지만 이를 견딜 수 없어 몰래 드로잉 수업을 듣기도 하였다. 미술은 다시금 나를 살렸다.

'여성주의운동'은 당시 젊은 세대에게는 익숙한 용어지만 나에게는 평등 그리고 평등한 기회의 의미였다. 나는 당시 남성과 여성 사이에 만연히 퍼져 있던 성차별이 문화에 깊숙이 스며들어 있다는 것을 알고 있었다. 20세기 초기 여성주의운동은 의식적으로 자율권을 기르기 위한 계몽의 개념을 중심으로 시작되었다. 이러한 경향은 여성을 수동적인 역할보다 학대 피해자나 학대 생존자같이 오늘날의 문화적 풍토에 더욱 받아들일 수 있는 것으로 맞추어 초점이 바뀌었다.

그럼에도 불구하고 1970년 UCLA 사회복지학과 입학사정관(백인 남성)과 나눈 대화는 실로 충격적이었다. 그는 "우리는 백인, 중산층, 중년, 유대인 여성의 입학을 허용하지 않습니다."라고 말했다. 내가 UCLA 미술학과 대학원에 재학하고 있을 당시 유일한 여성 강사 외에 모든 교수진은 남성이었고 여학생들에게 매우 엄격하게 대했다.

일상의 작은 것들에도 성차별은 존재한다. 나는 현재 워싱턴에 살고 있으며, 모임에 참석한다. 모임 명단에 기혼여성의 이름이 남편 이름 옆의 괄호 안에 쓰인 것을 처음 보았을 때(참석자의 대부분은 여성이었다.) 나는 이것을 정정할 것을 요구하였다. 내 건강에 위기가 찾아온 여름에 나는 의료관계자와 만나 서비스 체계를 정정할 것을 요구하였다. 자신들은 '박사' 라는 존칭을 사용하면서 나를 박사라고 부르기 주저하는 이중적인 모습을 보였다. 어느 의사는 나를 자신의 사무실에서 만나면 내가 위협적이라고 느낄 수 있기에 우리 집으로 찾아왔다고 진술했다. 동네 공원에서 정년 퇴임한 한 남성 의사는 병원에 찾아온 여성들을 차별대우한 처사에 대해 나에게 사과하였다. 1970년 당시 '냉장고 엄마'[5]가 아동 자폐증의 원인이라는 속설이 있었지만 오늘날의 정신보건의료 체계에서 사실이 아니라는 것이 밝혀졌다. 하지만 여성을 비하하며 아동의 문제가 어머니의 책임이라는 차별적 편견이 아직까지 남아 있다.

오랫동안 미술치료 과정을 운영하며 학생들을 가르친 로욜라메리마운트대학교LMU는 처음 예수회 남학교로 개교하였다. 내가 학교에 임용되기 전 LMU는 메리마운트여학교와 연합되어 남녀공학으로 바뀌었다. 그럼에도 불구하고 내가 처음 학생들을 가르치기 시작한 1980년 나는 남성 직원으로부터 '여성들은 곧 이곳을 떠날 것' 이라는 말을 들었다. 이매큘러트하트대학 시절에는 개설된 미술치료 프로그램이 없어지는 것은 아닌지 의구심을 가졌다. 나는 학위 수여 기관인 미국서부교육연합회WASC로부터 LMU는 더욱더 많은 여학생을 받을 것과 예술학과를 개설해야 한다는 지침을 받았다.

나는 많은 연구위원회에서 활동하고 있었고 유일하게 교수 임용 자격

---

[5] 아동의 신체적 필요만 충족시키는 엄마를 지칭한다.

에 '적격' 이라는 의미에 대한 문제제기를 하였다(주로 남성이 교수로 임용되는 것). 나는 매년 경기장에서 이루어지는 졸업식에 메리마운트의 이름이 빠져 있고 로욜라의 엠블럼만 걸려 있는 것을 지적하였다. 1995년 농구경기 도중 학생이 사망한 사건으로 언론에서 이 소식을 다루었을 때 마침내 LMU가 사용되었다. 나는 여성지위증진위원회 회장으로서 성희롱 규정을 학교 학칙에 포함시키는 것에 일조하기도 하였다.

대학원에서 학생들을 가르치며 학업을 이어나가고 있을 무렵 우리는 남성중심 학술원의 외톨이들이었다. 미술치료 과정이 LMU에 개설되었을 때 우리는 미술대학과 사회대학에서 속해 있었다. 두 학과는 개별 학과이다. 개별 학과에 소속된다는 의미는 학과장이 있다는 것이고, 이론적으로는 미술치료 과정이 어느 정도는 이익권을 보호받을 수 있다는 것이다. WASC의 요구대로 대학은 미술치료 과정을 독립된 과정으로 대학원에 배속시켰고 우리의 이익권에 대한 보호가 없어진 대신 자율 학과 운영이라는 만족할 만한 거래가 성사되었다.

나는 여성의 직업으로서의 미술치료(Junge, 1994)에 대해 글을 기고한 적이 있다. 다음은 최근 모금행사에서 썼던 "슈퍼우먼의 의자"라고 이름 붙인 의자에 대한 글이다.

> 모든 미술치료사가 동의하지 않을 수 있지만 미술치료사는 여성이 우세하게 많은 직업이다. 30여 년 동안 대부분의 미술치료사들은 여성이었고 우리의 내담자 또한 여성이었다. 과거 미국 사회는 여성의 직업활동을 강력히 반대해왔다는 점을 우리는 이해해야 한다. 내담자들로 하여금 불균형적인 차별을 여성주의적 관점으로 이해시키는 것이 치료의 원칙이다. 슈퍼우먼의 의자는 해학적이지만 진지한 의도가 담겨 있다.

> 아마 누군가 의자에 앉게 된다면 여성(그리고 남성) 의식이 생겨날 것이며 여성이 하는 모든 일과 여성이 해야 하는 모든 일에 대하여 공감하게 될 것이다(Junge, 2004).

반인종차별주의와 반유대주의 : 남성과 여성의 평등

나는 유년시절 샌디에이고 빈민가와 L.A. 동부의 라틴가에서 불공평한 처사에 대항하였다. 1990년대 필딩대학 박사과정 중 동료 학생과 함께 불공정한 처사에 대한 문제를 제기하였다. 우리는 유능하고 실력 있는 유색인종 학생들이 불공정한 이유로 차별대우를 받는 처사에 분노하였고 그들의 인권신장을 위해 많은 노력을 기울였다. 이러한 우리의 노력은 많은 시간이 요구되었고, 지도교수는 내가 학위를 수여받지 못할 것이라 걱정해주었다. 집단원 구성의 변화는 명백한 위협으로 다가온다. 일반적으로 한 집단이 권력을 잡으면 다른 쪽은 권력을 잃는다. 백인 남성 교수는 이러한 움직임을 차단하려고 하였다. "만약 더 많은 여성이 입학하거나 교수로 채용된다면 남성은 더 이상 안 들어올 것이다."라고 말했다. 내 개인적인 생각으로는 대부분의 사람들은 자기 자신을 인종차별주의자라고 여기지 않는다. 현재의 미국 문화는 내적인 인종차별과 무의식적인 고정관념이 난무하다. Derald Wing Sue(2001)는 다음과 같이 말한다.

> 정확히 말해서 당신 백인들의 태도, 신념 그리고 행동이 다른 이들을 억압할 수 있다는 점을 이해하지 못한다. 왜냐하면 그들은 스스로를 도덕적이며 품위 있고 공정한 사람들이라 믿기 때문에 자신을 억압의 세력으로 간주하는 것에 대해 수긍할 수 없다(p.48).

L.A.에 거주하는 동안 나는 Michael Scolaro 박사의 에이즈 전문병원

에서 근무하였다. 동성애자인 내 아들을 지지하는 의미로 나는 남성 동성애자를 대상으로 미술치료를 시작하였다. 이 기간 동안 "슬픔, 기억 그리고 인생 그 자체 : AIDS 퀼트와 베트남 전쟁용사 기념비"(Junge, 1999)라는 글을 집필하였다.

백인 여성이 억압받는 집단에 동화되는 것은 쉬운 일이 아니었다. 최근에 나는 다른 미술치료사로부터 특정한 소외계층에 관심이 집중되어서 또 다른 '배제기준'을 형성하는 것이 아니냐는 비난을 받기도 하였다. 다양한 사람들로 이루어진 반인종차별주의팀의 백인 팀원으로서 나는 맹렬히 비난받았다. 예를 들어, 아프리카계 미국인 팀원보다는 백인을 비난하는 것이 보다 '안전'하다고 여긴다. 나는 백인 여성이 다른 사람들에 비해 비교적 원한이 없다고 생각한다. 한 가지 예를 들어, 대학을 졸업한 후 나는 L.A.에 있는 종합병원 정신과의 사회복지사로 채용되었다. 하지만 첫 출근도 하기 전 나는 '소수자'가 아니었기 때문에 채용이 무효화되었다. 사회행동이 실효되려면 모든 악조건에서도 동요하지 않아야 하며 굳건한 의지가 필요하다.

개인적 견해로서 공평하게도 특히 교육기관(초 · 중 · 고등학교)같이 반남성주의적 성향이 있는 환경이 존재한다. 이러한 환경은 현재 많은 숫자의 남자아이들이 ADHD를 진단받는 이유라 생각한다. 우리 모두는 고통을 받는다. 우리는 대외적 그리고 내면적 관계에 상처를 드러내지만, 일부는 더 많은 고통을 받는다.

미술치료사와 내담자

훌륭한 치료사란 내담자의 실존적 세계관을 이해하여야 한다. 또한 좋은 임상은 내담자의 문화에 대한 이해뿐만 아니라 내담자의 '현실 세계' 를 더욱더 육성하는 작업 역시 중요하다고 생각한다. 예를 들어, 훌륭한 치료사는 아동 내담자의 담당 교사를 통해 내담자의 목소리를 듣고, 지지하며, 필요하다면 내담자의 변화를 이끌어내어 내담자의 우선사항을 만족시켜야 한다.

체계적 관점으로 살펴보면 훌륭한 치료사는 사회행동가로서 내담자의 세계관을 파악해야 한다. 지진, 태풍, 허리케인, 9 · 11 테러 그리고 영화 같은 외적인 사건들은 개인에게 영향을 끼친다. 확실히 TV 매체의 편재는 신체상과 허구적인 삶이 그다지 현실적이거나 이상적이지 않음을 공표하는 중심적인 '모형적 역할' 을 한다.

미술치료사들은 백인 여성이 많다. 그러나 내담자는 이와 다른 양상을 띤다. 이 한 쌍은 흥미롭고 어려운 불공평한 권력을 가지고 있다. 미술치료사는 여성 그리고 소수집단 내담자를 도우며 문화에 내재된 불평등을 이해하고, 미술치료사 자신이 불균형화된 권력구조의 한 부분이라고 투사될 수 있다는 점을 반드시 지각하여야 한다. 이러한 방식은 갈등을 조장하는 것이 아니라 내담자에게 현실감을 제공하여 죄책감과 수치심이 완화될 수 있도록 하는 것이다. 거친 개인주의 시대에 억압된 문화에서 개인은 수치심, 비난 그리고 죄책감을 너무 빈번하게 느낀다. 반면 미술치료사가 내담자와 같은 인종이거나 비슷한 배경으로 인하여 미술치료사 자신이 내담자와 동일시될 수 있다고 생각하는 것은 오류이다. 인간의 군상은 너무나 다양하기 때문이다.

치료사는 문화통합이라는 은밀한 희망을 품고 있지만 현실적으로 그렇지 못하다. 나는 인종이란 감정의 '소용돌이' 라는 묘사를 들었다. 치료가 그만큼 복잡하다는 것이다. 예전에는 아프리카계 미국인 미혼모가 자녀들을 데리고 대중교통을 이용할 돈이 없어서 치료에 못 올 형편이라면 이것을 '저항'이라고 분류하였다. 부디 이제는 그 정도의 도는 넘어섰기를 바란다. 로욜라메리마운트에서 학위를 수료하고 강의를 나갈 무렵, 두 아프리카계 미국인 여성이 내 수업을 들었다. 다른 학생들은 항상 그 둘의 이름을 헷갈려 했으며, 이름을 착각하는 경우가 많았다. 그 두 학생 중 하나가 "그들에게 우리는 비슷하게 보이니까요."라고 말한 대목에서 나는 감정이란 매우 상처받기 쉬운 약한 존재이며, 상처는 표면적으로 드러난다는 것을 알게 되었다.

나는 미술치료사가 단절된 사무실이나 스튜디오에서 갇혀 고분분투하는 것보다는 내담자의 호소에 반응하는 것이 현실적인 직업적 선택일 것이라고 믿는다. 치료사는 신성불가침적으로 내담자의 비밀을 보장을 하며 내담자의 세계를 변화시키기도 한다. Thomas Szasz(1961)와 R.D. Laing(1967)은 미쳐버린 세상에 호응하기 위해서는 우리도 미쳐야 한다고 주장한다. 믿거나 말거나, 이 세상은 문제가 많으며 이러한 문제를 해결하기 위해서는 많은 노력이 필요하다는 것에 공감할 것이다.

조언자, 본보기상, 영향 그리고 나의 글

운 좋게도 부모님과 Eula Long 이외에도 일생 동안 몇몇의 사람들이 나에게 가르침을 주었고 사회행동을 지지해주었다. 미술치료사인 Helen Landgarten은 빈곤한 내담자를 치료할 것을 강조한다. 사회복지사인 Barbara Solomon 교수는 "훌륭한 변화의 전도체는 불씨가 아니다."라고 조언해주었다. 퀘이커교도 집단공동체는 오퍼레이션 어드벤처의 훌륭한 선행 사례였다. Sandy Turner는 내 가족이나 지인들에게 치료적으로 다가가지 말라는 조언을 잊지 않았다. 필딩대학에서 박사과정 동안 Anna diStefano, Charlie Seashore 그리고 Will McWhinney는 나의 멘토가 되어주었으며, 인종차별과 성평등에 대한 지식을 주었다. LMU에서는 Virginia Merriam으로부터 여성으로서 당당하게 서는 법을 배웠으며 Joe Jabbra는 참을성과 인내심 그리고 이타심이 무엇인지 알려주었다. 테네시 주 Highlander Center in New Market에서 Myles Horten은 사회적 행동주의를 배우는 동안 변화를 선도하는 기존에 내가 알고 있던 미술치료사 이상의 역할을 수행하는 법을 일깨워주었다. Paulo Freire(1995, 2000) 그리고 Peggy MacIntosh(1998)의 논설 "백인 특권과 남성 특권 : 여성 연구를 통해 대응하고자 하는 것에 대한 개인적 해석"도 나에게 영향을 주었다(최근 나는 Freire의 강연에서 그와 대화를 나눌 수 있는 기회가 있었으며 그를 위해 그림을 그려주었다).

내 첫 책인 **미국 미술치료의 역사**(*A History of Art Therapy in the United States*, Junge, 1994)는 몇몇의 개인이 실권을 쥐고 있는 불공정한 처사에 대한 내용을 담고 있다. 나는 오류를 바로잡기 위해 펜을 들었다. 임상사례집에 몇 페이지 정도로 실려 있는 미국 미술치료 역사는 대부분 미국 동부 지역에 편중되어 있다고 느꼈다. 캘리포니아인으로서 나는 이러한 관점이 전부가 아니라는 것을 안다. 나의 두 번째 저서인 **창조적인 현실들 : 의미를 찾아서**(*Creative Realities: The Search for Meanings*, Junge, 1998)에서 나는 창조성이라는 주제로 나의 경험을 서술하였다.

내가 발표한 글은 사회행동에 대하여 다루고 있지만 1988년 미국 미술치료학회 학술대회에서 Robert Ault, Gary Barlow, Bruce Moon과 함께 '예술의 사회적 실천' 이라는 주제의 대담에 패널로 참여하는 계기를 통해 사회행동에 대하여 본격적으로 언급하기 시작하였다.

> 미술치료 분야에 종사하고 있는 많은 이들 중 특히 나와 같은 세대인 여러분은 미술과 사회행동주의에 뿌리를 두고 있다. 개인으로서 그리고 미술치료 전문가로서 사회적 책임감이 강화되는 추세이다……. 나의 꿈은 우리 스스로 힘을 실어 다른 이에게 권한을 부여해주는 것이다. 나는 언젠가 우리가 진정한 변화의 특성을 지닌 창조적인 과정을 자유롭게 꿈꾸는 것과 미술 그 자체가 내포하고 있는 사회변화의 광범위한 능력을 꿈꾼다(Ault et al., 1989, p. 18).

1993년 Janise Finn Alvarez, Anne Kellogg, Christine Volker와 나는 '사회행동가로서의 미술치료사의 성찰과 통찰력' 이라는 주제로 글을 기고한 적이 있다.

> 체계적 관점에서 사회활동가로서 미술치료사는 내담자가 속한 정신보건 체계, 국가, 세상에 대한 심도 있고 주요한 변화의 시점으로서 논의된다. 사실 미술치료사는 변화를 촉진하는 예술가로서의 정체성을 가짐에도 불구하고 미술치료 양성교육과 전문가적인 수용은 우리가 예술가로서 지향하는 방향과 동떨어져 있다(Junge et al., 1993, p. 148).

1999년 나는 "슬픔, 기억 그리고 인생 그 자체 : AIDS 퀼트와 베트남 전쟁용사 기념비"라는 글을 집필하였다.

> 여성운동, 베트남전쟁 그리고 AIDS 문제는 다음 세기 이후 재조명되었던 일련의 역사적 사건들을 통해 과연 미국스러운 것이 무엇인지 우리

에게 알려주었다……. 미술치료사는 미술재료, 듣는 마음과 생각을 내담자에게 제공하며, 우리 주변에 고통이 존재하지만 용해될 수 있도록 한다……. 미술의 생산물은 상실과 죽음의 연속성에 대하여 말한다. 이는 삶을 상징하며 삶이 지속되게 한다(Junge, 1999, p. 195).

자기이해, 진실된 대화, 희망 그리고 용기

몇 해 전 사회심리학자인 Charlie Seashore와 함께 로욜라메리마운트 대학교에서 내 강의를 수강하고 있는 미술치료학과 학생들과 '착한 여성' 이라는 워크숍을 진행한 적이 있다. 이 워크숍은 오로지 여성들을 위한 프로그램이 아니라 모든 미술치료사들(경험 여부와 상관없이)이 경험하는 보편적인 걸림돌에 대한 것이었다. 타인에게 인정받고 싶은 욕망은 걸림돌이 된다. 이것은 좋은 의도로서 지극히 자연적인 성향이다. 만약 걸림돌을 중재하지 않을 경우 좋은 의도의 미술치료와 효과적인 사회행동에 역행되는 문제가 발생할 수 있다. 치료사는 은밀하게 자신의 갈등과 분노를 방지하고 '긍정적 전이' 상태를 유지해야 한다. 이러한 치료과정에서 끔찍한 오해가 생길 수 있다. 분노는 변화의 동기가 된다. "좋은 하루 보내세요.", "그 일에 집중하세요." 같은 긍정적 동기는 '대립' 같은 부정적인 동기를 부정하며, 우리는 이러한 긍정적 동기를 자주 접하게 된다. 우리의 언어는 더 긍정적으로 변모하였다. 예를 들어, 나는 '문제' 대신 '도전' 이라고 주저 없이 말할 수 있으며, 단어의 변환된 의미를 수용할 수 있다. 그러나 아직 극복해야 할 문제들이 남아 있다. 비단 우리가 사회행동가는 아니더라도 사회행동가로서의 의식이 있으며, 이는 자연스러운 행동의 일환이다. 우리는 분쟁을 회피하거나 외면하지 말아야 한다.

'합의'는 무언가에 모두 동의한다는 것을 의미하며, 최근 많은 빈도로 거론되는 일종의 유행어이다. 합의점을 찾아내기는 어렵다. 때로는 외로운 외침이나 행동이 변화를 이끌어낸다. 어떤 학생은 나에게 "품행이 단정한 여성은 역사에 남을 수 없다."라고 쓰인 머그컵을 선물하였다.

사회행동가로서 미술치료사는 누구나 내면화된 인종차별과 성차별적인 성향을 가지고 있는 '삐딱한 낙천주의자'라고 가정해야 한다. 그럼에도 불구하고 나는 여전히 더 나은 세상을 위해 이러한 것은 바뀔 수 있다고 믿는다. 모든 미술치료사는 마음속 어느 한편에 변화에 대한 희망과 믿음을 가지고 있다고 생각한다. 그러나 생각만큼 뻔하지 않다. 나는 정신과 전문의 과정의 한 의사와 집단치료에 참여한 적이 있는데 그는 변화에 대한 믿음을 가지고 있었지만 현실적인 재정 문제로 힘들어하였다. Paulo Freire(1995)는 다음과 같이 말한다.

> 나는 절망감의 구체적인 실체를 외면할 수 없지만 역사적, 경제적, 사회적 이유의 절망감으로부터 무너지지는 않는다. 나는 인간의 존재를 이해하지 못하지만 인간이 고통으로부터 벗어나야 한다는 것은 안다(p. 8).

사회행동가로서 미술치료사는 용기가 있어야 한다. 비주류적인 생각과 행동을 대변하는 것은 힘든 일이다. 상처 입은 세상은 외롭다. 나는 집단 미술치료를 진행하는 도중 내 목소리가 떨린다고 느낀 적이 있다. 미술치료사는 세상에 존재하는 부조리를 인식하고 그것을 재치 있게 표현하는 것이 중요하다. 또한 타인에게 영향을 줄 수 있기 때문에 변화를 두려워하지 않아야 한다.

어느 현자는 세 가지 규칙을 지켜야 한다고 말한다. 첫째, 바위를 오르막으로 억지로 밀지 마라. 둘째, 친구를 사귀어라. 셋째, 살아남아라. 나는 첫 번째 규칙을 "너무 많은 바위를 오르막으로 억지로 밀지 마라."로 수정했지만 현자의 교훈은 미술치료사에게 유용하다고 생각한다. 사회행동은 힘에 부치는 일이다. 사회행동의 불씨를 살리기 위해 커들 그룹[6]의 철학을 참고하길 바라며 최소한 지인들과 진솔한 대화를 나누는 것을 추천한다. 미술 작가의 사회적 비평들과 마찬가지로 사회행동가로서 미술치료사는 모든 이에게 공정하고 평등한 기회가 주어질 수 있도록 세상을 변화시키기 위해 노력해야 한다.

> 최소한의 희망 없이는 투쟁이 시작될 수 없다……. 따라서 우리는 희망을 북돋아 주는 연습이 필요하다……. 이것은 진보적인 교육자의 몫이며 어떠한 장애물이 있더라도 희망의 기회는 주어져야 한다(Freire 1995, p. 9).

참고문헌

Ault, R., Barlow, G., Junge, M. and Moon, B. (1989) "Social applications of the arts." *Art Therapy: Journal of the American Art Therapy Association 5*, 1, 10–22.

Cary, J. (1965) *The Horse's Mouth*. New York: Harper & Row (Original work published 1944.)

Erikson, E. (1958) *Young Man Luther: A Study in Psychoanalysis and History*. New York: W.W. Norton.

Erikson, E. (1969) *Gandhi's Truth: On the Origin of Militant Nonviolence*. New York: W.W. Norton.

Erikson, E. (1975) *Life History and the Historical Moment*. New York: W.W. Norton.

Freire, P. (1995) *Pedagogy of Hope: Reliving Pedagogy of the Oppressed*. (Trans. R.R. Barr). New York: Continuum International.

Freire, P. (2000) *Pedagogy of the Oppressed* (20th anniversary edn). (Trans. M.B. Ramos). New York: Continuum International.

[6] 'Cuddle Group' 커들 그룹은 가족치료사 Carl Whitaker가 창시한 용어이다.

Freud, S. (1961) "Leonardo da Vinci: A Study in Psychosexuality." In J. Strachey (ed. and trans.) *The Standard Edition of the Complete Psychological Works of Sigmund Freud.* London: Hogarth Press.

Gardner, H. (1993) *Creating Minds.* New York: Basic Books.

Gruber, H. (1989) "Creativity and Human Survival." In D. Wallace and H. Gruber (eds) *Creative People at Work.* New York: Oxford University Press.

Junge, M.B. (1988) "An inquiry into women and creativity including two case studies of the artists Frida Kahlo and Diane Arbus." *Art therapy: Journal of the American Art Therapy Association 5,* 3, 79–93.

Junge, M.B. (1998) *Creative Realities: The Search for Meanings.* Lanham, MD and New York: University Press of America.

Junge, M.B. (1999) "Mourning, memory and life itself: The AIDS quilt and the Vietnam veterans' memorial wall." *The Arts in Psychotherapy 26,* 3, 195–203.

Junge, M.B. (2004) "The superwoman chair." Unpublished statement.

Junge, M.B. (with Asawa, P.P.) (1994) *A History of Art Therapy in the United States.* Mundelein, IL: American Art Therapy Association.

Junge, M.B., Alvarez, J.F., Kellogg, A. and Volker, C. (1993) "The art therapist as social activist: Reflections and visions." *Art therapy: Journal of the American Art Therapy Association 10,* 3, 148–155.

Laing, R.D. (1967) *The Politics of Experience.* New York: Pantheon Books.

Lorde, A. (1984) *Sister Outsider.* Freedom, CA: Crossing Press.

MacIntosh, P. (1988) "White privilege and male privilege: A personal account of coming to see correspondences through work in women's studies." Wellesley, MA: Wellesley College, Center for Research on Women, Working Paper Series No.189.

Polkinghorne, D.E. (1988) *Narrative Knowing and the Human Sciences.* Albany, NY: University of New York Press.

Sue, D.W. (2001) "Surviving Monoculturalism and Racism." In J. Ponterro, J. Casas, L. Suzuki and C. Alexander, C. (eds) *Handbook of Multicultural Counseling.* Thousand Oaks, CA: Sage.

Szasz, T.S. (1961) *The Myth of Mental Illness.* New York: Dell.

제 2 부

대안 실천과 비판

제3장

노숙인과 가면 만들기 프로젝트

Pat B. Allen

도입

노숙인 가면 만들기 프로젝트Facing Homelessness는 1년간 West Suburban public Action Deliver Shelter, PADS[1]와 일리노이 주 오크 공원에 위치한 작가들이 직접 운용하는 파데스 스튜디오와 공동으로 기획한 노력의 산물이다. 이 프로젝트는 노숙인에 대한 고정관념을 깨고 무주택 문제에 대한 인식을 높이는 동시에, 응집된 지역사회를 구성하고 사회적 문제를 탐구하기 위해 예술 기반의 방식으로 사회행동을 실험하는 취지로 시작되었다.

300명에 가까운 사람들이 미술작품 제작과 전시에 참여하였고 일련의 결과물로서 하나하나 독창적으로 제작되어 장식된 100여 개의 석고붕대 가면이 경매에 올랐다. 마을 주변의 세 장소에서 동시 진행된 전시에서는 프로젝트 참가자에 대한 인터뷰가 진행되었으며, 제작된 가면과 함께 가면에 대한 설화, 노숙인에 대한 짤막한 글귀가 명언과 함께 적혀 있다(그

---

[1] PADS 모델에서 교회들은 다양한 신앙공동체가 공동으로 책임을 지도록 하면서 일주일에 하룻밤 쉼터를 제공하였다.

그림 3.1 마을회관 가면 전시

림 3.1 참조). 입찰식 경매를 통해 판매된 가면들과 가면 이미지로 제작된 파생 상품인 메모장과 함께 3,000달러 이상이 파데스 프로그램 후원금으로 마련되었다. 프로젝트 초기 자금의 일부분은 오크공원 문화예술진흥원에서 후원해주었으며 마을회관 갤러리와 마을 은행 또한 섭외해주었다.

PADS의 진행위원장인 Linda Scheuler와 나는 오크공원 문화예술진흥원 기금을 신청하였다. 지원받은 기금은 미술재료, 인쇄, 음식 등 필요한 비용을 충당하기에 충분했다. 많은 자원봉사자들의 도움의 손길이 이어졌으며 참여작가들은 어떠한 금전적 보상 없이 흔쾌히 참여해주었다. 다양한 사람들에게 미술창작 프로그램을 무료로 제공함으로써 이 프로젝트가 지역사회에 직접적인 도움이 될 수 있기 때문에 우리는 지역주민의 지지를 받기 위해 최선을 다했다. 우리는 기금이 승인되지 않더라도, 개인의 기부나 미술재료 기증을 통해 프로젝트를 착수했을 것이라 느낄 정도로 이 프로젝트에 열정적이었다. 중요한 점은 지역사회의 선의에 의한 자유주체적인 방식으로 자신의 시간과 노력을 기부한다는 철학이 밑

바탕되었다는 점이다.

우리는 노숙인들, 지역사회 저명인사, 미술작가를 포함하여 나이에 상관없이 지역주민들을 초대하여 모두 함께 가면을 만들 것을 제안하였다. 우리는 가면의 기증을 원한 참가자에게 인터뷰를 실시하였고, 완성된 가면과 함께 인터뷰에서 발췌한 글귀를 함께 실어 전시할 계획을 세웠다. 50개의 가면을 제작하는 것을 목표로 세웠지만 프로젝트가 끝나갈 무렵에는 초기 목표의 2배 이상의 가면이 제작되었다.

프로젝트를 진행하게 된 계기는 내가 소속된 지역사회의 노숙인에 대한 서비스를 제공하는 방식에 대한 호기심이었다. PADS는 원래 노숙인을 위한 위기개입 프로그램으로 시작되었으며 최근 10주년을 맞이하였다. 나는 PADS의 자원봉사자로서 매일 밤 40여 명의 노숙인들의 쉼터가 되어준 이 프로그램에 들어간 엄청난 노력을 지켜보았다. 매일 밤 교회나 유대교 예배당에서 노숙인들이 잠을 청할 수 있도록 하는 것, 영양가 있는 식사와 노숙인들을 위한 기본적인 복지를 제공하는 것은 수백 명의 자원봉사자들의 노력이 있기에 가능한 일이었다. 이러한 노력은 가치 있는 일이다. 사람들을 작가 스튜디오로 모아 노숙에 대한 다양한 관점을 나누고, 또 다른 해결책을 찾는 것에 대하여 고민하였다. 또한 예술가로서 노숙인들을 어떻게 도와야 할지와 어떤 예술적인 방식으로 참여하게 할지에 대해 고민하게 되었다.

기초작업

미술치료사와 지역사회 복지기관 간의 성공적인 협업을 도모하기 위한 기초작업은 미술치료사와 지역사회 복지기관의 관계에 달려 있다. 다행히도 나는 예전부터 PADS에 관여하고 있었기 때문에 우린 서로 잘 알고 있었다. 지난 10년 동안 우리 가족은 우리가 할 수 있는 만큼 PADS 자원봉사자로 활동하였다. 가면 프로젝트를 진행하기 위해 Linda와 나는 노숙인들의 의견을 듣기 위한 만남을 가졌다. 나는 사람들이 이 프로젝트의 취지를 시각적으로 이해할 수 있도록 몇 개의 가면을 샘플로 가져갔다. 노숙인들은 이 프로젝트를 지지하였다. 그들은 인터뷰 내용을 각색하는데 도움을 주었으며, 관객들이 가면의 주인공이 누구인지 궁금해하도록 가면을 무기명으로 하라는 조언을 주기도 하였다. 또한 인터뷰 질문은 사람들의 보편적으로 긍정적인 품성에 대하여 중점을 둘 것을 제안하기도 하였다.

다음 단계로 우리는 PADS 전환 프로그램에 참여한 과거 노숙을 경험한 가족들을 대상으로 2주 동안 파일럿 회기를 진행하였다. 참가자들은 쉼터에서 고정적인 주거지로 옮겨 안정된 상황이었다. 참가자의 생업으로 적절한 시간을 배정하는 것이 중요한 문제였다. 가면은 평상시 참가자들이 PADS 만남의 장소에 모이는 시간에 제작될 수 있도록 일정을 잡았다. 미술용품들의 접근성과 재료적 특성상 부득이하게 가면 작업은 파데스의 작업실에서 이루어졌다.

파일럿 회기 동안 프로젝트에 대한 중요한 교훈을 얻었으며, 우리의 취지는 더욱더 구체화되었다. 참가자들이 가면을 만들어(사진의 얼굴을 기부하는 것) 지역사회 주민과 교환하여 가면을 꾸미는 계획을 세웠다. 우리는 지역사회 자원봉사자와 PADS 사용자 사이에 적어도 몇 회기 정도의 지속적인 교류를 갖도록 구상하였다. 지역사회 주민들이 노숙인들과 직접 대면함으로써 그들이 가지고 있던 고정관념으로부터 탈피하고 지역사회 교류가 활성화되기를 바랐다. 두 번째 파일럿 회기에서는 기존 참가자 중 4명이 다시 참여하였고, 우리는 참가자들이 일회성으로 참여할 수 있는 방식으로 조정하였다. 이러한 방식을 취함으로써 쉼터를 이용하는 더 많은 노숙인들에게 참여 기회가 돌아갈 수 있었다. 석고 가면은 건조될 시간이 필요하기 때문에 1회기만으로도 충분히 과정의 첫 번째 단계를 이룰 수 있었다.

변호사인 PADS 위원회 회원은 동의서와 양도계약서를 최대한 간단명료하게 작성하는 것을 도와주었다. 우리는 노숙인들에게만 작품판매의 수익을 받는 선택권을 주려고 하였으나, 결국 모든 참가자가 작품판매 수익을 받을 수 있도록 하였다. 소수의 노숙인과 참가자들이 작품 판매로 인한 수익을 배분받았다.

참가자 모집은 프로젝트 중에도 계속 실시되었다. '당신의 얼굴을 기증하세요' 라는 글귀가 적힌 포스터와 전단지를 제작하여 PADS 자원봉사자들과 후원자들에게 발송했으며 지역신문에 홍보했다. 취재를 위한 5~6개의 가면 샘플을 만들었다. 또한 PADS 송년회를 통해 프로젝트를 홍보하려 노력했다.

프로젝트

당신의 얼굴을 기증하세요

참가자들은 가면을 본뜨는 것을 시작으로 이 프로젝트에 참가하였다. 우리는 이 과정을 1시간 안에 능률적으로 끝내도록 하였다. PADS의 목요일 쉼터인 연합장로교회에서 첫 번째 가면이 제작되고 4주 동안 대략 20개의 가면이 제작되었다. 동시다발적으로 PADS 자원봉사자와 직원 그리고 후원자들에게 프로젝트에 대한 대략적인 설명과 자신의 얼굴을 기증하러

그림 3.2 공원에서 가면 만들기

시간 약속을 잡도록 독려하는 편지가 발송되었다. 평상시 우리는 2명 정도의 작가가 얼굴을 본뜨는 작업을 하였으며 다른 자원봉사자들은 인터뷰를 진행하였다. 우리는 기증자와 인터뷰를 진행할 기회가 단 한 번이었기 때문에 양도계약서 같은 문서작업은 한 회기 동안 일사천리로 진행해야 했다. 작가와 얼굴기증자가 되도록이면 편안한 분위기 속에서 얼굴을 본뜰 수 있도록 여유 있는 시간에 인터뷰가 진행되었다.

PADS 쉼터의 여름 휴식 기간은 파데스 스튜디오에서 매주 토요일 오전과 오후로 나누어 진행했다. 화창한 여름날을 즐기기 위해 공원에 산책 나온 사람들의 많은 얼굴을 본뜰 수 있었다(그림 3.2 참조). 스튜디오 창문과 마을 곳곳에 전단지를 붙여 참여를 독려하였다. 공원 방문객을 초대하였다.

제작과정

석고붕대 가면은 비교적 단순하며 저렴한 비용으로 만들 수 있는 미적이며 장식적인 동시에 개인적으로 정서적 의미를 부여하는 창작물이다. 대부분의 얼굴기증자들은 자신의 얼굴을 본뜬 가면이 완성되는 동안 편안함과 활력을 되찾는 기분을 경험하였다. 우리는 평상시 조용한 음악을 틀어놓았으며, 하루 일과가 끝날 무렵 같이 차 한 잔을 하였다. 흥미 유발을 위해 작업대에는 항시 가면 샘플을 놓아두었다.

동의서와 양도계약서는 작품 촬영, 전시와 판매로 이어지는 경매를 위한 필수적인 사항이었다. 참가자가 글을 모를 경우 동의서와 양도계약서 조건을 충분히 이해할 수 있도록 음독해주었다. 모든 참가자에게는 가면 판매 수익을 받거나 PADS에 기부하는 선택권이 주어졌다. 원하는 참가자에 한해서 서명된 동의서의 복사본을 주었으며, 노숙인은 자신이 주로 방문하는 쉼터에 보관하였다.

자신의 얼굴을 기증한 참가자는 가면을 만드는 동안 편안함과 활력을 되찾는 기분을 경험하였다고 말하였다. 일부 노숙인은 가면이 마르는 한두 시간 정도 작업실에 더 머무르며 가면을 본뜨는 동안 타인의 관심과 친근한 시선의 여운을 경험했다. 얼굴을 기증한 몇몇 성직자들은 가면을 본뜨는 동안 실제로 잠들었고, 나중에 이 경험이 전문가적 얼굴을 잠시 내려놓고 자기 자신이 되는 특별한 순간이었다고 회상하였다. 한 자원봉사자는 노숙인 얼굴에 석고를 바르는 경험은 매우 특별한 의식이었다고 하였다. 그녀는 노숙인이 보인 신뢰에 깊은 감명을 받았으며, 이러한 경험을 바탕으로 친밀감과 애정을 더해 열정적으로 PADS 쉼터에서 자원봉사를 하고 싶다고 하였다.

우리는 얼굴기증자들에게 오픈 스튜디오를 방문할 수 있는 개별적인 시간을 주어 다른 사람의 얼굴을 본뜬 가면을 골라 장식하도록 하였다. 이 상황은 노숙자와 수용된 사람들 간 스튜디오에서의 지속적인 상호작용을 하려는 우리의 당초 생각에 의문을 제기했다. 우리는 스튜디오로부터 멀지 않은 교회에서 있었던 PADS 여름 점심 프로그램의 종료에 맞춰 방문 상담 시간을 계획했었다. 하지만 우리가 점심 프로그램에 우리 소모품을 가져왔을 때조차도 일부 손님들만 정기적 스튜디오 방문에 관심을 보이는 바람에 우리는 그 여름 내내 거기서 더 많은 가면을 수집해야 했다.

우리가 당초 생각했던 일대일 교환 대신에 가면을 장식하기로 한 참가자들은 양도계약서 양식 주변에 걸려 있던 빨래줄에 전시된 작품들에서 하나를 선택하는 것이었는데, 면담 양식은 빨래 집게에 부착된 비닐봉지 안에 들어 있었다. 그런 다음 그것을 얼굴기증자를 공경하고 존경하면서 프로젝트 목적에 도움이 되는 미술작품으로 바꾸기 위해, 진행하는 방법에 영감을 주기 위한 인터뷰 내용을 읽었다. 즐거운 분위기 속에서 인터뷰가 진행되었고, 많은 이들이 감동하였다. "당신은 가면을 장식한 사람에게 어떻게 보이길 바라나요?"라고 말한 마지막 인터뷰 질문이 가면을 장식한 참가자들이 얼굴을 기증한 참가자들의 요구사항을 만족시켜주려는 분명한 목적을 갖게 하는 데 도움을 주었다. 대부분의 경우 가면을 꾸민 사람과 얼굴을 기증한 사람은 서로 만나지 못하였다.

우리는 다양한 부류의 사람들이 참여하길 원했다. 가족, 아동, 청소년뿐만 아니라 평상시 그림과 동떨어진 삶을 살고 있는 다양한 부류의 사람들의 참여를 독려하였다. 인터뷰는 참가자 간의 간격을 좁혔고 참가자들의 노력을 결실로 이루었다. 장식물은 노숙인과 일반 참가자들을 이어주는 매개체 역할을 하였다. 이러한 과정은 노숙인에 대한 편견 어린 시선으로부터 벗어날 수 있게 하였고 노숙인 문제에 대한 인식을 알리는 데 도움을 주었다. 프로젝트가 점차 모양새를 갖춰나갈수록 처음 자신의 얼굴을 기증한 노숙인들이 다른 노숙인의 참여를 독려하였다. 한 남성 노숙인이 지역공무원의 얼굴을 본뜨고 인터뷰하는 순간, 모든 참가자가 자신의 사회적 역할에서 벗어나 예술가로서 단합되는 모습을 보여주었다. 프로젝트의 목적은 성공적으로 완수되었고, 조형적 창작의 고유성이 지니는 놀라운 가능성을 확인했던 인간성의 축제였다.

가면 장식하기

가면을 꾸미고 색을 입히는 일은 즐겁고 신나는 일이지만, 작품에 대한 분명한 의도를 담는 것이 무척 중요하다. 예술가의 섬세한 손길로 장식된 가면이 경매에서 가장 높은 가격으로 낙찰된 것은 지극히 당연한 결과였지만, 대부분의 가면은 흡사 아이들이나 예술적으로 세련되지 못한 성인이 장식한 것처럼 보였다. 그러나 충분히 매력적이었으며 에너지가 깃들어 있었다. 부모들은 자신의 아이가 의미 있는 학습적 경험으로 가면을 만든 것을 대견스러워했으며, 소액의 금액으로 자신의 아이가 만든 가면을 구입한다는 것을 흥미로워하였다. 그러나 전반적으로 지역사회에서 활발히 활동하고 있는 전업작가들이 만든 가면은 비전업작가의 작품보다 월등한 시각적 효과가 있었다(그림 3.3 참조). 나이 어린 참가자들이 작품제작에 참가하였기 때문에 우리는 전체적으로 작품의 질이 균등하도록 다양한 노력을 강구하였다. 우리는 가면이 판매되지 않을 경우, PADS 사무실에 걸어놓거나 학교나 다양한 단체들을 대상으로 노숙인 문제에 대한 교육자료로서 활용할 계획이었다.[2]

[2] 노숙인과 가면 만들기 프로젝트에 대한 추가정보는 www.patballen.com에서 찾아볼 수 있다.

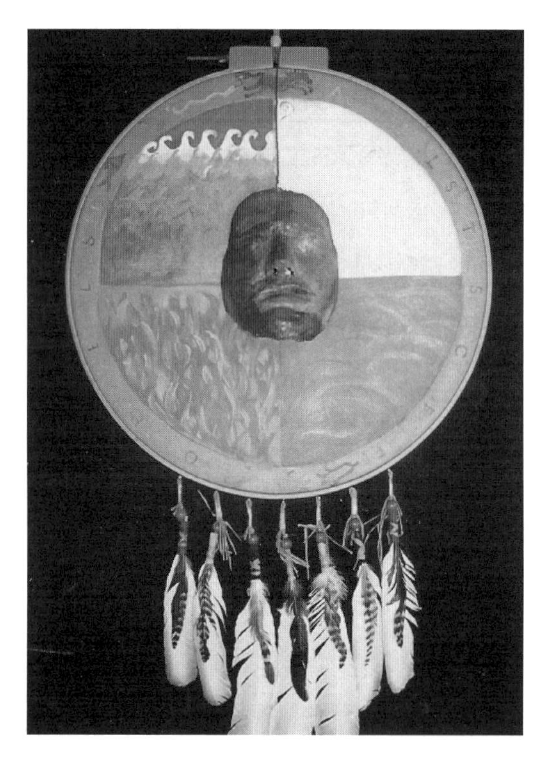

그림 3.3 청년회장의 가면 '우리 동네 전사'

대부분의 가면은 파데스 스튜디오에서 마감 처리되었다. 파데스 스튜디오는 뒷정리를 할 수 있는 싱크대를 포함해 작품제작에 필요한 모든 재료와 작업도구들의 사용이 용이하였으며, 완성된 가면을 상시 전시함으로써 새로운 참가자들의 창의력을 자극하였다. 프로젝트에 초대받은 몇몇 전업작가들은 가면을 각자의 작업실로 가져가 작업하기도 하였다. 우리 프로젝트의 기본 취지는 지역사회원을 참여하도록 하는 것이었기 때문에 작가들의 힘만을 빌려 가면을 완성시켰다면 본래 취지를 희석시키는 것이었다.

기록 남기기

모든 가면은 그림에 대한 설명, 홍보자료와 메모장을 제작하기 위해 사진과 슬라이드 필름 형태로 촬영했다. 파데스 스튜디오 운영자들과 인턴들이 기록을 담당하였다. 어느 노숙인이 만든 가면의 이미지를 최종 전시와 경매 초대장에 차용했다.

PADS 운영자들은 얼굴기증자와 가면을 장식한 참가자들을 포함한 전시 초대 명단을 작성하는 데 도움을 주었다. 판매수익을 원했던 사람들과 자신의 이미지가 홍보에 사용되지 않길 원했던 사람들의 정보를 참고하여 명단을 작성하였다. 이 명단은 초대장을 보낼 때와 차후 경매를 진행할 때 매우 유용하게 사용되었다.

전시와 홍보

가면 장식이 완성된 후 가면을 철사로 엮어 벽에 전시했으며, 우리는 인터뷰 내용을 발췌하여 짤막한 글귀로 각색하였다. 우리의 목표는 모든 참가자에게 보통의 인간성을 제시하는 것이었다. PADS의 지원부서 직원은 얼굴기증자와 작품제작자의 이름과 함께 인터뷰에서 발췌한 내용을 카드에 작성하였다. 또한 우리는 노숙인에 대한 부정적인 인식과 상반된 마틴 루터 킹 목사, 테레사 수녀의 감동적인 명언이나 성경에 인용된 글귀를 삽입한 카드를 준비하였다.

우리는 세 곳의 전시 장소를 제공받았다. 전시는 노숙인 인식 개선의 달 동안 동시다발적으로 개최하여 행사의 하이라이트인 경매에 관심을 고취시키도록 하였다. 우리는 마을회관, 은행, 도서관과 같은 유동인구의 유입이 많은 지역을 전시장소로 선택했다. 작품이 전시된 은행의 직원은 고객들이 비교적 많은 시간을 할애하여 전시된 작품들을 감상하였다고 귀띔해주었다. 그동안 완성된 가면들이 각각의 장소에 전시되어 관중들의 호기심을 자극하였기 때문에 마지막 행사를 통해 선보일 작품판매 시기에 맞춰 완성된 105개의 가면들은 기대감을 형성하였다. 우리는 오크공원 문화예술진흥원 송년회 같은 지역사회행사를 홍보의 기회로 적극 활용하여 완성된 가면과 함께 행사 참여방법 같은 정보를 홍보하였다.

최종 전시와 입찰식 경매

제작이 완료된 가면은 12월의 어느 주말 파데스 스튜디오가 위치한 예술지구에서 열린 행사를 위해 파데스 스튜디오로 옮겨졌다. 완성된 105개의 가면은 거주 작가의 손으로 스튜디오 공간에 설치되었다. 그동안 경매와 모금행사를 준비한 경험이 있는 PADS 운영자는 경매 관련 업무와 음식을 준비하였다. PADS 자원봉사자인 첼로연주자는 친구와 함께 행사 개막공연을 빛냈다. 경매는 주말 내내 진행되었으며, 마지막 행사날인 일요일은 음료를 마련했고 판매금을 모았다. 주말 동안 프로젝트에 도움을 준 모든 사람이 초대되었고, 자리를 빛내주었다. 같은 시간 열린 예술축제로 인해 많은 관람객에게 홍보가 되는 반사이익을 얻었다. 크리스마스 연휴기간 전에 진행된 행사는 공교롭게도 선물을 주고받는 시기와 딱 들어맞았다.

행사 마지막 날인 일요일은 과거 노숙 경험이 있는 남성합창단의 아카펠라 공연으로 마무리되었다. 관람객들은 공연을 통해 깊은 감명을 받았으며, 메모장 판매액을 포함하여 총 3,000달러가 모금되었다. 105개의 가면 중 2개를 제외하고 모두 판매되었다.

기대와 실망

우리의 기존 목표는 PADS 이용자들이 인근 교회에서 오전 프로그램이 끝나고 오후에 가면 만들기를 포함한 다른 창작 프로그램에 참가하도록 스튜디오를 개방하는 것이었다. 대부분의 노숙인은 가면을 장식하거나 자신의 얼굴을 기증하려 한 번 방문하였으나 2명의 노숙인은 프로젝트에 더 깊이 관여하였다. 노숙인들은 스튜디오에서 예술작품을 만드는 지역사회 주민과 여름 내내 자신의 얼굴을 기증하기 위해 방문한 사람들을 도와주었다. 토요일은 대학생들과 인턴, PADS 직원, 자원봉사자들이 방문하는 가장 바쁜 시간이었다.

대부분의 노숙인들은 병원진료, 사회복지사와의 면담, 직장이나 기타 다른 의무 같은 생존과 관련된 다수의 사안들로 인하여 정기적인 참여가 용이하지 못하였다. 노숙인이 스튜디오에 왔을 때는 능률이 없었으며, 창의성 부재와 심리적 해결이 필요한 문제들이 수면 위로 떠올랐다. 미술작품을 만드는 것은 성인기를 거치며 방치된 아동기의 모습이 연상되지만 그들이 느낀 슬픔이나 불편함을 미술로 해소하기에는 충분하지 않았다. 노숙인들은 정기적으로 PADS를 도와 지역사회를 위해 보답할 수 있는 기회에 감사의 뜻을 표명했다. 일부 노숙인들은 안전한 공간에서 휴식을 취할 수 있었으며 창작의 기회로 즐거웠다고 표현하였지만 이러한 반응은 이내 한 장소에서 자리 잡지 못하는 것, 경계심을 늦추지 않는 것과 뒤섞였다. 단순히 일상의 궤도에서 벗어나는 것은 그들에게는 큰 도전이었다. 매일 점심을 제공하는 익숙한 장소에서 불과 몇 블록은 익숙하였지만 대여섯 명의 노숙인은 스튜디오를 떠나 버스정류장을 찾아가기 위해 도움을 필요로 하였다.

예상치 못한 결과

가면 장식은 대부분 파데스 스튜디오에서 지역사회 주민들의 참여를 통해 이루어졌지만, 스튜디오 밖에서도 진행되었다. 우리는 지역사회 내의 유대교 예배당에서 청소년 대상의 사회정의를 주제로 주최한 워크숍에 초대되었다. 쉼터 프로그램에 관한 PADS 운영자의 설명과 함께 학생들에게 가면을 꾸미도록 하였다. 어디서든 다방면으로 유용한 고양이 용변통에 물감을 담았으며 팔레트, 붓, 글루건, 걸레와 장식용 물품들이 테이블 위에 준비되었다. 우리는 테이블을 신문지로 감싸 학생들이 자유롭게 작업할 수 있게 하였다. 유대교 예배당은 쉼터 공간으로 사용되었기 때문에 많은 청소년 학생들은 PADS 자원봉사 경험이 있었다.

프로젝트의 마지막 달에 우리에게 전혀 예상치 못했던 기회가 찾아왔다. PADS 이사회는 우리 프로젝트와 관계없이 주택전환 프로그램에 참가한 아동들과 크리스마스 카드를 제작하는 프로젝트를 진행하고 있었다. 알 수 없는 이유로 이 프로젝트는 중단되었다. 때마침 우리에게는 예술성이 돋보이는 가면의 이미지가 담긴 슬라이드 필름이 있었고 PADS 이사회는 우리가 제작한 포스터와 전단지를 무척 마음에 들어 했다. 또한 가장 중요한 이유로 우리가 서류(작품 이미지를 차용할 수 있도록 승인한 동의서)를 가지고 있다는 점을 높이 사서 PADS 이사회는 우리가 메모장을 제작할 수 있도록 도움을 주었다. 메모장은 5개의 가면 이미지를 사용해 디자인되었으며 5개의 메모장을 한데 묶어 10달러에 판매하기로 결정하였다. 메모장은 노숙인과 가면 만들기 프로젝트에 대한 간략한 설명이 담긴 글귀를 함께 동봉하여 포장되었다. 지역 고등학교 자원봉사 동호회 학생들은 메모장을 포장하여 교회, 각종 바자회, 예술축제 동안 예술지구에 위치한 갤러리와 상점에서 판매될 수 있도록 도움을 주었다. 우리는 처음에는 메모장을 제작할 계획이 없었지만 작품을 만든 사람과 얼굴기증자가 메모장 뒤에 식별될 수 있도록 한 것과 PADS와 파데스 스튜디오의 협업에 관한 설명이 삽입된 것은 결국 이 프로젝트가 예술적으로나 교육적인 측면으로 확장하게 한 훌륭한 방식이었다.

요약과 비평

노숙인과 가면 만들기 프로젝트는 교육적이며 사회 문제에 대한 의식을 고취시키기 위한 성공적인 프로젝트였다. 수백 명의 사람들이 전시를 관람하였고 직접 가면제작에 참여하였으며, 참가자들은 이를 통해 잠시나마 집에 대한 다른 시각과 무주택 문제에 대하여 생각할 수 있었다. 지역사회 노숙인에 대한 포괄적인 도움의 노력은 그다지 효과적이지 못했다. 우리의 주된 목적은 프로젝트를 통해 노숙인에게 직접적인 도움을 주는 것이기보다는 부가적으로 발생되는 이득에 중점을 두는 것이었다. 행사는 모든 쉼터에 공시되었고 오후 시간대에 진행하여 노숙인들의 야간 쉼터 사용에 어려움이 없도록 노력했음에도 불구하고, 프로젝트에 관여한 3분의 1 정도의 노숙인 참가자 중 한 사람만이 본행사에 모습을 나타냈다. 이 프로젝트는 내가 살고 있는 지역사회의 노숙인에 대한 협력적인 사회적 개입이 지역사회 주민과 노숙인 모두에게 어떠한 영향을 미쳤는지 생각해 보는 계기가 되었다. 노숙인과 가면 만들기 프로젝트는 PADS 운영자에 의해 노숙인에 대한 인식을 고취시키고 지역사회 노숙인의 어려움을 알리는 것을 주된 목표로 계획되었다.

프로젝트에 관여한 모든 사람들에게 예상치 못했던 통찰의 순간이 찾아오기도 하였다. 어느 날 길거리를 걷고 있는데 프로그램에 참여한 쉼터 노숙인 남성이 나를 가리키며 "가면 여성이네."라며 미소 지으면서 반긴 일련의 사건은 프로젝트로 인하여 우리가 예상치 못한 효과가 있다는 것을 알게 되었다. PADS 직원들과 노숙인들은 PADS 사무실에 걸린 가면의 존재로 인하여 지역사회에 기여했다는 만족감이 지속되었다. 가면은 지역사회에 참여했음을 상기시키는 구체적인 증거였다.

쉼터 이용자들 측면에서 최고의 성과는 PADS 운영자들의 주최로 매주 목요일 밤 우리가 가면을 제작했던 교회에서 지속적으로 예술 프로그램을 실시한다는 것이다. 현재 진행 중인 이 예술 프로그램은 노숙인들 자신이 진정 원하는 프로그램과 프로젝트에 대한 아이디어를 창출할 수 있는 기회를 갖는다.

PADS 운용자인 Kate Woodbury는 PADS 노숙인들은 구체적이고 목표지향적인 프로젝트를 원한다고 우리에게 알려주었다. 전시가 끝난 후 PADS의 크리스마스 장식품 만들기 프로젝트는 성황리에 이루어졌다. 노숙인들은 크리스마스 장식을 직접 만들어 주변 친지들에게 선물하였다. Kate는 노숙인들이 이러한 과제를 통해 성취감을 느끼고 다른 노숙인에게 줄 수 있는 무언가를 만드는 것을 통해 아주 잠시라도 다시 자긍심을 찾는 것을 관찰하였다. 그녀는 노숙인들에게는 실질적인 결과물이 필요하다며, 이러한 결과물은 그들이 현재 처한 상황에 구심점이 될 수 있다고 믿는다. 그들은 이미 자신이 처한 현 상황이 머릿속을 떠나지 않아 괴로워하기 때문에 그들이 노숙인임을 상기시킬 필요는 없다. 미술 프로그램이 너무 노골적으로 '치료적'이거나 노숙인 문제에 집중되어 있다면 노숙인들의 공포를 활성화시키고 그들에게 해를 줄 수 있으며, 심지어 그들이 도움을 거부하는 원인이 되기도 한다.

노숙인과 가면 만들기 프로젝트는 성공적으로 노숙인 문제에 대한 인식을 증진시켰고 기금을 얻었으며 훌륭한 미술작품을 제작하였다. 노숙인 문제는 반드시 지역사회 주민들 스스로가 인식해야 한다는 것을 강조한다. 노숙인 문제같이 만약 어떠한 문제가 인식된다면 당연히 그에 따라 행동의 변화가 나타나기 마련이다. 프로젝트가 종결된 이후 얼마나 많은 사람들에게 얼마나 여운을 남겼는지 모르지만 많은 이들에게 즐거운 시간이었으리라 생각한다.

이 프로젝트를 통해 내 스스로가 얼마나 무지했는지 깨닫게 되었고, 미술작가로서 사회 문제와 사회적 변화에 가장 효율적으로 열정을 쏟을 방식을 찾았다. 미술작가로서 우리는 무엇을 표현하고 대변하는지 선택하는 것으로 사회적 문제를 대중의 관심으로 이끌어낼 수 있는 힘을 가지고 있다. 이것은 큰 책임이 따르는 일이며 지속적인 관심과 작업에 대한 비판적인 태도가 요구된다. 명확한 의도와 분명한 목적은 성공적인 사회행동을 위한 미술 프로그램의 기반이 된다.[3]

---

[3] 제4장에서 보다 자세히 설명할 것이다.

제4장

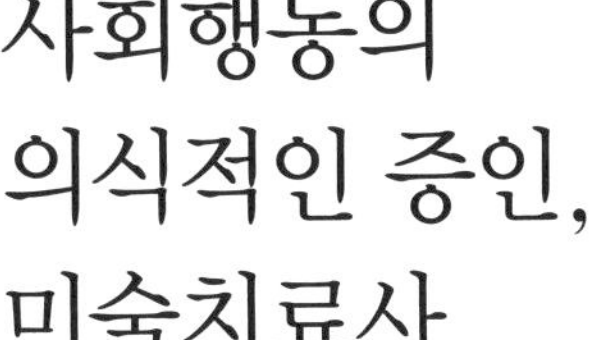

사회행동의 의식적인 증인, 미술치료사

Pat B. Allen

증인으로서 미술치료사

사회활동, 사회정의 또는 록펠러재단의 표현을 빌리자면 '문화사업'(Adam & Goldbard, 2001)과 관련된 공동체 미술 프로젝트에서 미술치료사의 이상적인 역할에 대해 내가 상상하는 것은 다음과 같다. 첫째, 미술치료사는 문제 있는 지역의 문제들을 다룬다. 미술치료사는 현안을 다루는 전문가들, 산호의 개체 수 격감과 관련된 생물학을 이해하는 과학자들, 부족 간 전쟁을 조사하는 정치가들 또는 일상생활에서 기업의 역할과 권력을 재정의하기 위해 노력하는 경제학자나 사회학자들과 협력한다. 미술치료사는 우리가 일상생활에서 암이 발병하기 쉬운 환경을 만들고 있다는 점을 인식하고 있는 암 전문의, 환경학자, 보건학 의사와 협동한다. 미술치료사는 신부, 랍비, 목사, 수도사, 이슬람교 이맘과 협력해 그들이 현재 우리 세상의 진정한 상태가 무엇인지 이해하는 작업을 돕는다. 미술치료사는 노숙자들에게 쉼터를 제공하는 풀뿌리 운동가들 또는 자신이 거주하는 지역의 청소년 음주 문제나 독성 폐기물 무단 투기 문제,

다른 지역의 문제를 해결하고자 하는 시민들과 만남을 가진다. 미술치료사는 문제에 귀를 기울이며 불편함을 감수하고 자신의 꿈을 현실로 만든다. 미술치료사는 모든 분야 사람들의 의견을 경청하여 분노에 찬 이들, 자신이 해답을 안다고 믿는 이들, 범죄자들, 피해자들은 물론 사회서비스 대상자들의 이야기를 듣는다. 미술치료사는 모든 이해관계자들에게 관심을 가진다.

미술치료사는 어떤 안건도, 선호하는 결과도 가지고 있지 않으며 다만 이해관계자들에게 최상의 선의를 베푼다. 미술치료사는 자신의 모든 지식과 훈련을 완전히 자신의 것으로 만들고, 모든 질병과 문밖에서 들리는 위선적인 말들을 거부한다. 미술치료사는 어떤 수사학도 이데올로기도 따르지 않으며 오직 자신의 물감과 캔버스, 꾸밈없는 영혼을 가졌을 뿐이다. 미술치료사는 듣고, 보고, 대화한다. 미술치료사는 분명한 주장도, 간섭도, 진단도, 위대한 제안도, 10단계의 계획 수립도 하지 않는다. 미술치료사는 상대가 자신의 이야기를 꺼낼 수 있도록 인내심을 가지고 기다린다. 미술치료사는 예술가, 공상가, 의식적 목격자, 탁발 수도사로서 여러 문제의 폭풍의 핵에 있다. 미술치료사는 사물을 바꾸려고 하지 않고 그것을 알려고 노력한다. 이를 위해 미술치료사는 주변에서 들리는 요청에 자신의 경험에 비추어 반응한다. 미술치료사는 이 세상의 영혼이 자신에게 보내는 이미지의 잉태를 돕는다.

아마도 미술치료사는 비행 청소년이라는 표식이 붙은 아이들의 초상화를 그리며 그 그림으로 그들의 얼굴에 빛을 비출 때, 그들 그리고 그들의 지역사회에 신이 있다는 것을 어떻게 보는지를 반영할 수도 있다. 미술치료사는 언제나 폭력적인 이웃의 거리를 천천히 걸으며 아름다움의 상세한 사항을 사진으로 기록한다. 미술치료사는 기적을 외부로 노출시키는 것인지도 모른다. 미술치료사는 발견된 사물을 수집하고 그것을 도시 한가운데에 설치해 다른 사람들을 자신에게 협력하도록 하고 그들의 이야기와 함께 내버려졌던 사물들에 대하여 회상하도록 초대하는 것이다. 미술치료사는 공공기업이 토양에서 발견된 독성 화학물질을 제거하여 주차장으로 보내 재생하는 것을 일상화시킨다. 미술치료사는 여행의 동행자, 거울이자 목격자이며 과학자의 도표, 전문가의 보고서, 의사의 차트와 동일시된다. 미술치료사는 상대의 이야기가 끝나면 그들이 부탁했던 그림이 걸려 있는 스튜디오에서 자신과 함께 사진을 찍도록 그들을 초대한다. 미술치료사는 색상으로 지역사회 주민들을 반영하고 이 세계에 대한 그들의 신념이 가진 성격을 형성시킨다. 그리고 미술치료사는 이 세상의 영혼이 공유하고자 하는 것이 무엇인지를 알려주는 그림을 전달받는다. 미술치료사는 이러한 것들을 자신과 함께 일하는 사람들과 공유한다. 미술치료사는 이 세상의 영혼 그리고 그것에 관여하는 우리 모두와 함께 임무를 시작한다.

옹호

원형심리학자이자 James Hillman의 제자인 Mary Watkins(2005)는 "옹호운동, 즉 다른 의미에서 행동주의는 자각하는 것이며, 그것이 발생시키는 낭만적인 연결로부터 시작된다(p. 6)."라고 말한다. 행동가들의 임무는 활동이 필요한 것, 주변부 밖으로 밀려나고 의견을 무시당했던 것과 연결하여, 말로 표현되지 않은 진실을 담은 침묵을 신중하게 듣고, 그것에 형태를 부여하는 것이다. Watkins는 다음과 같이 서술한다.

> 원형심리학자의 시각에서 사회적 행동주의는 대화와 상상 속에서 자각, 성찰, 통찰이 이루어지는 것이 바탕이 된다. 문제점을 조기에 박멸하지 않고 인내심과 안목을 가지고 주의 깊게 경청한다(p. 14).

Watkins가 제안한 '통찰'은 문제에 대한 표면적 정의를 가능하게 하기 때문에 내재되어 있던 세부적 차원이 드러나고 우리가 그것을 포용할 수 있도록 한다. 통찰은 대화를 개시하게 한다. 첫 단계는 미술치료사들이 자신의 관찰을 필요로 하는 것을 알아내기 위하여 경청하는 것이다. 미술치료사는 이동용 성소인 텐트를 치고 그곳에서 자신이 창조하는 여러 이미지에 도달한다. 그러므로 미술치료사가 사회참여적 훈련을 할 때는 그러한 이야기, 상황, 그리고 그것을 자신에게 이야기해주는 세상에 대해 반응하며 작품을 만들 수 있는 충분한 시간이 주어져야 한다. 미술치료사는 치료계획을 설계하거나 목표를 설정하라는 요청을 받지 않으며, 그보다는 세상에 알려지기 위해 기다리고 있는 것에 형태를 부여하고 대화로까지의 길을 만들라는 요청을 받는다. 지역사회 정신에 대한 미술치료사의 기여는 일상생활의 참가자들이 새로운 방법으로 서로를 만날 수 있도록 새로운 길을 여는 것일 수도 있다.

> 미술치료사는 아마도 다른 사람들이 세상에 관심을 가지면서 자각한 특정한 주제, 문제, 상황에 대해 특별히 적응하면서 그 공간을 유지한다. 마치 우리의 기질, 역사, 상처와 열정에 의해 드러나듯이 이 세상의 영혼이 가진 특별한 측면은 그러한 과정을 통해 우리에게 드러난다. 개인화의 길은 우리가 초대받고 우리의 의무가 된 길에 대한 상세한 조정의 일부이다(Watkins, 2005, p. 15).

사회활동가로서 미술치료사

미술치료사는 개인 그리고 집단과 함께 활동하곤 했다. 하지만 미술치료사가 내담자 주변에 산재된 빈곤, 폭력 또는 절망을 접했을 때 무엇을 해야 하는 것일까? 일반적으로 미술치료사는 일종의 휴식, 끔찍한 현실에서의 일시적 중지로서 미술을 제공한다. 미술치료사는 내담자에게 고통을 이겨내고 계속 존재할 수 있도록 제안한다. 만일 미술치료사가 야망을 가진다면 미술치료의 작품에서 나타난 심적 고통의 원인을 찾고자 할 수도 있다. 미술치료사는 "누가 잘못했는가?", "무엇을 바꾸어야 하는가?"라는 질문을 하고서, 가정에서 자녀를 구제하고 우울증이 있는 여성의 약물치료를 강화시키고 방과 후 가라테를 배우도록 서명을 해줄 것이다. 대부분의 심리치료사와 마찬가지로 미술치료사들은 자신의 앞에 서 있는 사람의 개인적 삶에서 고통의 원인을 알아낼 것이다.

불교학자이자 오랫동안 사회활동을 실천하고 있는 Joanna Macy (1991)는 오래전부터 치료사와 내담자가 진정으로 마주 섰을 때 그녀가 느끼는 절망감을 가지고 활동하고 있다. 그녀는 다음과 같이 말한다.

> 심리치료는 대체로 절망감에 대처하는 데 거의 도움이 되지 못했으며 또한 대개는 문제를 더욱 복잡하게 만들었다. 많은 치료사들은 일반적인 복지에 대한 관심이 고통을 발생시키기에 충분할 만큼 급작스러울 수도 있다는 것을 쉽게 인정하지 못한다. 우리의 모든 동기가 자기중심적이라는 사실을 감안한다면, 동기는 이러한 고통에 대한 표현을 개인적인 신경병증 증상의 일부처럼 단순하게 다루는 경향이 있다. 물론 그러한 치료는 심리적 고통으로 발생되는 소외감과 광기를 강화시키면서 그것에 대한 인정과 표현을 방해할 뿐이다(p. 19).

미술치료사는 사회행동가로서의 시각을 넓혀야 한다. 미술치료사는 심리적 고통을 느끼는 사람의 배경을 관찰해야 하며, 여기에는 건강보험의 부재, 실직, 이혼, 스트레스나 환경적 요인과 관련된 만성질환, Macy가 말했던 근본적인 심리적 고통으로 인한 가족의 해체가 포함될 수 있다. 만일 심리치료사가 특정 제도권 내에서 일하고 있다면 자신이 치료하는 개인의 문제만이 아니라 제도의 문제까지도 고려해야 한다. 심리치료사는 보호자로서 자신의 존재가 시스템의 문제에 대항하는 역할을 배제시키지 않는다는 점을 인정해야 한다. 그러한 문제점이 존재한다면 계층 구조 내에서 자신이 차지하는 비교적 낮은 지위가 제도 관련 담론에 관한 자신의 의견을 표현하지 못하도록 만든다고 하더라도, 미술치료에서 그림은 치료사가 체계적 구조 그 이상을 인식할 수 있도록 만드는 것이다. 미술치료사는 특정 배경이 자신의 그림과 점토의 제시를 거부할 수 있다는 점을 인정하는 동시에 등을 돌리지 않아야 한다. 미술치료사는 그림과 점토가 어떠한 문제의 완전한 해결책이 될 수는 없다는 점을 인정해야 하지만, 어떻든 그림과 점토를 제공해야 한다. 이러한 방식이 미술치료사가 모든 가능성으로 통하는 길이기 때문이다. 또한 이것은 상상과 희망으로 통하는 길이기도 하다. 여기에서 미술치료는 몇 번이고 무너질 수 있으며, 자신의 슬픔에 대한 저항을 잃을 수 있다. 미술치료사는 내담자의 편에서뿐만 아니라 그 제도의 편에 서서 그리고 무엇보다 자신의 편에서 삶에 대해 계속해서 복종하는 능력이 강해질 수도 있다.

사회활동가로서 미술치료사는 소매를 걷어 올리고서 자신이 본 것에 대한 장밋빛 석양을 그릴 수 있지만 '무엇이든 가능하다' 라는 미국적 사고방식은 통용되지 않는다. 미술치료사는 기꺼이 모순의 감옥에서 한편으로는 이상하도록 부적절하면서도 다른 한편으로는 이 세상의 고통을 보듬는 데 창의적 활동이 필요하다는 점을 인정할 수 있어야 한다. Macy(1991)는 다음과 같이 말한다.

> 많은 사람들은 상상의 창의적 힘을 인식하면서 오늘날 우리에게 자비로운 미래의 비전, 즉 우리에게 영감을 주고 우리에게 손짓하는 미래를 생각해내도록 요구한다. 하지만 그러한 것은 대개 너무나 시기상조이다. 즉각적인 해법에 대한 요구와 마찬가지로, 그러한 기대는 아무 소용없는 경우가 대부분이다. 즉 우리가 느끼는 고통으로부터 탈출구를 제공하면서도 새로운 에덴동산을 설계해야 한다는 과제는 우리에게 부담으로 다가온다. 진정한 비전은 근본적인 원인으로 인해 일어나며, 그러한 근본원인은 대개 아직 인식되지 않은 고통을 찾아냄으로써 제거될 수 있다. 우리 중 많은 이들은 어둠 속에서 산산이 부서진 믿음으로 비틀거리는 시기에 있으며 그것을 해결하고자 한다면 그것을 표현하는 그림이 필요하다(p. 25).

절망과의 사투

나는 불과 몇 개월 전, 공동체 스튜디오인 파데스 스튜디오 프로젝트를 종료한 Macy의 글을 읽으면서 전율을 느꼈다. '파데스pardes' 는 유대어로 정원이라는 의미를 가지고 있다(신비주의 전통에서는 에덴동산을 가리킨다). 나는 재충전이 필요한 사람들이 함께 모여 창작활동을 할 수 있는 일종의 오아시스이자 피난처로 스튜디오를 설립하였다. 내가 6년간 이 분야에 종사한 후에 다른 두 사람의 치료사와 함께 시카고 지역사회 미술 스튜디오인 오픈 스튜디오 프로젝트OSP를 설립한 것은 내 스스로

의 필요성 때문이었다.[1]

OSP의 목표 중 하나는 사회활동가들이 방문해 자신의 비전을 재수립하고 이 세상의 영혼과 교감할 수 있는 휴식처를 제공하는 것이었다. 내가 나의 고향인 일리노이 주 오크공원 지역에 스튜디오를 만들 필요성을 느꼈을 때 나의 비전은 자연스럽게 전개될 것이라고 생각했었다. 휴식처를 제공한다면 다른 종류의 사회변화를 위해 헌신하는 사람들에게 매력적으로 보여질 것이라고 생각했었다. 나는 노숙인과 가면 만들기 프로젝트(제3장 참조)처럼 프로젝트를 기획할 수 있으며 더욱 올바른 지역사회를 만들고자 하는 사람들과 함께 연대할 수 있을 것이라고 생각했다. 나는 의도를 가진 창작의 과정은 진리를 탐구하고 이 세상의 영혼과 교감하는 강력한 방법 중 하나라는 것을 알고 있었다(Allen, 2005). 나는 Mary Watkins(2005)가 기술한 종류의 행동주의는 당연히 실현될 것이라고 기대했었다.

> 이 활동은 Walt Whitman이 서정시에서 말한 자기의 느린 확장보다는 덜 자기중심적인 의도에서 발생한다. 즉 이 세계가 자신의 내부로 흡수되는 교감의 리듬 그리고 우리가 그 안에 소속되어 있음을 나타내면서 외부 세계를 향한 창의적이고 낭만적인 내쉼으로부터 발생한다(p. 15).

나는 한동안 의도적인 미술활동을 통해 자신의 자아를 목격한 후에는

---

[1] 오픈 스튜디오 프로젝트OSP는 2000년에 일리노이 주 에번스턴으로 이전했다. 미술치료사인 Dayna Block이 최고운영자이다. 그녀는 OSP를 사회서비스 기관으로 실현시켰으며 그곳에서 계속 스튜디오 미술과정을 강의하고 있다. 추가 정보는 www.openstudioproject.org에서 확인할 수 있다.

누구나 (또는 최소한 모든 존재의 상호연결성을 인정하는 일부 사람들은) 스튜디오가 중심적 위치가 되고 지지의 원천을 제공하는 프로젝트의 사회적 중요성을 제안할 것이라고 예상했었다. 노숙인과 가면 만들기 프로젝트를 시작할 때 나는 그 길을 주도하기 위해 또는 간디(시기 불명)의 명언인 "당신이 보고자 하는 것으로 변경해라."를 실천하기 위해 노력한다고 느꼈다.

내가 알게 된 것은 놀랍고 어느 정도는 충격적인 것이었다. 나는 그 과정에서 접했던 사람들과 함께 Macy(1991)가 표현한 "어둠 속에서 산산이 부서진 믿음으로 비틀거리는 시간의 사이"(p. 25)에 있다는 것을 알게 되었다. 그러나 만화 〈로드러너〉[2]에 나오는 코요테처럼 우리는 환영을 향해 전속력으로 질주했으며, 심연의 경계를 이미 지나 발밑에 딛고 설 땅이 없다는 것을 모르고 있었다. 나는 사람들이 어둠 속으로 들어가 영혼의 평화를 모색하는 빛과 전체성의 이미지로 되돌아오는 것처럼 보이는 장면을 많이 목격했다. 하지만 나 자신은 흔히 나를 속박하고 진짜가 아닌 것으로 느껴지는 만다라와 빛과 평화의 이미지를 원망하고 있었다. 내 안에서 자라나는 타인들에 대한 완고한 판단에 놀란 나는 분노와 소외감의 출발점을 찾고자 했다.

이 시기를 나는 오래전 젊은 예술가일 때 시작했던 현실주의적 표현방식으로 회상한다. 나는 초상화와 정물화를 그렸고(그림 4.1), 이 세상의 아름다움을 다시 보고 그것을 즐겁게 기록하게 되었다.

나는 창의적 원천의 역할을 할 의도가 계속 있었지만 어떤 일이 일어나고 있는지를 통찰할 수는 없었다. 나는 작품을 옆에 두고 있으면 목격자

---

2 역주 : 워너브라더스의 만화

그림 4.1 정물화

로서의 글쓰기, 즉 그림과의 대화 및 그림으로부터의 안내에 거의 참여할 수가 없었다(Allen, 2005 pp. 61-81). 작품은 그냥 아무 말 없이 침묵할 뿐이었다. 내 마음의 뒤에서 들리는 잔소리는 내가 OSP를 떠났을 때 동굴과 같은 존재에 들어섰다고 느꼈던 것, 즉 내게 직접 향하지 않았던 부름을 느낄 때의 기억이었다.

수개월 전 나는 고향에 스튜디오를 열려고 했었다. 가용한 많은 공간이 있었지만 이제는 없다. 나는 공간을 가지고 싶다는 내적 압력을 느꼈다. 어디로 향할지 모르는 상태에서 지금의 장소를 떠나는 과정을 반복하기 싫었다. 매우 넓은, 동굴과 같지 않은 공간을 사용할 수 있게 되었다. 나는 다시 공공의 공간으로 들어선다고 느꼈다. 나는 내 자신이 그다지 지치지 않았다고 되뇌었다. 그로부터 머지않아 나는 열심히 수업을 하고 전시를 기획하고 프로젝트를 설계하고 드럼서클과 월별 민얀minyan[3]을 이끌고 스튜디오가 위치한 미술 구역의 정치에 참여하고 있었다. 그 외에도 나는 현관 앞에 나타나거나 상담, 도움 또는 자신들의 프로젝트에 대한 협력을 원하는 모든 사람들과 만나고 있었다. 나는 4년간 파데스 스튜디오를 운영하면서 수업, 워크숍, 전시가 열리는 커다란 스튜디오 내에 동굴과 같은 개인 공간을 더욱 많이 만들기 위해서 지속적으로 집기들을 정리해나갔다. 모든 일은 훌륭했고 흥미로웠으며 인정을 받았다. 그러나 나를 괴롭히는 불편함은 여전했다.

어느 날 우연히 이 스튜디오의 임무를 설명하면서 작성했던 안내문에서 '영혼의 안식처 제공' 이라는 문구를 보았다. 스튜디오는 4년간 많은 사람을 위해 그리고 나를 위해 어느 정도는 그 임무를 수행했다. 하지만 지난 4년간 나는 OSP로부터의 분리에서 자녀가 대학생이 된 것에서 수년간 나의 결혼 생활을 계속 위협하던 남편의 어두운 영혼의 밤 및 잦은 이직에서 회복되고 있었다. 나는 계속해서 글을 쓰고 학생들을 가르치고 작품활동을 하였다. 스튜디오 운영은 점점 더 많은 시간을 필요로 했지만, 나의 영혼이 모든 활동과 책임의 한가운데에서 요구하고 있는 동굴과 같은 상태가 되는 것은 불가능했다.

노숙자와 가면 만들기 프로젝트는 많은 어려움이 있음에도 불구하고 마침내 내가 겪어온 삶의 변화로부터 나머지 모습 모두를 표면화시켰다. 작품활동은 흥미로웠고 성공적이었지만 모순을 접해야 했고 나는 압도되고 공허한 느낌을 받는 경우가 많았다. 다른 스튜디오 예술가들과 마찬

---

3 역주 : 유대교의 정식 예배 구성 인원

가지로 내 주변을 둘러보았고 나와 이 세상의 고통들과 마주하게 되었다. 나는 이러한 문제들과 그 이미지에 깊이 빠지지 않고 더 폭넓은 문제들에 대한 해결책으로 건너뛰기를 원했다. 나는 예를 들어서 노숙인 문제에 대해 충분히 생각하는 데 필요한 시간을 가질 수 없었다.

나는 의지할 수 있고 이끌 수 있는 스튜디오의 운영에 대한 믿음으로 여러 해 동안 고통스러운 결혼생활의 변화를 견딜 수 있었다. 폭풍우 속의 나무 위에서 명상하듯이 이미지가 나에게 말하는 것을 그대로 들을 수 있었다. 나 자신에 대한 그림을 쿤달리니의 뱀의 막대한 에너지에 올라탄 작은 인형으로 받아들였다.[4] 나는 개인적 수준에서 '어둠 속에서 산산이 부서진 믿음으로 비틀거리는 시간의 사이'에서 어떻게 살아남는지를 알고 있었으며 폭풍우 속에서 올바른 길을 찾을 수 있다고 믿었다. 하지만 몇 걸음 앞을 내다보는 렌즈를 열기 위해 이 세계에 대한 참여를 모색하면서부터는, 내가 겪은 삶의 변화를 통해 내 안에 만들어진 취약성과 미숙함을 인정하거나 채택하는 것을 등한시했다. 나는 단지 목표를 세우고 그것을 달성하고자 했다.

노숙자와 가면 만들기 프로젝트의 모든 면에서 나는 고통받는 것은 단지 노숙자들만이 아니며 어느 정도는 도움을 제공할 자원이 있는 참가자들도 여기에 속한다는 사실에 직면했다. 지적 수준에서는 알고 있었지만 나의 기본적인 신념이 분리되었다는 것을 마침내 알게 되었다. 나는 참여하는 우리 모두가 동일한 것, 즉 유지되고 다른 사람들로부터 돌봄을 받

[4] 명상에서 쿤달리니의 기본 원칙은 에너지를 유지하여 그것을 더욱 미묘한 형태로 분해시키는 것이다. *Yantra: The Tantric Symbol of Cosmic Unity by Madhu Khanna* (2003, Rochester, VT: Inner Traditions)를 참조하라. 이 이미지들은 '가상 스튜디오' www.patballen.com에서 볼 수 있다.

고 스튜디오와 창작과정에 의해 환영과 인정을 받는 것을 필요로 하고 있다는 것을 알게 되었다. 우리 모두는 스스로가 최고라고 생각하는 방법대로 살고 있었다. Watkins는 이렇게 말한다.

> 이미지는 세상의 부름에 응하고 증폭시키면서 무엇이 고통스럽고 무엇이 아름다운지 지각시켜 우리를 일깨운다. 충분한 자유가 주어졌을 때 이미지는 영혼이 우리 한가운데 있는 현실의 일상적 삶을 지각하는 방법을 전달한다. 이미지는 완전한 표현을 통해서 우리의 부정을 차단하면서 슬픔과 상실감으로부터 더욱 멀어지게 한다(2005, p. 17).

마지막으로 나는 슬픔과 상실의 바다에 표류되었다. 나의 부정, 즉 내 자신이 안식할 곳이 없는 사람이라는 점에 대한 이해로 향하는 길 위에 놓여진 형상이 떠올랐다. 나는 프로젝트를 마치자마자 모든 것을 중단하고 재고려할 만큼 불편한 마음이 들었다. 지난 1년간 나는 실패감에 젖어 있었다. 노숙인과 가면 만들기 프로젝트의 모든 긍정적 측면에도 불구하고 본질적인 것을 간파하지 못하고 있다고 느꼈다. 희미한 내가 도달할 수 없는 무엇인가가 느껴졌다. 나는 많은 프로젝트 참가자들, 특히 나와 매우 친밀하게 지냈던 노숙자 프로그램의 직원들을 인터뷰하였다. 그들의 눈을 통해서 나의 고민에 대한 해답을 찾을 수 있었고 성공에 대한 중압감을 내려놓을 수 있었다. 여러 문제들이 실타래처럼 서로 엉켜 있었다.

그 실타래 중 하나는 직접적인 서비스 제공이다. 물론 프로젝트의 목표는 인식 함양과 교육 제공이기는 하지만, 나는 미술치료사로서 노숙자들과의 만남이 적었다는 아쉬움이 있었다. 이 문제는 실제로 어느 직원이 쉼터에서 매주 미술 프로그램을 개시할 무렵 해결될 수 있었다. 노숙인과 가면 만들기 프로젝트에 대한 그녀의 참여는 창의성의 불꽃을 튀게 했다.

나는 그제서야 "좋아! 그 일은 중요하지만 내 일이 아니야."라고 말할 수 있었다.

두 번째 실타래는 내 의식 속에 있는 환영을 깨는 것과 관련이 있었다. 나는 우리 도시에서 권력의 자리에 앉아 있는 사람들은 노숙 문제를 종식시키기 위한 조치를 취할 수 있지만 때로 그들은 무지로 인해 비인간적인 방법으로 이 문제를 다룬다고 생각했다. 이 문제는 성직자 그리고 공무원들과 대화를 나누면서 그들의 가면제작 경험이 단순히 자신들의 휴식과 인정을 충족시킨다는 것을 알게 된 후부터 생겨났다. 그들은 미술에 대한 두려움을 가지고 있었고 위험을 감수하기를 주저했다. 완성된 가면을 쓴 그들의 즐거운 광경은 나를 가슴 아프게 하는 동시에 동정심을 유발했다. 우리의 실제 목표는 노숙인과 그 지역사회 주민을 모두 포함한 지역사회 구성원들 간의 공동체적 인간애를 보여주는 것이었지만 나는 권력에 대한 뒤틀린 환상을 가지고 있었다. 나는 거주지를 가지고 있는 것이나 특별한 가치관, 권력을 수여할 책임의 위치에 있는 것처럼 행동했었다. 나를 노숙인과 가면 만들기 프로젝트를 만들도록 이끈 특별한 경험을 탐구하여 나의 실패 원인에 대해 더욱 분명히 알게 되었다.

처음에 나에게 영감을 주었던 경험 중 하나는 공공의 공간을 위해 새로운 벤치를 구매했다는 내용을 다룬 지역신문의 기사였다. 벤치는 몸을 누이기 불편하게 중간에 칸막이가 있었다. 이것은 공공 공간을 점유하는 노숙자들이 벤치를 사용하는 것을 되도록 줄이기 위한 조치였다. 나는 이 기사를 읽으면서 말 그대로 무릎을 꿇을 만큼 좌절감을 느꼈지만 항의하지는 않았다. 편집자에게 편지를 쓰지도 않았고 이제는 슬픔을 부정하기 위한 반응을 할 수 없다는 것을 알게 되었다.

나에게 영감을 준 두 번째 사건은 시카고아트페어 조직위원회로부터 조각 작품 하나를 대여받아 공공 시설에 설치하는 데 수천 달러의 예산을 배정한 우리 지역의 지역미술위원회가 내린 결정이었다. 위원회는 대형 작품을 구매할 수 있는 예산을 가지고 있지 않았다. 선택된 작품은 뉴질랜드 작가의 석재 조각상이었다. 이 비용에는 계약 기간 완료 시 작품의 청소 및 다시 작가에게 반환하는 운송비용도 포함되었다. 나에게는 이 작품이 공간에 대한 명상을 의도한다는 점이 역설적으로 보였다. 설치되는 장소는 불편한 벤치가 설치되었던 쇼핑몰 바로 앞이었다. 나는 이 결정에 화가 났으며 그 돈을 지역사회 주민들이 스스로 미술작품을 만드는 데 쓰는 것이 더욱 효과적이라고 생각했었다.

이때도 나는 항의하지 않았다. 대신 나는 쉼터 제공 프로그램인 PADS 프로그램의 책임자로 일하고 있으며 노숙인과 가면 만들기 프로젝트의 예산 확보를 위한 예술위원회기금 신청서를 제출하면서 느낀 일련의 불만을 창의적으로 우회시키고 있다고 생각했다. 나는 조각상을 언급하지 않고 대중을 단지 감상자가 아닌 문화창조의 참여자로 참여시키는 것으로 공공미술에 대한 새로운 정의를 내렸다. 동시에 나는 분노와 수치심 그리고 사람들이 벤치 위에서 자는 것을 불편하게 만드는 것과 대중에게 불편한 이미지를 주는 것에 자부심을 느끼는 이상한 위원회의 구성원이라는 당혹스러운 느낌을 지우려고 노력하였다.

여기에서 Joanna Macy(1991)는 내가 무감각한 청중들로부터 내 스스로를 분리시키기 위해 주변의 실타래를 푸는 데 도움을 주었다.

> 모든 현상의 급진적인 상호의존성에 대한 자신의 가르침에 힘입어 부처는 우리의 개인적 미덕을 넘어서 우리 주변에 연민을 가지게 되었다. 그러한 연민은 우리 존재의 기본적 성격을 확인해주었다. 그는 사회제

> 도는 우리와 함께 구축된다고 가르쳤다. 사회 구조는 상호의존적이 아니고 우리의 내면의 삶과는 동떨어져 있으며 그것은 마치 우리의 미덕과 용기와 연민을 드러내는 배경이 되는 개인적 꿈과 같다. 무시, 두려움과 탐욕의 개인화된 형태로서 이러한 제도는 나름의 역동성을 획득한다. 자기와 사회는 모두 현실이며 상호 인과관계를 가진다. 개인과 사회는 틱낫한의 문구인 '내면의 자아'를 통해 발생한다(p. 96).

세 번째이자 마지막 실타래는 내 정체성의 혼란과 관련이 있다. 지역사회에서 나는 누구인가? 미술가인가, 치료사인가, 기업가인가? 혹은 사회활동가인가? 때로는 나는 어떠한 역할도 하지 않고 또 때로는 모든 역할을 했지만 내 스스로 그 역할들을 충분히 식별하지 못했다. 어떤 수준에서 나는 사람들을 계몽시키려고 하면서도 한편으로는 내가 그들과는 다르며 심지어는 우월하다고까지 생각했다. 나는 노숙자들을 멸시하는 그들과는 다른 사람이었다. 우리는 이 세상에서 일어나는 불편하고 복잡한 느낌을 인식하게 되면서 그것에 대한 우리의 자연스러운 반응을 인식해야 한다. 일부는 제한적 생활로 후퇴하면서 그 반응을 부정하고 사회적 문제가 모두 감추어진 이상적인 환경을 모색할 것이다.

> 우리는 탈출하고자 하는 것으로부터 절대로 회피할 수 없으며 여기에는 정치적 · 경제적 제도가 포함된다. 하지만 우리의 참여에 의존하는 미덕으로 인해 투표, 로비 또는 보이콧에 의해 바뀔 수 있다. 이것은 우리의 의도, 가치관, 이상의 거울이 된다(Macy, 1991, p. 105).

나와 마찬가지로 다른 사람들은 무너지는 단계를 모면하기 위해 노력하면서 의지의 실천을 통해 활성화될 것이다. 그러나 Macy(1991)는 우리에게 "부서지거나 무너지는 것은 그다지 나쁜 일이 아니며 우리가 외부의 껍질을 깨는 것은 진화적 · 정신적 변혁에 필수적이다(p. 22)."라는 점을 인식해야 하는 것을 상기시킨다. 그러나 사회체계 내에서 활성화된다는 것은 또한 사회체계에 의지해 행동한다는 것을 의미한다.

> 행위자가 행동에 대해 결정하지 못하고 자신의 생각과 행위에 결정이 영향을 받을 때 그것은 자신의 변형된 객체이다. 하지만 이러한 객체들을 분명히 하면서 그들은 현실에 대한 자신의 지각을 반영하며 이는 인지 사건에 의해 매우 조금씩이지만 변화한다. 수단의 그 창의성만큼은 목표에 종속되지 않는다(p. 105).

미술치료사이자 예술가로서 그리고 교사로서 나는 특정한 경계 내에 현실을 구축할 수 있었고 물론 그 과정에서 상당한 자유가 있었다. 나는 에너지의 총합이 때로 어떤 면에서는 앞으로 일어날 일을 결정한다는 것을 발견하고 놀랐다. 사회행동의 영역 내에서는 상당한 필수적인 작업들이 반드시 깊지는 않지만 넓은 사회적 · 관계적 자본의 구축과 관련된다(Putnam, 2000). 이는 소수의 사람들과 깊은 관계를 구축하는 치료사의 관계 자본과는 큰 차이를 보인다. 사회 프로젝트는 방대한 참여와 구성원 없이는 진행될 수 없다. 미술치료가로서 나는 참여 수준을 조절하는 것이 어려웠다. 즉 타인들에 대한 나의 기대치는 현실과 일치하지 않았다. 나는 어느 정도의 관계 자본을 구축한 이들에게 마치 그들이 나의 미술작품 중 하나의 콜라주 요소인 것처럼 본질적으로 나의 꿈과 열망을 투영했다. 가면 프로젝트의 자발적 참가자들은 제시된 대로 활동하는 것에 기뻐했지만 노숙자를 어떻게 종식시킬 것인지에 대해 더욱 깊게 관계하고자 하는 필요성이나 열망을 발생시키지는 않았으며, 이것은 나의 개인적인 위대하고도 숨겨진 안건이었다.

문제해결

마지막으로 모든 사건은 나를 상당한 실망, 슬픔, 무력감으로 이끌었다. 나는 지역사회와 관련해 미술가로서의 나 자신을 이해하는 것을 목표로 했으며 이는 〈그림 4.2〉에서 설명된다. 이 그림은 '여러 부품으로 구성된' 집을 가진 어느 미련한 이에게 말을 건넨다. 나는 이 이미지들이 나에게 말하도록 요구한다.

> 집 : 나는 그가 집에 오는 것을 환영하지. 그는 자신의 방패를 얻기 위한 여행으로 집을 떠났었고 이제 그에게 버림받아도 절망하지 않아. 누구도 방패 없이는 공동체에 들어설 수 없거든. 어느 누구도 공개되거나 노출될 수는 없으며 그렇게 된다면 나머지 구성원들이 당신의 사지를 갈기갈기 찢을 것이야. 이것은 실패가 아니라 그냥 사실일 뿐이야. 인간들이 허기진다면 당신을 잡아먹을 것이야. 당신들끼리 서로를 잡아먹을 것이야. 나는 건물이 아니야. 나는 당신들이 이해하는 범위 내에서는 집이고 가정은 지역사회의 훌륭한 은유이기 때문에 때로는 집 같아 보이지. 하지만 대부분의 사람들은 말 그대로가 아니라 비유로 말하자면 집을 가지고 있지 않아. 만일 당신이 나를 집으로 본다면 그들은 당신에게 다가와 모든 방을 점유하고 당신의 음식을 먹고 당신의 침대에서 잠을 잘 거야. 그들은 바닥에 양말을 벗어던질 것이고. 당신은 집이 될 수 없어. 이 불쌍한 사람은 바보야. 그는 집이 될 수 없을뿐더러 사람들을 초대하는 것은 꿈도 꾸지 못하고 오히려 멀리 달아날 거야. 하지만 그는 새가 아니지. 그는 자신의 방패를 얻기 위해 되돌아가야 하는 것뿐이야.

그림 4.2 집과 멍청이

나 : 집, 나는 당신에게 문이 없다는 걸 알고 있어.

집 : 맞는 말이야. 아까 말했듯이 사실 난 집이 아니야. 나는 개념이며 또 다른 개념은 방패라고도 부르지.

나 : 왜 그렇지? 지역사회가 당신의 방패를 내려놓게 만들어야 하지 않을까?

집 : 아니, 당신은 잘못 생각하고 있어. 방패는 힘을 모아서 그것을 타인들에게 넘겨주는 일을 해. 그들은 빛을 받아 빛날 수 있어. 그러면 사람들은 당신을 산 채로 먹을 필요가 없어져. 창의적 작품은 방패이며 당신들은 때로는 그것을 집, 보트 또는 오아시스, 채찍, 동굴, 벽장, 목초로 덮인 언덕, 아이스크림 소다로도 변환시킬 수 있지만 그것을 아무것도 아닌 것으로 되돌리는 방법을 알아야 해. 그것이 바로 방패의 목표야. 난 방패가 없어.

나는 지역사회 주민이 된다는 것에 대해 나 자신을 돌아보는 의식 있는 목격자가 될 시간을 가지지 못했다. 때로는 마치 내가 다른 사람들은 모르는 것을 알고 있는 것처럼 지적인 장소에서 사물들을 접한다고 상상했었다. 사실은 나는 내 자신이 누구인지도 알지 못했다. 이러한 문제들에 대해 고민하면서 노숙인과 가면 만들기 프로젝트에 참여했던 어떤 사람을 떠올렸다. 어느 날 그는 나에게 버스정류장까지 차로 데려다 달라고 요청했다. 그러나 그는 버스비가 없었다. 며칠 후에 나는 그가 주차장에 있는 걸 보았고 그는 돈이 필요했다. 그는 방패에 대한 나의 교사 중 한 사람이 되었다. 나는 충분한 준비 없이 이 일을 시작했다. 나는 방패가 없었으며 나의 정체성에 대해 실험하고 있었다. 나는 누구였을까? 치료사, 친구, 동료 미술가, 아니면 단지 다른 누군가보다 자원을 조금 더 가진 또 다른 누군가? 상상 속에서와 같이 현실에서 모든 것이 되는 것은 불가능하다. 그러한 이미지를 가공하다 보면 의식을 가지고 자신을 비춰보는 데 그리고 자신을 방어하는 데 쓸 수 있는 방패가 만들어진다. 누구도 동굴에 있으면서 동시에 길거리에 있을 수는 없다. 아마도 동굴은 방패를 만드는 곳이고 길거리는 방패를 사용하는 곳이다.

하지만 2세기에 살았던 현자이자 유대인 율법학자인 Tarfon (Telushkin, 1991)은 우리는 이 세상으로부터 분리될 수 없고 그것은 우리에게 너무 어려운 일이기 때문이라고 말한다. 또한 우리 자신이 스스로 완성될 때까지 기다릴 수 없는 이유는 우리가 완성되는 것이 이 세상에 대한 관여를 통해서이기 때문이라고 한다. 상당한 성찰로 이루어지는 주기적인 동굴의 시간 후에는 반드시 공공의 영역에 참여하는 것이 필요하다. 현실을 비추기 위해 우리 주변인들에게 방패를 이용하는 것이 미술활동이다. 우리는 그러한 일을 시작하기 전에 우선은 어둠과 슬픔으로 가득 찬 위치를 확인한 후에 그것을 지도에 표시하고 그곳에서 생활해야 한다. 우리는 또한 우리가 현재의 생활에서 우연히 이야기하게 되는 특별한 형태가 아니라 우주 창조의 원소로서 우리의 유산을 기억하면서 오래전부터의 거주를 기억해야 한다. 우리의 작업이 변경되면 우리는 그 작업에 적절한 방패를 만들 수 있는 시간을 가져야 한다. 마지막으로 우리는 주기적으로 방패에 얼굴을 비추어 그것이 누구인지를 확인해야 한다.

참고문헌

Adams, D. and Goldbard, A. (2001) *Creative Community: The Art of Cultural Development.* NY: Rockefeller Foundation.

Allen, P. (2005) *Art is a Spiritual Path.* Boston: Shambhala.

Gandhi, M.K. (no date) "You must be the change you wish to see in the world." Retrieved 27 February 2006 from www.quoteworld.org/quote/5237

Macy, J. (1991) *World as Lover, World as Self.* Berkeley, CA: Parallax.

Putnam, R. (2000) "Better together: The arts and social capital." *Proceedings of the Saguaro Seminar on Civic Engagement in America: John F. Kennedy School of Government,* pp.1–29.

Telushkin, J. (1991) *Jewish Literacy.* New York: Harper Collins.

Watkins, M. (2005) *On Returning to the Soul of the World: Archetypal Psychology and Cultural/Ecological Work.* Woodstock, CT: Spring.

제 3 부

갈등해결

미술을 통한 타협점 찾기

제5장

Frances F. Kaplan

도입 : 울새와의 전쟁[1]

나는 항상 울새가 평화로운 봄의 전령이자 자신의 짝을 애타게 찾아다니는 매력적인 새라고 생각했다. 그러나 지난 봄, 울새가 우리 집을 공격한 뒤로 내 생각은 변하였다. 울새는 몇 주간 매일같이 집 뒤뜰로 난 바닥과 창문유리를 향해 계속해서 자기 몸을 던졌다. 정신없이 조잘대는 소리는 귀에 거슬렸고 불안하게 만들었다. 처음에 나는 울새가 제정신이 아니라고 생각하고 괜찮은지 염려되었다. 그런데 울새의 시끄러운 소리와 짜증나는 행동이 계속되는 걸 보니 새는 멀쩡한 것이 틀림없었다. 나는 어떻게 하면 울새의 행동을 멈추게 할지 일종의 '나쁜' 생각을 품기 시작했다.

그러던 중 나는 울새의 공격적인 행동에 궁금증을 품게 되었다. 새의 행동에 관한 추측이 점점 공상으로 빠져들 무렵(어쩌면 세상 저편 어딘가

---

[1] 나는 우리가 왜 연구하는지 이유를 설명하기 위해 다른 곳에서 이 사례를 사용해왔다 (Kaplan, F.F. [2005] 'Editorial.' *Art Therapy: Journal of the American Art Therapy Association 22*, 2, 66–67). 나는 이것이 여기에 또한 적용될 수 있을 것으로 믿는 바, 종종 성공적인 갈등 해결을 이루기 위해서는 적어도 비공식적인 유형의 연구라도 요구된다.

에서 누군가 울새로 환생하여 어떤 이야기를 들려주려고 하는 것은 아닌지, 아니면 우리 집 고양이 두 마리를 밖으로 내보내지 말라는 의미는 아닐지 등의 생각이 떠올랐다.), 나는 더 확실한 물증을 찾아야겠다고 결심하였다. 나는 주변 지인에게 울새의 수상한 행동에 대한 자문을 구하였다. 하지만 이 방법은 별다른 도움이 되지 않았기에 동물행동에 관한 전문가를 찾아 나설 수밖에 없었다. 몇 차례의 전화통화 끝에 나는 '크리처 컨트롤' 이라는 야생동물 퇴치업체에 연락했고, 마침내 답변을 들을 수 있었다.

수컷 울새는 자신의 영역에 매우 예민하다고 한다. 봄 짝짓기 기간에 울새는 자신의 영역을 분명하게 표시하며, 다른 수컷 울새가 근처에도 오지 못하게 한다고 한다. 문제(울새와 집주인 모두에게)는 그 울새의 영역에 표면이 반사될 때 일어난다. 유일한 '치료' 방법은 울새의 짝짓기 기간이 끝날 때까지 문과 창문의 유리나 자동차의 크롬과 같은 반사면을 덮어두는 것이다. 이것으로 울새는 나와 우리 가족에게 어떤 의도적인 메시지를 보낸 것이 아니라 매우 정상적인 태도를 보인 것으로 밝혀졌다. 이 사실을 알고 난 후 나의 분노와 혼란스러운 마음은 눈 녹듯이 사라졌고, 울새의 행동을 어떻게 해야 멈출 수 있는지 알게 되었다.

갈등을 평화롭게 해결하기 위한 가장 첫 번째 단계 중 하나는 진실을 되돌아보고 각자 요구하는 것이 무엇인지를 알아채는 것이다. 울새 같은 경우 경쟁관계에 있는 다른 수컷이 다가오지 못하도록 막는 것이었다. 그 새는 우리 집이나 가족에게 어떠한 감정도 없었던 것이었다. 나는 평화롭고 조용한 일상을 원했다. 우리 가족은 울새에게 나쁜 감정도 없었고, 사실은 뒤뜰에 새가 날아드는 일상에 행복해했다. 가끔은 문제가 무엇인지 아는 것만으로 모든 것이 해결된다.

물론 울새는 어떤 동기부여나 창작활동에 관하여 거론할 만한 대상은 아니다. 하지만 사람들의 경우 근본적이고 심각한 의견충돌을 해결해나가는 데 대화와 함께하는 미술은 도움이 된다. 실제로 나는 예술 방식이 갈등을 겪는 집단에서 상호이익이 되는 결론을 도출해내는 데 다양한 방법으로 유용하게 쓰인다고 주장한다. 이어서 간략하게 미술과 사람 간의 갈등의 연관성을 찾아내고, 적용할 수 있을 만한 몇 가지 사례를 들고자 한다. 하지만 먼저 몇 가지 정의를 내리는 것부터 시작하겠다.

용어 정의

예술과 갈등 : "'사과' 냐 '오렌지' 냐?" 이 질문은 몇 년 전 인기리에 상영된 영화의 한 장면을 연상시키는데(Zwick, 2002), 서로 다른 환경에서 자란 한 쌍의 젊은이가 결혼하는 장면이다. 신랑에겐 대가족이 있는데, 신부의 아버지는 신랑의 무뚝뚝한 부모가 속한 단체와 대립하는 인물이다. 이런 상황에서 신부의 아버지는 "그들은 사과다. 우리는 오렌지다. 우리는 다르다. 하지만 우린 모두 과일이다!"라고 되뇌며 딸의 결혼을 허락한다.

미술과 갈등해결에 대한 나의 관점 역시 이러하다. 이 주제를 설명하기에는 광범위하고 어쩐지 '애매모호한' 용어들이 있지만, 그렇게 포괄적인 방법으로 정의 내리는 대신, 독자들이 대체로 개념을 포함한 보편적인 지식을 가지고 있다고 가정하고 이 장에서는 조금은 전문적인 방식으로 다루도록 하겠다. 여기서 내가 말하는 **예술**이란 예술가들이 만들어내는 공연이나 미술관 전시가 아닌 누구나 즐겁게 창조성을 표출하는 작품을 가리킨다.

미술치료에 익숙한 사람이라면 이러한 미술의 개념이 전문가들이 사용하는 방식과 유사하다는 것을 알 것이다. 사실 내가 앞으로 논의하고자 하는 예술 창작에의 접근법은 미술치료의 방법과 일정 부분 닮았지만 완전히 일치하지는 않는다. 우선 첫째로, 치료의 가장 중요한 부분을 차지하는 내면의 갈등을 해결하는 부분은 다루지 않을 것이다. 다음으로 이 장에 소개되는 정보와 방식이 미술치료사들에게도 유용하게 사용될 수 있겠지만, 그보다는 갈등해결 전문가들이나 전업 미술작가들, 교사들, 다양한 분야의 학생들과 일반 대중들과 같이 보다 광범위한 독자들을 위한 것임을 밝힌다. 더 나아가 내가 드는 예시와 전반적인 글의 초점은 나의 전문 분야인 시각미술에 한정된다는 것을 알아두기를 바란다. 드라마, 춤, 음악, 시, 이야기처럼 다른 형태의 예술 역시 평화적인 갈등해결의 방안으로 사용될 수 있다.

갈등해결을 위해서는 파괴적인 수단의 해결보다는 조금 더 건설적인 면을 강조한다. 이러한 방식은 갈등이라는 단어에 폭력적인 부분이 연관될 수 있지만, 갈등을 해결하는 것은 그렇지 않음을 나타낸다. 또한 해결은 마치 윈윈효과와도 같이 갈등에 개입된 모든 집단에 어느 정도의 타협점을 찾는다는 것을 암시한다. **폭력**은 매우 광범위한 의미로 단어에 내포된 그대로 특정한 개인에게 해를 가하는 경우에 사용했다. 우리가 이미 알다시피 인간 심리와 일관성을 가지기 위해서는 오래전부터 아이들이 구호처럼 외쳐온 '막대기와 돌'[2] 이야기의 마지막 부분이 "말 또한 나를 진실로 해칠 수 있다."라고 끝맺는다면 사실과 가장 근접할 것이다.

이러한 정의를 유념한다면 미술과 갈등해결의 일치점을 생각해볼 준비가 된 것이다. 이러한 인간활동의 생물학적 · 문화적 발달이 지니는 중

---

[2] 역주 : 막대기와 돌은 우리의 뼈를 부러뜨리지만 말은 더 깊은 상처를 줄 수 있다.

요성에 그 증거가 있다. 예술과 갈등해결은 호모 사피엔스가 출현한 순간보다도 더 앞선 기나긴 역사를 지닌다. '무엇이 우리를 인간으로 만드는가?' 라는 질문은 어느 특정한 사람들만의 고민이라기보다 오늘날까지 인류를 살아남게 한 인간을 구분 짓는 지표이다.

이 글은 입장을 확고히 하고 제대로 된 사실을 전달하기 위한 나의 이론의 선례와도 같다. 최초로 미술과 갈등해결을 결합시킨 선구자는 내가 아니다. 미술치료사인 Marian Liebmann(1996)은 *Art Approach to Conflict*를 집필하였는데, 이어지는 장 역시 그 선례를 입증한다. 저자이자 갈등 중재자인 Anndy Wiselogle은 Liebmann의 영향을 받아 예술을 갈등해결의 한 방식으로 소개한 사람이다(추후에 우리의 공동 작업 또한 소개하려 한다).

분쟁 그리고 인류

우리 인간은 공격적인 성향을 지닌 종이며 동시에 높은 수준의 평화적인 협동을 이끌어낼 수 있다. 사실 두 행동에 거의 동시에 관여하는 경우가 상대적으로 흔하다고 할 수 있다. 이 사실은 예전에 미국과 구소련이 서로를 견제하기 위해 핵무기 개발에 열을 올렸던 시기를 연상시킨다. 이 시기에 나는 남편과 함께 모스크바와 레닌그라드(지금의 상트페테르부르크)를 여행하는 '시민대사' 라는 작은 모임에 참가하였다. 비록 내 취향은 아니었지만, 우리 모두는 '행성의 평화를 위한 대사' 라는 문구가 새겨진 큰 보라색 이름표를 달고 다녔다. 이런 거창한 문구에도 불구하고 우리는 여행지에서 경계해야 될 사람으로 분류되었는데, 그럼에도 대체로 여행 내내 친절한 대우를 받을 수 있었다. 하지만 소련 출신의 호텔 안내데스크 직원은 모순적이게도 적대적이면서도 협조적인 태도를 보였다. 놀라웠던 것은 내가 모스크바의 호텔 방에서 뉴저지에 있는 아들과 전화 통화를 할 수 있도록 어마어마한 기술적 협력을 해주었다는 것이다.

그렇다면 우리는 왜 폭력적인 성향을 없애는 데 그토록 많은 어려움을 겪는지가 의문이다. 우리가 과학적으로나 다른 형태의 협조를 충분히 할 수 있고, 동시에 점점 상호의존적으로 변해가는 세상 속에서 성공적으로 기능을 수행할 수 있기 위해서는 어떤 것이 바람직한지 인지하고 있으면서도 말이다. 폭력을 이해하기 위해서는 먼저 인간이라는 종의 기원을 탐구할 필요가 있다.

협동과 갈등의 진화적 기원

인간은 다른 생명체로부터 위협을 자각하여 본능적으로 공격반응을 보인다. 거의 자동적으로 나타나는 반응 기전은 인류를 생존하게 한 유용한 특징이자 생물학적 유산의 일부이다. 하지만 협조적인 상호작용이나 즉각적인 방어를 위한 공격이 아닌, 어떤 목적을 위한 공격과도 같이 조금 더 복잡한 행동은 어떠한가? 이러한 경우 역시 생물학적인 이유에서 비롯되었다고 할 수 있을까? 나는 그렇다고 생각한다.

정당한 이유가 없는 공격은 인간 외에 다른 동물들에서도 발견할 수 있다. 특히 인간과 가까운 유인원은 이러한 행동에 꽤 능숙한 편이다. 예를 들어, 침팬지는 서로 협력하여 사냥하고 지배권을 놓고 싸우며, 자신이 속한 집단의 분쟁에 개입하면서 갈등을 해결하기도 한다(de Waal, 1996). 이러한 영장류의 행동은 중재와 공격의 경향이 우리의 유전자에서 생겨났다는 주장을 뒷받침한다. 게다가 초기 인류는 생존을 위해 싸웠다는 점 역시 이 개념을 그럴듯하게 설명해준다.

일반적으로 초기 인류는 수렵을 했다고 알려졌다. 또한 인류가 크게 분산된 20세기 중반까지도 수렵 부족은 아프리카의 사막과 호주의 외진 곳을 방랑하였다(Klinghardt, 1998; Peasley, 1983). 이것은 현대의 사회과학자들이 인류의 선조가 어떻게 인간 본능의 통찰을 얻고 살았을지 재구성하는 데 도움을 준다. 예를 들어, 상호관계는 수렵 부족의 사회적 상호작용에 있어서 중요한 부분이었고 오늘날 우리가 가진 성향 역시 여기에서 비롯되었다고 할 수 있다(Glantz and Pearce, 1989).

근래의 수렵 부족은 식량과 자원의 균등한 분배를 비롯하여 많은 복잡한 사회 규율 속에서 살았다. 사냥으로 잡힌 영양이나 캥거루는 전체 집단에 귀속되고 이미 규정된 방법으로 분배된다. 사냥꾼(여자는 주로 채집 담당)은 자신의 사냥감 대부분을 포기해야 하는 대신 다른 사람의 배려로 상호 간의 참여에서 시간이 지남에 따라 이득을 얻게 된다. 분배에 있어서 공동의 규칙을 위반할 경우, 범죄자가 확실하게 자신의 잘못을 뉘우치도록 집단의 연장자가 체벌을 가하였다. 어떤 호주 원주민 집단에서는 중대한 규칙을 위반한 경우 사형에 처할 만큼 심각하게 여겼다(Ellis, 1994).

이렇게 보복성이 짙은 수렵 사회의 구조는 의심할 여지 없이 초기 인류의 상호의존적인 생활을 위해 유지되었다. 결과적으로 스스로 생존이 불가능한 개인은 그 시대의 수요 환경에 맞추어 잘 살아갈 수 있었던 것이다. 이를 바탕으로 동물학자 Matt Ridley(1996)는 "보복이야말로 인간의 진화적 과정에 뿌리내려 있다(p. 70)."고 추측한다. 분명히 우리는 우리에게 친절한 사람에게 친절히 대하고, 그렇지 않은 사람들에게는 덜 친절한 경향이 있다. 이러한 행동양식은 비교적 작고 고립된 단체에서의 갈등 해결을 위한 이성적인 접근방법이라고 할 수 있다. 하지만 불행하게도 우리가 사는 세계화 사회에서 친절을 베푸는 것은 불리한 일이라고 여겨지는 것이 사실이다.

비폭력적 갈등해결의 기원

비열한 유전자(박윤정 역, 2003)에서 Burnham과 Phelan은 인간의 유전적 유산이 어떻게 우리의 자멸적인 행동을 나타내는지 지적한다. 그들은 오늘날의 복잡한 사회에서 상호협동의 부정적인 면을 언급하면서, "존경심을 얻기 위해서 우리는 적뿐만 아니라 사랑하는 사람에게 보여주는 상냥한 행동양식에서 벗어나 그를 벌하기도 한다(p. 233)."고 말한다. Ridley는 또한 아래와 같이 분명한 문제점을 지적한다.

> 북아일랜드의 아일랜드공화국 군인이 영국 병사를 겨냥하다가 무고한 개신교도 행인을 쏘았다면 그 실수는 또 다른 살인에 불을 지필 것이다. 충성심이 강한 어느 암살자가 역설적이게도 살인에 대한 복수를 하기 위해 무작위로 가톨릭교도를 골라낼 수도 있다는 것이다(p. 75).

반면 분쟁해결 전문가인 William Ury(1991, 2000)는 문제점을 찾는 것에서 더 나아가 무엇이 잘못되었는지 알아내고, 어떻게 바로잡을 수 있는지 윤곽을 그려내는 작업을 하였다. 그는 이렇게 말한 바 있다.

> 성공적인 관계에 영향을 미치는 각 요소 중 가장 중요한 것은 협조적으로 갈등을 해결하는 능력이다. 이것은 친구들이나 직장 동료들 혹은 이웃이나 국가들처럼 여타 다른 인간관계에 공통으로 적용되는 사항이다(2000, p. xv).

Roger Fisher와 더불어 Ury(1991)는 현대적 갈등해결 운동을 주도한 인물 중 한 사람이다. 이 운동은 협상과 중재의 기술을 이용하는데, 협상은 대립하는 집단들이 상호 만족스러운 해결을 제시하는 과정이고, 중재는 대립하는 집단들이 중립적 입장을 취하는 제3의 중재 집단의 도움으로 동일한 목표를 달성한다는 의미이다. 전자의 경우가 이제부터 다룰 주요 초점이다. 간략하게 정리된 과정을 따를 수 있도록 단계별로 제시하려 한다(Fisher et al., 1991에서 개작).

1. 당신이 무엇을 왜 원하는지 찾아라.
2. 결과에 대해 다른 집단과 의논하라.
3. 해결 방안을 고안하라.
4. 어느 한쪽이라도 거부하는 해결 방안은 없애라.
5. 양측이 만족할 만한 해결 방안을 선택하라.
6. 해결 방안을 실행에 옮길 계획에 대해 합의하라.

이러한 단계들은 보이는 것만큼 간단하지는 않다. 특히 1단계와 3단계는 사람들이 쉽게 포기하는 단계이다. '왜' 갈등이 그렇게 까다로운지 알아내고 창의적인 사고가 가능하도록 판단을 잠시 보류하는 것은 어떤 사람들에게는 거의 불가능한 일이나 마찬가지이기 때문이다. 내가 주장하듯이 미술은 이러한 어려움을 극복할 수 있는 잠재적인 조력자의 역할을 한다. 이제 미술이 어떻게 작용하는지 그 문맥 안에서의 미술을 보아야 할 것이다.

예술과 인간의 발달, 과거와 현재

갈등과 해결이 그러하듯 예술은 태초부터 인류와 함께해왔다. 미술은 두뇌의 깊은 어딘가에서 일어나 지금까지도 불가사의할 정도로 인류 역사 전반적으로 하나의 권력과도 같이 작용하였다(Wilford, 2002). 신경과학자들과 이 분야 연구자들이 그 불가사의한 신비를 밝히려 노력하지만, 미술은 인간행동에 영향을 미치는 주요 요인이자 필수 불가결한 것이다. 미술이 어떻게 이렇게까지 영향을 미치고 사회를 향상시킬 수 있는지는 여전히 추측할 수밖에 없다. 하지만 알려진 바를 철저히 검토한다면 이러한 지식은 우리의 의문에 유용한 명확성을 가져다줄 것이다. 그뿐 아니라 점점 상호의존적으로 변화하는 세상에서 위기의식을 느낄 때, 우리는 대인관계에서부터 국제적인 문제까지 모든 가능한 길을 탐색해서 사회 전역에 퍼진 불안을 해소해야 한다는 교훈을 준다.

예술 창작의 생물학적 기반

신경과학자 Semir Zeki(1999)는 뇌의 시각체계를 연구하고 시각미술과의 연관성에 관한 이론을 확립하였다. 그는 시각기능을 두고 "세상의 특징적이고 지속적인 부분에 관한 지식을 습득하는 것"(p. 5)이라고 정의하였다. 그는 우리가 보는 세상이 끊임없는 변화 속에 있다고 지적하였는데, 우리는 시시각각 변하는 거리와 각도, 서로 다른 빛 아래에서 사물과 영역을 관측한다는 것이다. 하지만 이런 세상에서 성공적인 항해를 하기 위해서 우리의 시각체계는 변화무쌍한 상황에서도 불변의 것을 보기 위해 때로는 추상적일 수 있어야 한다. Zeki는 시각예술이 이러한 불변성을 탐색하는 기능의 확장이라고 말한다. 다른 전문가들 역시 비슷한 결론을 도출

했다. 예를 들어, 뇌 연구가 V.S. Ramachandran(Ramachandran & Blakeslee, 1998)은 시각이 이미지의 본질을 그려내고, 예술가와 관객의 시각체계의 '규칙'을 강화하기 위해 다른 불필요한 세부사항을 제거한다고 가정한다.

인류학자인 Alexand Alland(1977)는 이 두 사상가들의 추리를 예견한 바 있다. 그는 초기 인류의 적응을 가능하게 하는 특정 감각의 식별을 촉진시킴으로써 사람들이 선천적으로 미적인 감성을 지니게 되었다고 주장했다. Alland는 또한 미술사학자인 Ellen Dissanayake(1992, 1995, 2000)가 이후 주장하듯이 창작의 진화상의 이점에 관한 복잡한 이론을 발전시키는 데 근간을 마련한 것으로도 유명하다. 여기서 Dissanayake의 주요 논점 몇 가지를 소개하려 한다.

첫째로, 인류 역사의 대부분에 걸쳐 우리가 오늘날 지칭하는 '예술'이라는 것은 결코 일상생활에서 분리될 수 있는 것이 아니다. 노래, 춤, 시, 보디페인팅 혹은 물건을 장식하는 일 같은 예술활동은 누구나 참여할 수 있는 것이다. 둘째로, 창작은 본래 관심을 환기하고 인간에게 있어 중요한 모든 것들을 강조하기 위한 수단이었다. 마지막으로 미술은 의식과 직접적으로 관계를 맺으며 생존을 지원하였다. 무엇보다도 의식절차는 참가자들의 결속을 다지기 위한 목적으로 진행되었고, 선사시대의 가혹한 환경 속에서 생존을 보장하는 것이었다.

Dissanayake가 말하고자 하는 바는 미술이 우리 인류에게 맞추어진 기능을 수행해왔다는 것이다. 모든 사람이 이 논점에 완전히 동의하지는 않는다. 예를 들어, 심리학자 Steven Pinker(2002)는 미술을 그 자체로서가 아닌 다른 적응도구의 부산물이라고 믿었다. 하지만 Pinker에 따르면, "미술이 적응이거나 아니면 다른 요소의 혼합이거나 혹은 그저 부산물일지라도 그것은 우리의 지능에 깊게 뿌리내려 있다(p. 405).” 구체적인 예술의 생물학적 기원이 중요한 것은 아니다. 어느 정도로 우리가 예술의 이점을 계속적으로 계발하는지가 관건이다. 다음에는 갈등해결의 원인과 더불어 비폭력적인 사회질서를 구축하는 과정에서 나타나는 미술이 가진 이점을 나열할 것이다.

변형되는 감정

“평화는 가정에서 시작된다.”는 말을 들어보았을 것이다. 누군가가 더 평화로울수록 그 주변에는 더 많은 평화가 깃들기 마련이다. 예술활동을 하거나 그것을 경험하는 것만으로도 스트레스를 줄일 수 있고 휴식을 얻을 수 있으며, 결과적으로 평화로운 감정을 증대시킬 수 있다고 한다(Curry & Kasser 2005; Grossman, 1981). 이를 뒷받침하는 많은 일화가 있지만 하나의 예를 들자면, 내 학생 중 한 사람은 수채화와 음악을 연결 짓는 작업을 하면서 일종의 진정 효과를 경험한다고 한다. 이러한 경우에는 뇌에서 변화가 일어나 내면의 소리가 억제되고 감각모듈이 활성화되면서 대부분의 명상이 그러하듯 예술활동은 마음을 차분하게 하는 또 하나의 방법이 될 수 있다. 내면과 육신의 건강이 내면의 반추에서 비롯된다는 증거 또한 쉽게 찾을 수 있다(예 : Benson, 1975).

즉흥예술은 스트레스 감소뿐만 아니라 복잡한 마음을 가라앉히기도 한다. 나는 남편 때문에 굉장히 심하게 짜증이 났었던 때를 기억해보았다(그 불만이 얼마나 사소한 것이었는지, 이제는 무엇 때문에 화가 났는지도 더 이상 기억나지 않을 정도이다). 나는 내 감정을 그에게 곧바로 표현하기보단 못마땅해하는 모습을 감추려 했고, 다행히 나는 당시 쓰고 있던 예술일기를 끄집어내어 낙서를 하기 시작했다. 나는 즉흥적으로 흐르는 선을 그렸고, 색과 형태를 더하며 그 낙서를 점차 발전시켜나갔다. 어느새 내 그림 오른쪽에는 만화 같은 얼굴이 나타났다. 나는 그것을 남편의 얼굴이라고 생각했고, 그 우스꽝스러운 모습에 나도 같이 웃어버렸다. 기적과도 같이 그 웃음은 내 짜증을 단숨에 없애버렸고, 나를 화나게 했던 그 사건은 이제 다른 시각으로 볼 수 있게 되었다. 내 남편은 그 어려운 협상의 과정에 끼어들 필요가 없었다. 나는 매우 간단하게 그 문제를 놓아버릴 수 있었던 것이다.

만성적인 분노나 집요한 공격 성향처럼 조금 더 지속적인 감정들 또한 예술을 통해 해결될 수 있다(제4장 참조). 그러나 예술을 만병통치약이라고 생각하기 이전에 알아두어야 할 것이 있다. 인간이 무던히 노력해왔던 것처럼 예술 또한 우리 모두를 위해 선하게 쓰일 수 있다는 것이다. Chris Hedges는 그의 책 우리에게 의미를 부여하는 힘, 전쟁(*War Is a Force That Gives Us Meaning*, 2002)에서 예술(노래, 영화, 시 등)은 무력적 침략을 지원하는 수단이라고 언급했다. 우리의 경험은 이 주장이 어느 정도는 사실이라고 말해준다. 하지만 우리는 Hedges가 공식적으로 인정된 예술만을 말한다는 사실을 간과할 수 없다. 예술에는 또 다른 흐름이 있다. 이 흐름은 지하로 뻗어나가며, 궁극적으로 다른 방법으로는 알아내기 힘든 진실을 쏟아내기 위해서 때로는 꽤 멀리 가기도 한다.

이러한 유형의 예술을 거론할 때 칠레 산티아고 여성들의 감동적인 자수 놓기를 예로 들 수 있다(Agosin, 1987). 이 여성들은 피노체트의 독재 동안 전통적인 공예에 열중하여 마포arpilleras라고 불리는 삼베로 만든 안감인 작은 아플리케와 자수를 놓았다. 보통 미술에서 보여지는 사랑, 축제, 농업 등의 활발한 묘사와는 다르게 이 여성들은 박탈감과 죽음, 고문과 더불어 냉혹한 탄압 속에서 사라져간 가족을 그리워하는 마음을 표현하였다. 이러한 감정표현은 여성들이 느끼는 비통함을 조금이라도 덜 수 있도록 도와주는 치료제가 되기도 했다. 자수가 완성되면 비로소 외부 세계와 소통할 수 있는 연결점이 생겼다. 작품이 다른 나라로 밀수출되어 팔리고, 예술가들에게 어느 정도 수입원이 되기도 하지만 그보다 더 중요한 것은 외부와의 접촉이 금지된 당시 칠레의 실상을 널리 퍼뜨리는 역할을 할 수 있었던 것이다.

몇 년 전 나는 영광스럽게도 이 멋진 작품들의 전시를 접할 기회가 있었다. 나는 그 작품을 보는 것만으로도 큰 충격을 받았다. 밝은 색상과 두 면이 붙은 형태 그리고 아이가 만든 듯한 구성의 자그마한 자수를 처음 보았을 때는 잘 만들어진 민속공예품이라고 생각했었다. 곧 그 속에 충격적인 주제가 숨어 있음을 발견하고 놀라지 않을 수 없었는데, 이 일이 있은 후로 나는 '공예' 가 결코 미술보다 뒤쳐지지 않음을 깨닫게 되었다.

위의 예는 갈등의 폐해를 경험하기 전이나 후의 상황에서 미술이 어떻게 감정을 널리 확산시킬 수 있는지 보여준다. 첫 번째의 예시에서, 낙서는 조형활동은 갈등해결을 위한 대화의 기능을 대신해주었다. 두 번째로, 칠레 여성은 충격적인 국가의 대격동을 겪었고, 그들의 경험을 미술로 전환하는 행위를 하였다. 이는 변화를 위한 실천일뿐 아니라 무슨 일이 일어나고 있는지 받아들일 수 있게 해주었던 것이다.

소통

미술은 생존본능을 뒷받침하는 것을 넘어 언어와 결부되어 문화를 발전시키는 데 주요한 역할을 하였다. 초기 인류가 돌이나 동굴벽에 그린 드로잉과 페인팅은 명백히 문자언어보다 앞선 것이다. 게다가 시각적인 재현을 가능하게 한 능력은 언어의 발달과 연관된다. 최근 신경과학의 연구 결과가 상당히 시사적인데, 생물학자이자 과학저술가인 Matt Ridley (2003)가 요약한 연구에 따르면 영장류와 인간의 뇌에는 언어활동에 쓰이는 근육 간에 서로 연결 짓는 부분이 있다. 모방과 운동기능이 그림을 그리는 행위와 연관되어 있다면, 우리는 우리 선조들의 드로잉과 페인팅이 언어능력을 촉진시켰다는 결론을 내릴 수 있다. 아마도 언어와 미술이라는 두 상징체계는 함께 진화해왔을 것이다. 만약 그렇지 않다면 시각적으로 묘사하는 행위는 아동이나 언어적 장애를 겪는 사람들에게 언어 발달을 고취시키는 데 효과적으로 사용되지 못했을 것이다. 마지막으로 이러한 믿음으로 연구에 몰입하는 교육자들과 치료사들이 있다(예 : Eubanks, 1997; Silver, 1989).

추측한 것과 알아낸 것의 혼재로부터 우리가 얻을 수 있는 것은 그림을 이용한 묘사는 적어도 언어의 가장 기본적인 형태로 나타난다는 것이다. 이 '또 다른' 언어는 언어를 대신하여 쓰이거나 심지어 확장시켜 쓰일 수 있다. 사실 인간과 같이 시각이 지배적인 경우에는 언어보다도 그림이 더욱 강렬한 인상을 줄 수 있다. 뇌 촬영을 해보면 심상을 떠올릴 경우 외부 세계를 볼 때와 같은 신경세포의 연결구가 활성화되는 것을 볼 수 있다(Kosslyn & Koenig, 1995). 이것은 우리가 경험으로부터 무엇을 발견하는지를 보여준다. 정도에 따라 다르지만 우리는 사진을 보고 진짜인 것처럼 반응하는 것이다(분명 광고회사는 이러한 반응을 자신의 업무에 활용해왔을 것이다).

미술의 이러한 능력은 협상과정의 첫 번째 단계에서 특히 유용하다. 드로잉은 한 집단이 다른 집단의 시각에서 문제를 볼 수 있도록 돕는다. 이것은 협상의 초기 단계나 그 이전에도 역시 도움을 준다. 어떤 사람이 다른 사람의 시각은 이러할 것이라고 상상하여 그림을 그려본다면 어떨까?

여기 예시가 있다.

미술과 갈등해결 집단의 한 여성은 자신의 며느리에게 어떻게 다가가면 좋을지에 대해 어려움을 토로하였다. 그녀는 젊은 여성의 시각에서 그림을 그려보았고, 그 결과 간단하지만 매우 강렬한 이미지를 만들어냈다. 그림에는 막대인간(며느리)이 원(섬) 안에 들어가 있고, 날카로운 삼각형(상어 지느러미)에 찢겨 구멍이 난 선(물)으로 둘러싸여 있었다. 이 이미지는 비교의 정도를 보여주는데, 처음에는 표면에 나타나지 않았던 며느리의 행동에 대한 더 깊은 감정이입을 이끌어냈다.

하지만 메시지를 동시에 전달하는 방식의 드로잉은 조금은 덜 긍정적인 메시지 역시 잘 드러낸다. 고립되고 위험한 상황에서 며느리는 기가 죽은 모습으로 나타났지만, 깊어지는 공감대와 관심과 환대의 전환된 표현은 갈등해결의 과정이 좀 더 성공적일 수 있도록 어느 정도 길을 마련해준다.

문제해결

시각예술이 인류에게 유익하게 작용되었던 또 다른 중요한 이유는 미술이 이미지를 기록하는 형태에서 상대적으로 영구성을 지닌다는 데 있다. 신경물리학자이자 시지각과학자인 Erich Harth(1993)는 다음과 같이 말한다.

> 우리는 현실세계에 친밀감을 느낀다. 우리는 처음에 머릿속의 이미지인 심상을 만들어내면서 잠깐 나타나는 찰나의 이미지가 더 많은 이미지를 낳는 희미한 구조를 발견한다. 하지만 인간이 이미지를 표면화시키는 기술을 습득하여 그것을 현실과 나란히 놓을 때, 인간은 마침내 큰 성과를 낳은 것이다. 구석기시대의 유명한 동굴벽화는 안료로 그려낸

> 심상이었고, 그 이미지를 언제든지 그들이 떠올릴 수 있도록 얼어서 돌 안에 갇힌 것이라고 여겼다(p. 168).

본질적으로 사람들이 그들 내면의 상상을 객관화하는 법을 배우면서 발명의 소재가 되는 것들을 떠올릴 수 있다. 우리가 가장 최초로 느끼는 영감을 구체화시키지 못했더라면 날아가는 기계를 고안하여 적용시키는 일은 불가능했을지도 모른다. 그러므로 생각을 특수한 방법으로 전달하기 위해서 시각적 묘사는 때때로 독특한 문제해결 방법을 위한 의미를 제공해준다. 해결 방안을 마련하는 단계에서, 혹은 문제의 전반적인 상황에 미술을 이용하는 것은 갈등관계에 있는 단체들이 해결책을 떠올릴 수 있도록 도움을 준다.

몇 년 전 내가 정신병원에서 미술치료 집단을 맡았을 때 가끔 나는 문제해결 활동을 소개했다. 나는 각각의 참가자들에게 종이 반쪽을 주고 그들의 문제점을 그려서 다른 참가자들의 그림과 교환하도록 했다. 그다음은 연관 드로잉 해법이라는 단계였는데, 문제점을 그려낸 사람에게 무언가를 주는 데 그치지 않고, 그들이 각자의 문제상황에서 어떤 행동을 할 수 있는지 유용한 힌트를 주는 것이었다. 이렇게 간접적인 방법 또한 매우 도움이 될 수 있다. 집단이 갈등해결을 위해 무엇을 할 수 있을지 갈피를 잡지 못할 때, 미술은 의식 어딘가에서 억압받는 상황에서도 의식적이지 않은 방법으로 도움을 주기도 한다.

결론

이 장과 다음 장은 예술이 갈등해결 과정에 무엇을 제공하는지 설득력 있는 논거를 제시한다. 미술은 갈등해결을 가능하게 하고, 촉진하거나 계속되는 충돌을 직면하는 역할 외에도 다른 방식으로 도움을 제공한다. 갈등해결에 관한 대학원 과정에서 한 여학생이 겪었던 경험이 바로 그것이다. 그 학생은 나의 동료에게 내 미술과 갈등해결 수업이 굉장한 도움이 되었다고 말했다고 한다. 그녀는 예전에는 자기 자신이 창조성이 결여된 사람이라고 생각했지만 수업 중에 한 조형활동이 그녀 안에 잠자고 있던 창조적 상상력을 깨웠다고 말했다. 결과적으로 그녀는 추후에 일어날 갈등해결에 적용시킬 수 있는 중요한 능력을 새로 얻게 된 것이다.

각기 다른 환경의 미술작가와 미술치료사들은 과정과 결과 중 무엇이 더 중요한지를 두고 논쟁하려는 경향이 있다. 갈등이 어떤 방식으로 해소되든지 간에 내용이 아닌 과정에 의미가 있는 경우는 틀림없이 있다.

참고문헌

Agosin, M. (1987) *Scraps of Life: Chilean Arpilleras.* (C. Franzen, trans.) Trenton, NJ: Red Sea Press.

Alland, A. Jr. (1977) *The Artistic Animal: An Inquiry into the Biological Roots of Art.* New York: Anchor Books.

Benson, H. (with Klipper, M.Z.) (1975) *The Relaxation Response.* New York: Avon Books.

Burnham, T. and Phelan, J. (2000) *Mean Genes: From Sex to Money to Food, Taming our Primal Instincts.* New York: Penguin Books.

Curry, N.A. and Kasser, T. (2005) "Can coloring mandalas reduce anxiety?" *Art Therapy: Journal of the American Art Therapy Association 22,* 2, 81–85.

de Waal, F. (1996) *Good Natured: The Origins of Right and Wrong in Humans and Other Animals.* Cambridge, MA: Harvard University Press.

Dissanayake, E. (1992) *Homo Aestheticus: Where Art Comes From and Why.* New York: Free Press.

Dissanayake, E. (1995) "Chimera, spandrel, or adaptation: Conceptualizing art in human evolution." *Human Nature 6,* 2, 99–117.

Dissanayake, E. (2000) *Art and Intimacy: How the Arts Began.* Seattle, WA: University of Washington Press.

Ellis, J.A. (1994) *Australia's Aboriginal Heritage.* North Blackburn, Victoria, Australia: CollinsDove.

Eubanks, P.K. (1997) "Art is a visual language." *Visual Arts Research 23*, 1, 31–35.

Fisher, R., Ury, W. and Patton, B. (1991) *Getting to YES: Negotiating Agreement Without Giving In* (2nd edn). New York: Penguin Books.

Glantz, K. and Pearce, J. (1989) *Exiles from Eden: Psychotherapy from an Evolutionary Perspective.* New York: W.W. Norton.

Grossman, F.G. (1981) "Creativity as a means of coping with anxiety." *The Arts in Psychotherapy 8*, 3/4, 185–192.

Harth, E. (1993) *The Creative Loop: How the Brain Makes a Mind.* Reading, MA: Addison-Wesley.

Hedges, C. (2002) *War Is a Force That Gives Us Meaning.* New York: Public Affairs.

Klinghardt, G. (1998) *Hunter-gatherers of Southern Africa.* Retrieved 22 February 2006 from www.museums.org.za/sam/resource/arch/hunters.htm

Kosslyn, S.M. and Koenig, O. (1995) *Wet Mind: The New Cognitive Neuroscience.* New York: Schocken Books.

Liebmann, M. (ed.) (1996) *Arts Approaches to Conflict.* London: Jessica Kingsley Publishers.

Peasley, W.J. (1983) *The Last of the Nomads.* South Fremantle, Western Australia: Fremantle Arts Centre Press.

Pinker, S. (2002) *The Blank Slate: The Modern Denial of Human Nature.* New York: Viking.

Ramachandran, V.S. and Blakeslee, S. (1998) *Phantoms in the Brain: Probing the Mysteries of the Human Mind.* New York: William Morrow.

Ridley, M. (1996) *The Origins of Virtue: Human Instincts and the Evolution of Cooperation.* New York: Viking.

Ridley, M. (2003) *Nature Via Nurture: Genes, Experience, and What Makes Us Human.* New York: HarperCollins.

Silver, R.A. (1989) *Developing Cognitive and Creative Skills Through Art: Programs for Children with Communication Disorders or Learning Disabilities* (3rd edn, rev). New York: Ablin Press.

Ury, W. (1991) *Getting Past No: Negotiating with Difficult People.* New York: Bantam Books.

Ury, W. (2000) *The Third Side: Why We Fight and How We Can Stop.* New York: Penguin Books.

Wilford, J.N. (2002) "When humans became human." *The New York Times* 26 February, pp.D1, D5.

Zeki, S. (1999) *Inner Vision: An Exploration of Art and the Brain.* New York: Oxford University Press.

Zwick, J. (Director) (2002) *My Big Fat Greek Wedding* [Motion picture]. Burbank, CA: Warner Bros.

제6장

갈등의 선 긋기

Anndy Wiselogle

중재와 갈등해결을 주제로 열린 학술대회에서 미술치료사인 Marian Liebmann(1993)이 진행한 워크숍에 참석했을 당시 나는 중재전문가 mediator로 근무하고 있었다. 그녀의 워크숍은 내가 미술과 갈등해결의 교차점에 호기심을 갖고 '갈등의 선 긋기'라 불리는 워크숍을 시작할 수 있도록 영감을 주었다. 11월의 어느 목요일 워크숍에 홀수의 인원이 참석하였기 때문에 진행을 위해 내가 누군가와 짝이 되어야 했다. 이 시점에 나는 여러 차례 워크숍을 진행한 경험이 있었고 회기마다 깨달음을 얻은 참석자의 얼굴에서 경탄과 경의를 보았다. 그날 저녁 나의 개인적 갈등을 끄집어내며 나 역시 그 깨달음을 나눌 수 있는 기회의 시간을 보냈다.

갈등의 선 긋기 워크숍

단일 회기로 이루어진 워크숍의 첫 번째 과제는 간단한 준비활동으로 각종 미술재료에 익숙해지기 위한 것이다. 나는 참가자에게 종이와 크레파스를 손에 쥔, 열의에 찬 다섯 살 아동처럼 자유롭게 그림을 그리라고 권한다. 또한 그림 실력에 대한 판단이나 평가를 접어둘 수 있도록 참가자에게 평소에 자주 사용하지 않는 비우세손non-dominant hand을 사용하라고 권장한다. 그리기 과제인 '난화'는 Marian Liebmann(1996)의 방식을 변형한 것으로서 한 사람이 (특정한 정의가 없는) 난화를 시작하면 다른 사람이 이를 완성하는 식이다. 두 사람이 한 팀이 되어 번갈아가며 진행한다. 각 팀은 크레파스 한 상자와 큰 종이 한 장을 공유한다. 유일한 규칙은 그림을 그리는 동안 대화를 금지하는 것이다.

난화 그리기

크레파스와 종이로 재미난 시간을 가져요! 두 사람이 한 팀이 되어 첫 번째 사람이 구불구불한 선을 그리면 두 번째 사람이 이를 완성합니다. 번갈아가면서 난화를 그립니다.

이처럼 단순하고 즐거운 과제는 팀원 사이에 신뢰와 유대감을 형성한다. 침묵 속에서 그림을 그리는 동안 나는 종종 참가자들의 웃음기 어린 표정을 본다. 크레파스를 나눠 쓰던 낯선 두 사람이 장난기 가득한 '깡충춤' 을 추는 하나의 팀으로 변모된다. 이러한 유대감과 신뢰는 다음 단계를 위해 중요하다.

당신의 갈등을 그리세요

당신을 속상하게 하는 갈등을 그리세요. 이는 당신의 내적인 갈등 또는 타인과의 갈등일 수도 있습니다.

이어지는 과제는 당신을 속상하게 하는 갈등을 그리는 것이다. 참가자에게 이웃이나 직장 동료와 같은 타인과 겪는 갈등을 생각해보라고 한다. 참가자들은 각자의 방식대로 갈등을 그려낸다. 이는 참가자 개개인이 각자 종이 한 장씩을 가지고 하는 개인활동으로, 충분히 생각하고 소화할 시간을 제공한다. 과제가 부정적인 감정을 불러일으킬 수 있기 때문에 휴지를 구비해둔다.

한 팀이 되어 참여해야 했던 어느 11월 저녁, 나는 어떠한 갈등을 그릴 것인지 생각해보았다. 그날 직장 동료와 있었던 오해같이 가벼운 주제로 할 것인지 아니면 유년 시절부터 계속된 새엄마와의 미해결된 갈등에 대한 그림을 그릴 것인지. 생각해볼 겨를 없이 내 비우세손은 색을 선택하고 그림을 그리기 시작하였다. 그러자 유년의 문제가 천천히 드러났다. 내가 그린 그림을 통해서 나는 과거의 상황과 당시 나의 감정을 이해하게 되었다. 나는 종이 위에 새엄마의 모습을 그리면서 새엄마는 어떠했을까 하는 생각을 하게 되었다. 내가 그린 그림을 보며 나는 다른 관점에서 나의 갈등을 바라볼 수 있었고 큰 도움이 되었다. 나는 그 당시의 상황을 이해하기 시작했고 측은한 마음도 들었다.

워크숍의 다음 단계는 참가자가 첫 과제를 같이했던 상대방과 함께 그림에 대한 이야기를 나누는 것이다. 대화를 나눌 때 지켜야 할 규칙은 다음과 같다.

1. 타인의 그림을 비판하지 않기
2. 능동적 듣기를 연습할 수 있는 기회얻기
3. 충고나 제안하지 않기
4. 워크숍에서 말한 것과 그린 것은 워크숍 내에서만 머물도록 보고 들은 것에 대해 비밀 유지하기

진행자로서 나는 이와 같이 친밀한 대화에는 개입하지 않는다. 이는 참가자가 자신의 그림에 대하여 심층적으로 생각해보고, 그림으로 묘사한

상황을 말로 표현하고 소화할 수 있는 기회를 준다. 이는 각자 다른 사람의 갈등을 인정할 기회를 주어 갈등이 정상적이라는 인식을 심어준다.

나와 한 팀인 상대방의 그림에 관한 설명을 들으며 나는 내 그림에 대한 나의 생각과 느낌을 말로 표현할 수 있었고, 내 경험이 어느 정도 정당하다고 생각하게 되었다. 나는 내 파트너가 발견한 단순한 사실을 아직도 기억한다. 그녀는 "당신을 굉장히 작게 그렸네요."라고 말했고 나는 "아하!" 하고 혼자 감탄했다. 나는 장성한 성인으로 무능력한 어린아이가 될 필요가 없었다. 스스로를 무능력하게 보았다는 사실이 나를 가로막고 있었던 것이다. 그리기 주제와 대화는 유년기 갈등으로부터 나를 자유롭게 해주었고 더 많은 임상훈련과 사고과정을 통해 이를 충분히 극복할 수 있었다.

워크숍 참가자는 다양한 갈등상황을 그렸다. '앨런'(가명)은 음악, 글쓰기를 포함한 기타 예술활동을 사랑하는 창의적인 예술가이다. 앨런은 주 수입원인 아파트 관리에 너무 많은 시간을 허비한다는 문제를 갖고 있었다(그림 6.1 참조). 심각하게 한쪽으로 기울어진 아파트 건물이 창작활동을 위한 앨런의 시간을 잡아먹고 있었다. 그러나 앨런은 창작 행위를 지속하기 위해서 수입이 필요하다는 것을 깨달았다.

워크숍의 세 번째이자 마지막인 그리기 과제는 갈등을 해결하기 위한 개인적 방식을 표현하는 것이다. 이 과제를 제시하면 참가자들은 종종 어리둥절한 표정을 짓는다. "나에게 갈등을 해결하기 위한 방법이 있었더라면 이런 고민도 하지 않겠지요." 그러나 마지막 과제는 사람들이 되돌아 생각해보고 그림을 통해서 스스로가 생각보다 무력하지 않다는 것을 깨닫게 하려는 과정이었다. 그림 실력이 형편없다고 생각하던 사람들이 나중에 만족스러운 그림을 완성하듯이 갈등을 해결할 방법이 없다고 생

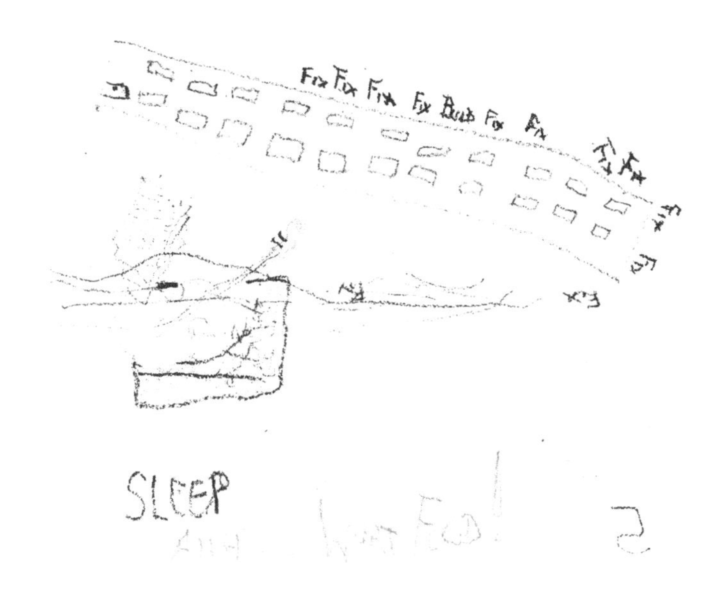

그림 6.1 앨런의 그림(사진 : Richard Fung)

각하는 사람들도 마지막엔 그런 방법을 알고 있었다는 것을 깨닫게 된다.

당신의 갈등 기술

갈등에 대처하기 위한 당신의 방식을 그리세요.

직장 상사와의 갈등에 대한 그림을 그린 후 '테레사'는 여러 가지 갈등에 대처하는 자신의 모습을 그렸다(그림 6.2). 테레사는 보는 것을 의미하는 큰 눈과 듣기를 의미하는 큰 귀를 그렸다. 그녀는 밝은 노란빛 태양이 떠 있는 파란 하늘을 종이 왼쪽에, 달과 별이 있는 어두운 하늘을 오른쪽에 그려 '해가 뜰 때부터 질 때까지' 그녀의 인내심을 묘사했다. 테레사의 어깨 너머 흐르는 푸른색 폭포는 침착성을 나타낸다. 여러 색의 무지개를 감싸고 있는 그림 속 인물은 다양성을 포용하는 그녀의 가치관을

그림 6.2 테레사의 그림(사진 : Richard Fung)

반영한다. 테레사의 얼굴에는 온화한 미소가 흘렀고 그림 상단에는 평화와 화해의 상징인 비둘기가 위치해 있다.

참가자가 갈등에 대처하는 자신만의 방식을 그린 후 나는 그림에 대해 상대방과 대화를 나누라고 한다. 마지막 과제는 각각의 참가자가 자신의 그림을 들고 돌아가며 자신의 갈등해결 방식을 공유하는 것이다. 이는 긍정적인 동시에 교육적인 활동으로 참가자 모두에게 긍정의 힘을 북돋고 희망과 가능성을 선사한다. 사후평가에서 참가자들은 마지막 훈련이 특히 유용했다고 말했다.

워크숍 참가자에게 미술작가 수준의 그림 실력을 요구하지는 않는다. '미적 재능은 허용 안 됨' 이라는 익살스러운 문구가 워크숍 전단지에 적혀 있다. 크레파스는 가장 친숙한 미술재료이다. 나는 매번 참가자들에게 이런 말을 듣는다. “저는 정말 그림을 못 그립니다. 하지만 워크숍은 저에게 활짝 열려 있었습니다.” 실제로 성인이 되고 처음으로 파스텔을 사용해 작업했을 때 그들이 느낀 장벽은 낮아졌다. 물론 그림에 능숙한 사람들도 대환영이다. 그들은 각자의 수준에 맞는 그림을 선보인다. 워크숍에 참여하는 모든 이들은 동등하다. 많은 이들이 워크숍이 재미있었다는 의견을 주었다.

갈등을 곰곰이 생각해보고, 이를 종이 위에 그려보고, 또 이에 대해 다른 이들과 대화를 나누며 참가자들은 깨달음을 얻는다. 참가자는 다음과 같은 피드백을 주었다.

“육체적으로 해소되는 듯한 느낌이 들었습니다.”
“갈등상황에서 내 역할을 인지하는 데 도움이 되었습니다.”
“나의 갈등을 명확하게 알게 되었습니다.”
“종이 위에 그려진 것을 보는 것이 저를 그 상황으로부터 해방시켜주었습니다.”
“상대방과 대화를 나누는 것이 저에게는 특히 도움이 되었습니다.”

워크숍이 진행되는 동안 참가자들이 천국이 열리고 모든 진실과 빛이 쏟아져 나오는 엄청난 경험을 하는 것은 아니라고 덧붙이고 싶다. 갈등에 대처하는 것 자체가 고생이고 참가자는 기꺼이 고생을 감수할 준비가 되어 있어야 한다.

나는 일전에 중재전문가를 대상으로 ‘갈등의 선 긋기’를 강의했다. 중재자는 이미 뛰어난 듣기 기술을 갖추고 있고 다른 사람의 갈등을 다루는 일을 하지만 막상 스스로의 문제는 제대로 들여다볼 시간이 없다. 중재자에게 갈등에 관한 새로운 시선을 부여하는 점이 새로웠고 그들 또한 어떻게 갈등에 대처해야 하는지 깨닫게 되는 소중한 기회였다. 갈등해결 전문가로서 우리는 갈등에 대한 개인의 약점과 성과를 유념하여야 한다. 최근 들어 나는 워크숍이 청소년, 교회 집단, 예술가, 대학원생 그리고 일반 대중에게 효과적일 수 있다는 것을 알게 되었다. 사람들은 미술이나 갈등해결에 대한 호기심으로 워크숍을 신청한다. 워크숍을 통한 나의 목표는 참가자가 자신의 갈등에 관해 어느 정도의 이해와 통찰력을 얻는 것이다. 갈등에 대한 대화를 나누는 것은 개인적이고 상처받기 쉬운 활동이므로 나는 워크숍에서 안전과 비밀보장을 제공하려고 노력한다. 나는 지극히 사적인 참가자의 그림과 팀원 간의 진솔한 대화를 존중하며, 집단원들에게 직접적으로 그들이 겪고 있는 갈등을 노출하도록 요청하지 않는다.

'갈등의 선 긋기' 를 강의하며 내가 가장 흥미 있어 하는 것은 사람들이 스스로의 갈등을 마주할 만한 용기를 얻는 것을 볼 때이다. 참가자는 명확성을 얻고 갈등을 해결하기 위해 결단을 내리는 단계로 나아갈 수 있다. 상황을 개선할 만한 힘을 얻었을 때 사람들은 자신감과 자기확신 그리고 궁극적으로 서로에게 이득이 될 만한 해결책을 찾게 된다. 스스로 갈등을 해결할 수 있는 능력을 얻는 것은 매우 강력하다. 이 방법은 전통적인 갈등 대처법(예 : 권위자가 결정하거나, 갈등을 회피하거나 혹은 사람들 간의 다툼)보다 덜 계급적이고 더욱 상호의존적이다. 나는 이러한 방법을 사회적 상호작용에 적용할 필요가 있다고 생각한다. 비폭력적 갈등해결은 개인적, 지역적, 범국가적 차원에서 중요하다. 우리가 개인적 갈등에서부터 시작하지 않는다면 범국가적 범위에서 성공할 수 없을 것이다.

갈등의 선 긋기와 중재의 유사성

나는 중재전문가로 하여금 갈등해결 관점을 통해서 바라볼 수 있도록 한다. '갈등의 선 긋기'가 중재자에게 회의 중에 논쟁자에게 주는 이득과 동일한 이득을 준다는 것을 알았을 때 나는 매우 기뻤다. 다음은 중재와 갈등의 선 긋기에서 공통적으로 나타나는 이점의 일부이다. 각 문장은 워크숍 참가자의 코멘트에서 발췌하였다.

중립적이고 비심판적인 공간

"그리기는 비심판적인 시선을 허락합니다."

백지와 크레파스 세트를 마주 앉아 있을 때 아무도 당신을 평가하지도, 옳고 그름을 따지지도, 무엇을 강요하지도 않는다. 다음은 중재의 주 원칙이다. 중재자는 비판이 허용되지 않는 중립적 공간을 마련한다. 이로써 참가자가 곰곰이 생각하고 자유롭게 있는 그대로 이야기할 수 있게 된다.

명확성과 혼란 최소화하기

"나의 갈등과 마주하게 되었습니다."
"나의 갈등의 역사를 볼 수 있도록 도와주었습니다."
"세세한 부분에 좀 더 집중할 수 있게 해주었습니다."
"갈등의 심각성을 아는 데 도움이 되었습니다."

그림을 그리고 상황을 떠올릴수록 상대방의 입장을 이해하게 되었다. 중재자는 참가자들이 명쾌함을 갖게 하여 더욱더 현명하고 명료한 선택을 할 수 있게 하여야 한다.

다른 관점으로 바라보기

"객관적으로 내 자신을 돌아볼 수 있었습니다."

"다른 시각을 갖게 되었습니다."

"타인의 관점에서 볼 수 있었습니다."

갈등을 그림으로 그리고 생각해보며 사람들은 자신이 그린 그림을 관찰하게 된다. 이는 현재 참가자가 겪고 있는 문제와 문제 당사자를 분리하는 중재의 또 다른 주요 수단이다. 갈등은 더 이상 감당할 수 없는 무언가가 아니라 해결해야 하는 한정적 문제가 된다. 또한 일부 참가자는 그들과 갈등관계에 있는 상대방이 상황을 어떻게 바라보는지에 대해 이해하게 된다. 예를 들어, 제러미는 상사와 겪은 갈등에 대한 그림을 그렸다. 그림 속의 상사를 보며 제러미는 상사 역시 부서의 상사로부터 스트레스를 받고 있으며 이 점이 제러미와 상사의 관계에 영향을 미쳤다는 것을 알게 되었다.

결정권 얻기

"우선순위를 정하고 주안점을 좁히는 데 도움이 되었습니다."

"갇혀 있던 내가 문을 열 수 있도록 변화시켜주었습니다."

"나도 선택할 수 있고, 갈등을 떠나보내는 선택을 할 수 있다는 것을 깨달았습니다."

"그림을 그리는 것이 문제를 해결할 수 있도록 도와주었고 이제 저는 앞으로 나아갈 수 있습니다."

"무언가를 하고 싶다는 열의를 가지게 되었습니다."

"그림을 통해 성취감을 느꼈고 갈등을 해결할 수 있는 힘을 얻었습니다. 문제를 해결하기 위한 방법으로 사용할 수 있을 것 같습니다."

참가자는 중재의 과정에서 나눈 대화를 되짚어보고 이를 수용하거나 거절할 수 있다. 참가자는 생각, 아이디어, 선택을 받아들이거나 거절할 수 있는 '양자택일'의 선택권을 갖는다. 갈등의 선 긋기에서도 마찬가지로 참가자는 그림과 상대방의 의견에 귀 기울이고 더 깊이 생각해보는 것을 선택할 수 있다.

감정의 시간

"감정(애정, 화)을 표현할 수 있어서 좋았습니다."

"스트레스 완화제 같았습니다."

"죄책감을 느끼지 않고 갈등과 마주해도 괜찮다는 것을 깨닫게 해주었습니다."

"종이 위에 내 감정을 나타내며 정서적인 충만감을 느꼈습니다. 한 걸음 물러서서 중립적 관찰자로 갈등을 바라보고 극복할 수 있었습니다. 그림은 제가 침착할 수 있도록 도와주었고 그로 인해 저는 갈등과 마주할 수 있었습니다."

나는 감정표현을 허용하고 적극 권장한다. 그리기 훈련을 할 때 참가자들로 하여금 무엇을 그릴 것인지, 무슨 색을 사용할 것인지, 무엇을 어떻게 표현할 것인지 천천히 생각해보도록 한다. 참가자에게 감정을 표현할 시간을 주고 함께 앉아서 온전한 인격으로서 격려와 칭찬을 해줄 수 있다. 감정을 받아들이고 이해하면 우리는 이성적 사고를 할 수 있다. 이 모든 것이 효과적 문제해결에 도움이 된다.

모든 중재자와 중재가 감정표현을 갈등해결 과정의 일부로 용납하는 것은 아니다. 중재자로서 나는 나의 일에 있어 자신의 감정을 인정하는 것이 중요하다고 믿는다. 여러 뇌 연구 결과 감정은 의사결정과 인생의 방향 설정에 있어 매우 중요하다. 실제로 감정적(화, 좌절, 슬픔 등) 신호를 통해 갈등의 존재 가능성을 제일 먼저 인식하게 된다.

중재와 갈등의 선 긋기의 마지막 유사점도 언급하도록 하겠다. 참가자는 강압에 의해서가 아니라 자발적으로 참여한다. 그들은 갈등을 해결할 수 있을 거라는 믿음을 가지고 참여한다. 갈등에 대처하겠다는 결정, 즉 워크숍 참가자 또한 해결할 수 있는 통찰력을 얻을 것이라는 희망을 가지고 종이 위에 그들의 딜레마를 기꺼이 표현한다.

나는 중재와 갈등의 선 긋기가 매우 유사하다고 믿지만 큰 차이점도 있다. 가장 두드러진 차이는 중재에서는 갈등의 쌍방이 참석해야 한다. 양쪽이 상대방의 경험에 대해 직접 듣고 함께 문제해결을 위한 대안을 마련한다. 혼자서 그린 그림으로 중재를 이끌 수 있다는 의미는 아니다. 그림 그리기는 갈등을 살펴보는 또 다른 방식이다.

그리기를 통한 발견

나는 미술치료사 Frances Kaplan(제5장의 저자이자 이 책의 편저자)과 함께 갈등해결 그리기를 포함한 4회기의 워크숍을 여러 차례 진행하였다. 워크숍은 '그리기를 통한 발견 : 갈등과 갈등해결에 관한 이해' 라고 이름 지었으며 감정 살피기, 타인의 관점 고려하기 등의 주제를 포함했다. 워크숍은 일반인을 대상으로 진행되었다. 그리기 훈련과 워크숍의 일반적 순서는 다음과 같다(협의, 능동적 듣기와 같이 그리기 훈련이 아닌 순서도 있지만 여기서는 다루지 않을 것이다).

감정

워크숍의 첫 번째 회기는 감정에 초점을 둔다. 이성적 사고가 높이 평가받던 데카르트("나는 생각한다. 고로 나는 존재한다.") 시대의 감정은 형이상학 체계의 중요도에서 최하위층으로 밀려났다. 감정은 길을 막는 장애물같이 하찮은 것으로 전락했고 부적절하다고 간주되었다. 다행스럽게도 최근 뇌와 심리에 관한 과학적 연구가 의사결정과 인성에 있어 감정의 본질적 중요성을 알려준다. Daniel Goleman의 저서 EQ 감성지능(한창호 역, 2008)은 인간 감정의 중요성에 대해 말한다. 인간의 뇌는 우리가 갈등을 경험할 때 이성이 아닌 감정적 반응을 가장 먼저 작동시킨다.

우리는 생각하기도 전에 분노, 화, 실망, 두려움 등의 감정을 경험한다. 예를 들어, 직장 동료가 중요한 회의에 나를 참석시키지 않아 속상하다고 가정해보자. 만약 (감정적으로) 기분이 나쁘지 않았다면 갈등이 촉발되지 않았을 것이다. 감정은 갈등의 열쇠이다.

많은 사람들이 자신의 감정을 파악하고 대응하는 데 어려움을 겪는다. 갈등감정 그리기(Bellard & Baldoquin, 1996, p. 72)는 자신의 감정을 파악하고 타인을 통해 감정을 배우며 갈등상황에서 감정을 조절하는 방법을 살펴보는 데 도움이 된다. 우선 집단 전원에게 갈등을 겪을 때 떠오르는 감정을 말해보라고 한다. 진행자는 이를 기록한다. 응답을 살펴보면 대개 화, 불안, 두려움, 슬픔 등의 감정이 포함된다. 마지막으로 서너 사람이 한 조가 되어 언급된 감정 중에 하나를 선택해 그려보게 한다. 집단원들은 처음에 사람의 형상 하나를 크게 그리고 그 위에 갈등의 감정이 어떻게 느껴지는지 표현한다.

갈등 감정 그리기

서너 사람이 한 조가 되어 큰 종이 위에 사람의 형상을 하나 그립니다. 그리고 몸 안에 갈등의 감정이 어떻게 드러날 수 있는지 형상 위에 그립니다. 조원들과 상의하여 '감정에 압도되지 않기 위한 10가지 방법'을 생각해봅니다. 그림을 그리고 남은 여백에 이 10가지를 적습니다.

워크숍에 참여한 어떤 조는 분노 그리기를 선택했다. 인물의 오른편으로 빨강, 오렌지색의 불꽃이 삐죽삐죽하게 피어오른다. 머리 위로는 연기가 피어오른다. 두 볼은 빨갛고 목에는 팽팽한 빨간 선이 그어져 있다. 양손은 주먹을 꽉 쥐고 있었다. 검은색의 심장은 정사각형으로 막혀 있고, 복부는 숨막히는 답답함을 상징하듯 녹색, 검정색, 빨강색으로 한데 뒤엉켜 있다. 모든 참가자가 그림을 완성시킨 후 그림을 설명하게 한다. 이는 일반적으로 감정에 관한 계몽적인 활동이다. 모든 참가자는 여러 감정에 대해 곰곰이 생각해보고 타인을 통해 학습하게 된다.

다음 훈련 단계는 참가자들이 이러한 감정을 다루는 방법을 습득하도록 한다. 참가자들에게 분노를 느끼게 되는 10가지 요소를 브레인스토밍하라고 한다. 브레인스토밍은 항상 교육적이다. 이 훈련으로 (1) 사람들은 스스로 감정을 조절하는 법을 배울 수 있고, (2) 다양한 방법을 시도해

샘플

분노 조절하기

- 산책
- 자연과 함께하기
- 깊이 숨 쉬기
- 목욕
- 친구와 대화
- 운동
- 음악감상
- 요가
- 애완동물 쓰다듬기
- 그림 그리기

볼 수 있다.

당신의 피난처

첫 번째로 참가자가 안전하고 편안한 장소를 떠올리도록 돕는다. 고요하고 행복한 장소를 상상하며 참가자는 눈을 감고 안전한 장소를 마음에 그릴 수 있게 한다. 참가자가 떠올린 장소에 머물며 기억을 회상하도록 충분한 시간을 제공하고, 일정 시간이 지나면 눈을 떠 기록하고 싶은 어떤 방식으로든 그 장소를 재현해보라고 한다. 많은 사람들이 야외 풍경(예 : 해변가, 형형색색의 정원, 언덕 꼭대기)을 그린다. 우리는 참가자가 그린 그림을 간직하게 하고 그들이 떠올린 장소의 편안함과 안전함을 느끼고 싶을 때마다 그 그림을 보라고 권한다. 이는 참가자가 격한 감정을 다스리는 또 다른 방식이 된다.

'나는' 선언문 만화

워크숍의 두 번째 회기는 소통에 중점을 둔다. 시범과 연습을 통한 능동적 듣기를 가르쳐주고 효과적인 말하기 도구로 '나는' 선언문에 대해서 알려준다. 개인의 기분과 필요에 대해 이야기할 때 우리는 매우 솔직하고 덜 위협적이다. 갈등상황에서 "~해야 합니다." 또는 "~절대 하지 마세요."라고 대화를 시작하는 것보다 "나는~"으로 시작하는 문장이 훨씬 더 효과적이다. 그리기 과제는 갈등에 직면한 등장인물에게 효과적인 '나는' 선언문이 적힌 말풍선을 그리는 것이다. 이는 참가자가 갈등해결의 첫 번째 단계를 생각하고 종이 위에 표현할 수 있도록 돕는다. 만화 형식이기 때문에 가볍고 덜 위협적이다.

'나는' 선언문

나는 ________________ 때 ________________ 기분이 들었습니다.
(추가사항) 그리고 나는 ____________________ 필요합니다.

관점

갈등을 겪을 때 사람들은 터널과 같이 좁은 시야를 갖는 경향이 있다. 즉 나는 옳고 저들이 틀렸다/나쁘다/어리석다고 생각한다. 현실적으로 갈등은 대개 두 가지의 관점을 지닌다. 오해가 있었거나(오전 7시 30분? 이런, 나는 오후 7시 30분이라고 말한 줄 알았지!) 깊이 뿌리박힌 가치관을 바탕으로 전혀 다른 추측을 했을 수도 있다. 나는 백인 여성이 라틴계 이웃집 남성에게 밤 11시 이후에는 음악을 꺼달라고 물어보려 했을 때를 기억한다. 이웃집 남자는 맥주를 들고 와서 그녀를 파티에 초대했다. 멕시코에서는 다들 그렇게 한다고 했다.

관점에 관한 주제는 '그리기를 통한 발견' 워크숍의 세 번째 회기에서 다루어진다. 참가자에게 개인적인 갈등관계에 있는 상대방의 관점을 그려보라고 하기 전에 사람들은 대부분 항상 좋은 동기를 가지고 행동한다는 점을 설명한다. 사람들은 각자의 경험, 가치관, 필요, 가정과 같이 전적으로 개인적인 사고를 바탕으로 한 좋은 취지로 행동한다. 물론 우리가 한 사람의 생각의 바탕을 전부 알지는 못하지만 그/그녀의 관점에서는

상대방은 갈등을 어떻게 바라볼까?

잠시 시간을 갖고 당신과 갈등을 겪고 있는 상대방이 어떻게 갈등을 바라볼지 생각해보세요. 상대방이 원하는 것은 무엇입니까? 상대방에게 필요한 것은 무엇입니까? 상대방의 가치관은 무엇입니까? 상대방에게 무엇이 중요합니까?

어떠했는지 그려보려고 노력해야 한다. 상대방이 선의로 그랬다는 것을 가정해볼 때 우리는 그 사람이 왜 그러한 행동을 취했는지 긍정적인 의도를 생각해보게 된다.

지나는 가족모임에서 갈등을 겪고 있는 올케의 관점에서 생각해보기를 주저했다. 그녀는 제일 먼저 안경을 그리기 시작했다. 지나는 올케를 빈 공간에 홀로 고립된 모습으로 그렸다. 빨간색의 '금지' 사인과 내민 혀를 막고 있는 손은 지나가 분노의 소통을 원치 않는다는 것을 나타냈다. 그러나 지나의 올케는 새 옷을 사고 여행을 가는 등 그녀 자신을 치장하는 것을 좋아했고 빨강과 검정으로 그릴 법한 부분을 독특하게 녹색으로 표현하며 올케가 자신을 질투한다고 해석했다(그림 6.3 참조).

타인의 관점에서 갈등상황을 그려볼 때 우리가 전적으로 틀렸을 수도 있다. 그렇지만 가능한 타인의 관점에서 그리기는 갈등에 대한 통찰력을 더해줄 수 있다.

관심사 대 입장

'관심사 대 입장'의 개념은 갈등해결에 있어 중요하다. 네 번째 회기에서 나는 빙산 그림으로 '관심사 대 입장'의 개념을 설명한다(그림 6.4 참조). 빙산에서 육안으로 보이는 부분은 전체의 일각에 불과하다는 사안을 설명하기 위해 사용한다. 갈등을 통해 드러나는 사안은 당신이 쉽게 말할 수 있는 문제이다. 이웃집의 울타리용 조경수가 자라서 당신의 집 경계를 넘어오는 일을 예로 들어보자. 당신의 '입장'에서는 짜증 나는 일이다. 이웃집에게 "울타리용 조경수를 다듬지 않고 뭐하는 거야!"라는 당신의 입장은 빙산의 일각이다. 그러나 갈등을 해결해나갈 때 더욱 도움이 되는 것은 '관심사' 또는 '입장' 밑에 숨겨진 무언가이다. 당신의 '관심사'는

그림 6.3 지나의 그림(사진 : Richard Fung)

다음과 같은 질문에 답을 줄 수 있다. 이것이 나에게 왜 중요한가? 이것이 나에게 어떤 의미가 있는가? 특정한 해결책으로 얻을 수 있는 이점은 무엇인가?

만약 당신이 이웃의 울타리용 조경수가 신경 쓰인다고 가정해보자. 당신은 왜 이웃이 울타리를 다듬었으면 할까? 혹은 이웃이 울타리를 다듬는다는 것은 당신에게 어떤 의미가 있는가? 당신의 정원 옆에 이웃의 조경용 울타리가 지저분해 보이고 미美는 당신에게 중요한 가치이다. 울타리용 조경수에 도둑이 숨어들 수 있고 안전은 당신에게 최우선순위이다.

그림 6.4 관심사 대 입장 : 빙산(사진 : Richard Fung)

울타리가 인도의 시야를 가로막아 집 진입로에서 차를 빼다가 지나가는 행인을 칠 뻔했던 일 때문일 수도 있다. 관심사를 알기 위해서는 당신의 필요, 욕구, 가치관을 알아야 한다.

갈등 개념의 이해를 돕기 위해 나는 갈등에 처한 상황을 설정하고 참가자에게 갈등의 원인을 생각해보라고 한다. 〈그림 6.4〉는 장성한 아들과 어머니의 전화통화에서 불거진 갈등이다. 어머니의 입장은 "아들은 매주 일요일 저녁마다 내게 전화를 해야 해!"이다. 참가자가 다양한 의견을 나열하면 나는 빙산을 상징하는 아이콘을 그린다. 지갑은 어머니가 아들에게 전화할 만한 형편이 안 된다는 것을 의미하고, 멀리 떨어져 있는 막대 사람 그림은 외로움을 나타낸다. 양손으로 감싼 하트모양은 아들을 향한 어머니의 사랑을 표현하고, 격자창은 어머니가 양로원에 갇힌 죄수같이 느낀다는 것을 상징한다. 시계는 어머니가 생각하기에 아들이 너무 바빠서 통화할 수 있는 시간이 일요일 저녁뿐이라는 것을 의미한다. 관심사의 이해는 입장의 요구보다 더욱 쉽게 해결책을 찾을 수 있기에 중요하다.

만약 어머니의 관심사가 외로움이라면 다른 사람들과 함께하는 활동을 찾는 것이 하나의 해결책이 될 수 있다. 만약 어머니가 아들과의 소통에 관심이 있다면 아들은 이를 이해하고 어머니와 더 자주 연락하는 방법을 찾아볼 수 있을 것이다.

참가자에게 특정한 갈등 뒤에 놓인 개인의 관심사를 그려보게 한다. 진짜 관심사를 파악하게 되면 이를 충족하기 위한 보다 쉬운 방법을 찾을 수 있다. 또한 참가자에게 종종 타인의 관심사에 대해서도 그림을 그려보게 할 수 있다. 이를 위해 참가자가 자신의 관심사는 잠시 접어두고 다른 사람의 입장과 욕구를 기꺼이 고려해야 한다. 어떤 사람들은 이 훈련을 굉장히 어려워한다. 갈등을 겪는 당사자는 상대방의 관점을 받아들이는 데 시간이 걸린다. 입장과 관심사는 중재전문가에게마저 이해하기 쉽지 않은 개념이다. 빙산의 그림을 통한 비유는 중재자를 교육하는 데 있어 도움이 된다.

갈등상황에서 당신의 관심사를 그리세요

당신의 갈등을 곰곰이 생각해보세요. 무엇을 원하고 필요로 합니까? 그리고 그것이 당신에게 왜 중요합니까? 당신의 관심(들)을 그려보세요.

적용

나는 워크숍 참가자에게 그리기 훈련을 워크숍 이외의 상황에서 어떻게 적용할 수 있을지에 대해 생각해보도록 권한다. 갈등을 겪고 있거나 내 자신에 대해 확신이 안 설 때 차분히 앉아서 그림을 그리는 것은 큰 도움이 된다. 최근 화가 난 이유를 모른 채 거실을 서성거리는 나를 발견했다.

종이 한 장과 크레파스 한 세트를 펼쳐놓고 손에 잡히는 색으로 어떠한 형태를 그려나갔다. 10분쯤 후 다 그렸다고 생각하여 크레파스를 내려놓고 내가 그린 그림을 바라보았다. 거꾸로 뒤집어도 보고, 옆으로 돌려도 보며 무엇을 그렸는지 살펴보았다. 아무렇게나 그린 선과 색에서 임신한 여성, 수많은 나선, 빨간색과 보라색으로 빛나는 전구, 이 모든 것을 둘러싼 파란색 테두리가 보였다. 그림은 분명한 형태를 갖추고 있었지만 미완의 상태로 머물러 있었고 나는 이것을 내 감정에 대입해보았다. 파란색 테두리와 임산부의 이미지는 출산 예정일이 다가오고 있는 현 상황에서 이러한 반응이 다분히 정상일 수 있다는 위안을 주었다. 이해를 하고 나니 더 이상 화가 나지 않았고 오히려 간절함과 기대감이 생겼다. 어떠한 일이 일어날지 몰랐지만 새롭고 즐거운 모험이 될 것이다.

4주 과정 워크숍에 참여한 한 참가자는 룸메이트들에게 '갈등의 선 긋기' 의 개념을 성공적으로 소개했다고 이야기해주었다. '샘' 은 룸메이트들이 언쟁하고 있는 그림을 냉장고에 붙였다고 말했다. 샘은 룸메이트에게 그 그림을 어떻게 생각하는지 그리라고 했고 이는 토의로 이어져 설거지, 마당 관리, 차에 대한 공통된 이해로 마무리되었다. 청소년을 대상으로 근무하는 많은 참가자가 갈등의 선 긋기 아이디어를 그들의 프로그램에 추가했다. 청소년은 성인들과 달리 그리기에 대한 거부감이 없다. 한 사회복지사는 말수가 적은 12세 아이와 소통의 장을 열게 되었다고 말했다.

그 외의 미술 사용

위에서 설명한 워크숍 외에도 각기 다른 세 상황에서 시각적 형태의 이미지를 사용한다. 이는 (1) 중재자 교육, (2) 집단, (3) 중재의 시간이다.

중재자 교육

나는 매년 중재자를 교육한다. 갈등에 관한 다양한 생각을 소개하기 위해 교육생에게 '갈등' 이라는 단어를 들었을 때의 반응을 그려보라고 한다. 그리기에 대한 거부감을 줄이기 위해 크레파스가 사용된다. 언제나 그렇듯 나는 교육생에게 비판을 떨쳐버리고 다섯 살 아이같이 자유로이 그림을 그릴 것을 권한다. 그림은 항상 다르다. 어떤 사람은 빨간색, 검정색, 갈색을 주로 사용해 삐죽삐죽한 선을 그리는가 하면 어떤 사람은 종이 전체를 색으로 채운다. 또 어떤 이는 슬프고 고독한 얼굴로 종이 한 장을 가득 메우는가 하면 다른 이는 개인적으로나 국제적으로 구체적인 갈등을 그린다. 한두 점의 그림은 성장과 발전으로 이어질 수 있는 갈등의 이점을 암시한다.

'갈등' 을 그리세요

'갈등' 이라는 단어를 곰곰이 생각해보세요. 그리고 갈등에 대한 당신의 반응을 그려보세요.

그림 그리기를 마치고 나면, 교육생은 두 사람이 한 조를 이루어 그림에 대한 대화를 나눈다. 갈등의 선 긋기 워크숍과 마찬가지로 두 사람이 짝을 이루어 대화를 나눌 때 개인적 반응에 대한 보다 진솔한 대화를 나눌 수 있다. 참가자는 서로의 반응을 공유하고 다수가 어려워하는 주제에 대한 의견을 나눈다. 교육생이 직접 그린 그림 이외에도 나는 입장과 관심사를 묘사하는 빙산의 이미지를 사용한다.

집단

집단을 대상으로 강의를 하거나 워크숍을 진행할 때 참가자들에게 "우리가 직면하고 있는 문제는 무엇인가?"라는 질문을 제시하기 위해 시각적 자료를 사용할 수 있다. 대부분의 촉진자facilitator는 서면으로 글 위주의 플립차트를 사용한다. 나는 능률적인 강의를 위해 강의자료 안에 그림을 추가하는 것을 좋아한다. 노란색, 빨간색으로 빛나는 밝은 해 그림의 환영 메시지는 사람들의 마음에 들게끔 한다. 집단원이 직접 참여하여 그림을 그리는 것은 아니지만 매우 유용하다. 나는 각각의 안건 옆에 아이콘을 사용한다. '공지' 옆에는 메가폰을, 브레인스토밍을 통해 나온 아이디어 옆에는 전구를, 점심시간 옆에는 연기가 모락모락 나는 수프 한 그릇을 그린다. 워크숍 참가자들은 "흥미로운 시간을 보내겠구나." 하고 생각한다. 사람들은 내게 "무슨 일이 벌어질지 몰랐지만 참여하고 싶었습니다."라는 피드백을 주었다.

만약 몇 차례에 걸쳐 연속적으로 진행되는 집단이라면, 나는 아이콘이나 워크숍 진행 방식을 묘사한 지도를 사용할 것이다. 나는 한 기업의 부서를 대상으로 한 구조조정에 참여한 적이 있다. 진행과정에 대한 계획을 세우기 위해 첫 번째 만남을 가진 이후 나는 길이가 3.5m에 달하는 차트를 만들었다. 왼쪽에서 오른쪽으로 읽는 이 차트에는 대책위원회(원탁을 둘러싼 인물상), 대책위원회의 현재 상황 평가('효율', '비효율'이 적힌 투표용지), 브레인스토밍(뇌와 전구), 추천서 초안(글이 적힌 종이와 시안), 직원 대상 설문조사(투표용지), 수정안 작성(지우개 달린 연필), 최종 계획안 제출(정식 서류를 상징하는 두루마리)의 내용을 담고 있다. 각각의 색을 사용하여 집단을 구분하였다. 대책위원회는 보라색, 지원팀은 빨간색, 경영팀은 녹색으로 칠하였다. 화살표로 단계의 흐름을 표시하였다. 대책위원회와의 협의 이후 추가해야 할 사항이 생겼다. 예를 들면, 진행 시간이 단축돼 알람시계를 추가로 그려 넣었다. 시각자료는 모두가 현재 위치, 목적, 관련 인물, 목표 달성 방법을 볼 수 있게 도와준다. 차트 하단에는 시각표를 그려 넣어 매달 목표가 달성했는지 알 수 있도록 하였다.

중재의 시간

많은 사람들이 내게 중재과정에 내담자에게 그리기 방법을 적용하는지 묻는다. 우리 사회에서 성인들이 그림을 그리는 일은 흔한 것이 아니기 때문에 나는 이 낯설고 위협적인 방식을 중재과정에 도입하지 않는다("뭐라고요? 저 그림 못 그립니다!"). 하지만 대부분의 성인은 지도를 그리는 것을 꺼리지 않는다. 만약 이웃 간의 언쟁을 중재해야 한다면 나는 당사자들에게 지도를 그리라고 할 것이다. "제가 상황을 이해할 수 있게 도와주세요. 집과 집 주변을 그림으로 그려주시겠습니까?"

그러면 사람들은 집, 경계선, 정원 수풀 혹은 문제가 되는 것이 무엇이든 그림으로 그려낸다. 만약 상대방이 지도를 보지 않거나 정확하다고 동의하지 않는다면 나는 상대방에게 지도를 수정해달라고 할 것이다. 지도에 대한 양측의 동의를 얻는 것이 중재의 첫 번째 단계이다. 탁자 위에 지도를 펼쳐놓으면 이제 문제는 종이라는 한정된 범주 안에 있다. 따라서 문제의 해결이 용이해진다. 지도 그리기는 이웃 간의 문제를 해결하는 데 있어 유용한 방법이다.

청소년의 경우 그림을 그리고 그들의 고민을 표현하는 데 거리낌이 없다. 16세 청소년을 대상으로 갈등의 선 긋기 워크숍을 진행했을 때 아이들은 주저하지 않았다. 가정폭력과 같이 매우 예민한 문제를 그림으로 표현하는 데 있어서도 상당히 편안해하였다. 10대 청소년들과 그들 부모 사이의 분쟁을 다루는 중재자 중 일부는 두툼한 방습지와 각양각색의 사인펜을 테이블 위에 한가득 펼쳐놓는다. 참가자는 펜을 골라 마음껏 낙서할 수 있다. 중재자가 낙서에 관한 대화를 참가자들과 나누어야 비로소 낙서는 분쟁에 대한 깊은 통찰력을 갖는다.

집단 갈등상황을 중재할 때 참가자 전원이 각자의 관점에서 사건을 어떻게 바라보는가 하는 질문을 시작으로 중재를 흥미롭게 풀어나갈 수 있다. 이는 다양한 관점을 끌어낼 수 있는 탁월한 접근 방식이다. 모든 그림을 나열하여 참가자 전원이 볼 수 있다. 자신을 배의 선장으로 묘사한 어떤 부서의 최고 담당자는 그녀의 부하직원이 최고 담당자를 모험심 가득한 해적으로 그린 것을 알았을 때 깜짝 놀라며 당황스러워하였다.

결론

나의 '그리기를 통한 갈등 살펴보기'가 개인적 그리고 전문가적으로 많은 장점을 가지고 있으며 깊은 통찰력을 제공할 수 있다는 것을 알게 되었다. 갈등에 관한 그림을 직접 그려보는 사람은 자신과 주변 상황 그리고 타인에 대한 이해심을 갖게 된다. 논쟁자들 사이에서 대화를 열기 위해 그리기가 사용될 수도 있다. 더욱이 집단의 경우 그리기는 집단원 간의 협력을 도모하며 주안점, 명확성, 방향성을 제공한다. 개인은 서로 간의 갈등을 직접 해결하며 의지, 자신감, 자기결정권 그리고 긍정적인 상호의존성을 갖게 된다. 나는 이러한 점들이 건강한 지역사회 건설에 있어 중요한 자산이라 믿는다. 그리고 나는 사람들에게 다섯 살 아이처럼 즐겁고 신나게 그림을 그리라고 주문한다. 그림 그리기는 사회변화를 촉진할 수 있는 즐거운 방법이다!

참고문헌

Bellard, J. and Baldoquin, H.G. (1996) *Face to Face: Resolving Conflict without Giving In or Giving Up.* Washington, DC: National Association for Community Mediation.

Goleman, D. (1995) *Emotional Intelligence.* New York: Bantam Books.

Liebmann, M. (1993) "Art and Conflict Resolution." Workshop presented at the National Conference for Peacemaking and Conflict Resolution, Portland, OR, May.

Liebmann, M. (1996) "Giving It Form: Exploring Conflict Through Art." In M. Liebmann (ed.) *Arts Approaches to Conflict.* London: Jessica Kingsley Publishers.

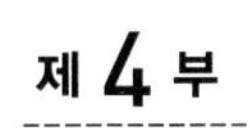

분노 및 공격성과 마주하기

분노조절 집단 미술치료 제7장

Marian Liebmann

도입

나는 몇 년간 정신보건 분야에 몸을 담기 전에 보호감호소에서 보호감호원으로 근무했다. 재직기간 동안 나는 폭력적 성향의 성인 남성 재소자를 위한 분노조절 집단 프로그램의 진행을 도왔다. 프로그램 초반에는 재소자들이 자발적으로 참여하기도 했지만, 주로 법정명령하에 강제적으로 참여하였다. 종종 미술치료를 진행하는 데 애를 먹었으나 가끔 나오는 '성공사례' 를 통해 나는 이 프로그램에 참여한 보람을 느꼈다. 지역사회 자선단체에서 주는 작은 도움을 제외하고는 지원이 부족하였지만 내가 하는 일은 굉장히 보람 있는 일이었다.

미술치료사로서 첫발을 디뎠을 때 나는 '분노를 표출하게 내버려두라' 는, 분노를 표출할 수 있기에 좋은 일반적인 치료 철학을 지지했다. 이것은 표현하기 어려워하였던 나의 경험에 부합된 것이었다. 그러나 폭력적인 범죄자들을 대면할 때 직면하게 되는 그들이 한 행동은 전체의 관념에 이의를 제기하게 한다. 극심한 상처와 훼손이 많은 경우 분노를 표출을 하는 데 거리낌이 없는 사람들이 있다. 나는 이 모델에 관해 다시 한 번

이성적으로 생각하고 옹호가 필요하다는 것을 느꼈다. 폭력적인 범죄자들이 다른 사람들에게 모든 걸 표출하지 않게 하며, 그들을 '다시 돌아올 수 있게' 하는 어려운 상황을 효과적으로 대처할 수 있도록 도움을 주는 직업이 있다. 보호관찰 분노조절 집단은 범죄자들의 폭력성을 염두에 두고 그들이 새로운 단계로 발전할 수 있게 그들의 잠재적 행동양식에 따라 행동한다(Novaco, 1975, 1986; Novaco, Ramm & Black, 2000).

내가 정신보건 분야로 이직했을 때는 모든 직원이 성난 환자들을 상대하기 벅차하는 모습을 보였다. 일주일에 한 번 정도는 자신의 요구가 만족되지 않은 불안하고 성난 환자들이 대기실 유리창을 내려치기도 하였다. 분노조절 집단치료가 필요해 보였다. 미술치료사로 일하는 지금, 나에게는 장황한 육성 언어로 이루어진 프로그램 대신 내담자에게 깊은 경험을 주는 미술재료라는 부대적인 도구가 있다.

다음은 미술치료가 분노조절에 어떻게 적용될 수 있는지 나열한 것이다.

1. 자신이 왜 화가 나는지 말로 분명히 설명하지 못하는 사람들에게 도움을 준다.
2. 미술작품을 만드는 과정은 참가자들을 진정시키고, 그들이 주변 상황을 돌아볼 수 있도록 한다.
3. 미술작품을 함께 공유하는 것은 사람들로 하여금 다른 사람들과 공유하는 것이 있다고 느끼게 해주어 고립감을 벗어나게 한다.
4. 미술은 즐거우면서 어떠한 문제에 접근할 때 덜 위협적이다.
5. 미술작품을 제작함으로써 집단은 그들의 분노를 다른 이에게 '연출'하거나 그들의 분노를 그들 자신이 '표현'(육성언어 기반의 심리

치료에서는 종종 이 두 가지를 동시에 수행하기 어렵다)함으로써 두 가지를 모두 가능하게 한다.

나는 언어로 분노를 조절하는 집단으로부터 미술치료의 주요 아이디어를 차용해서 10주간의 분노조절 집단 미술치료를 발전시켰다. 나는 참가자들을 위해 미술치료의 목적과 방식을 유인물로 설명하였다. 프로그램 구성은 다음과 같다.

1. 자기소개하기와 기본 규칙 정하기
2. 긴장완화와 유도심상 기법
3. 분노란 무엇인가
4. 분노의 신체적 증상 — 분노는 좋은가, 나쁜가
5. 분노에 내재되어 있는 것은 무엇인가
6. 초기 가족관계
7. 분노와 갈등
8. 감정과 자기주장, '나' 메시지
9. 그림 평가
10. 집단 그림과 마무리

나는 분노를 보다 안전하게 표현할 수 있도록 특히 집단을 구성하는 것에 중점을 두어 체계적인 기본 원칙 몇 가지를 나열하였다. 안전한 환경을 설정하기 위해 참가자들에게 분노에 대한 이해를 돕는 다양한 정보들과 각각의 회기 마지막에 분노의 감정을 극복할 수 있는 구체적인 방식 등의 정보를 알려주는 것 역시 긴장완화에 중요하다. 다양한 방식의 긴장완화법 적용과 심상적 미술표현이 미술치료가 실시되는 동안 적용될 수 있도록 회기 구성이 이루어졌다. 그 후에 각각 회기의 마무리는 참가자들이 학습한 긴장완화법을 연습하고 적용할 수 있도록 하였다. 다음은 각각의 회기에 대한 주요 주제이다.

1. 긴장완화법 1 — 근육완화
2. 긴장완화법 2 — 표현 예술 심상
3. 긴장완화법 3 — 긴장과 완화
4. 분노의 장점과 단점, 분노조절 방법
5. 자신과 타인의 분노 인지
6. 근본적 분노감정
7. 초기 가족 패턴
8. 혼잣말의 장점과 단점
9. 자기주장

어떤 참가자들은 긴장완화법이 도움이 되었으나 어떤 참가자들은 그렇지 않았다고 하였다. 어떤 내담자들은 집단 미술치료가 종결된 후 담당 사회복지사를 통해 유인물을 받고 싶어 했다.

집단

10주 집단은 프로그램의 적합성 여부를 알기 위한 사전 개인 면담과 사후 면담으로 이루어졌으며 매주 아침마다 2시간씩 Inner City Mental Health Service 미술치료실에서 진행되었다. 나의 보조 치료사는 정신과 간호사이자 법의학 건강병동에서 분노조절 집단을 운영하고 있는 남성 직원이었다.

미술치료 집단은 참가자 자신이 어떠한 방식으로 분노를 조절하는지를 돌아보게 하며 그 결과 그들이 자신과 타인에게 폭력적이지 않다는 것을 알리는 기회였다. 각각의 회기는 편안한 분위기에서 그림을 그리고 공유한다. 집단원들은 모든 회기에 참석해야만 한다. 집단은 6~8명의 내담자와 2명의 치료사, 보조 치료사로 구성되었다.

참가자

특정한 때 두 사람 중 한 사람의 정신과 의사에게 '매우 분노한 내담자'라서 표출의 시간이 필요하다는 진단을 받는 집단이 생겼다. 이들은 소집되어 서비스 사용 관계자인 내부 도시 정신 건강 서비스 와 두 곳의 근접한 정신질환센터로 위탁되었다.

정신과 전문의, 임상심리학자, 미술치료사(저자), 지역 복지관의 정신과 간호사, 작업치료사, 지역 사회복지사, 노숙인 팀과 지역 병원으로부터 총 17건의 치료의뢰를 받았다. 치료의뢰 내담자 중 7명은 사전심사에서 제외되었다. 이들 중 2명은 사전심사에는 합격했으나 집단치료에 나타나지 않았고 3명은 이 모임이 굉장히 힘들다는 것을 알고는 초반에 중도 탈퇴하였다. 우리는 집단을 방해한 젊은 남성 한 사람에게 떠날 것을 요청하였다. 최종 선발된 네 사람 중에 두 사람은 10번의 회기를 참석했고, 한 사람은 8번의 회기를 참석하였으며(스티브는 법원출석으로 8번만 참여), 한 사람은 5번 참석하였다.

성별 차이로 문제가 발생하였다. 해당 집단은 4명의 남성과 4명의 여성으로 구성되었으나 이후 3명의 남성과 1명의 여성(5회기 참여)으로 마감했다. 그녀는 결국 집단 참여를 중지하였으나 그녀의 담당 상담치료사는 그녀의 심중을 편지로 쓰도록 설득했다. 그녀의 편지 내용은 다음과 같다.

> 이 모임이 다른 몇몇의 남성지향적 성격의 모임처럼 원래 그런 사람들이라 도울 수 없다는 걸 이해한다. 이 모임이 나에게 적합한 모임이었을지라도 어찌 되었든 나는 주변만 맴돌 뿐이었다. 그것이 바뀐다고 기대할 수 없지만, 설령 그렇다 하더라도 그곳에서 겪은 부정적인 경험 때문에 나는 이 분노조절 강의에 참가하고 싶지 않다.

우리는 이 편지를 집단에게 읽어 주고 나서 그녀를 다시 초대하는 편지를 썼다. 그녀는 다시 돌아와서 어떤 생각이었는지를 말하면서, '진행 시간' 에 관련한 보다 엄격한 경계가 도움이 될 것이라고, 즉 각자가 얘기할 수 있도록 균등한 시간을 배정하는 것이 도움이 될 것이라고 제안했다.

집단을 결성한 8명에 의한 집단 결성 전 자기 평가에서 표출된 분노 관련 문제는 다음과 같았다(각 항목에 상응하는 숫자가 괄호 안에 주어져 있다).

1. 일이 어긋나면 화가 나고 화를 참을 수 없다. (4)
2. 상황에 따라 스트레스를 받고 흥분을 많이 하며 분노하게 된다. (4)
3. 지나치게 반응하고 열을 받아 뒤집어진다. (4)
4. 타인에게 폭력적이다(여성 포함). (3)
5. 문과 창문을 가격한다. (3)
6. 언어폭력을 가한다. (3)

7. 타인을 해칠 생각을 한다. (3)
8. 자해/분노가 내면화되어 있다.
9. 가족 문제를 해결하지 못한다. (3)
10. 분노를 부정적인 방법으로 표출한다. (2)
11. 분한 감정을 축적한다. (2)
12. 항시 경계 상태에 있다. (2)
13. 진정할 수 없다. (1)

스티브

집단의 전개는 각 회기별로 일반적 관점과 스티브라는 특정 집단 참가자를 살펴보며 진행될 것이다. 스티브는 32세이다. 그는 정신과 전문의의 의뢰로 집단에 참여하게 되었다. 그는 11년간 정체된 대인관계(아들 포함)로 인한 우울증으로 지난 3년간 정신과 전문의를 찾았고 또한 그의 파트너에게 생긴 새로운 파트너에게 공격을 당했으며 그 결과로 120바늘이나 꿰매게 되었다. 그는 만성 우울증을 앓고 있었으며 오랫동안 항우울제를 복용하였다.

스티브는 청소년 무렵부터 음주와 분노에 관한 문제를 가지고 있었다. 그는 학교에 다닐 자격을 상실하여 학교를 자퇴했고, 네 차례 교소도에 수감되었으며, 수많은 음주운전 경력과 강도와 폭력 전과를 가지고 있었다. 가끔 그는 '이성을 잃었을 때' 무슨 일이 일어났는지 기억하지 못했고 자신이 칼을 이용할 만큼 폭력적이라는 사실을 인정했다. 만약 여성이 그에게 잘못을 저지른다면 그 즉시 여자를 남자에게 하듯 폭행했다. 그는 자신에게 분노에 관한 문제가 있다고 생각했지만 감옥에서의 교육은 그를 도와주기보다는 더욱 화를 돋우게 만든다며 싫어하였다. 그래서 그는 조심스레 집단을 탈퇴하였고 미술치료에 관해서는 회의적이었다.

스티브는 사전 인터뷰에 참석하여 분노에 대한 평가양식(그가 말한 것을 쓰는 나의 도움으로)을 작성하고, 분노에 관해 그가 가지고 있는 문제점을 나열하여 이를 1~5(5가 최고점)로 엄격하게 채점하였다.

1. 나는 폭력적인 행동을 하고 그 후에 내가 왜 그랬는지 또는 무슨 일이 일어났었는지 기억하지 못한다. 타당한 이유는 없다. 항우울제 프로작prozac이 문제에 도움을 주었다. (4)
2. 폭력은 여성과의 관계에서(나는 그들에게 폭력을 가하고 싶진 않다.) 자주 일어나는 일은 아니지만 남자를 때릴 때보다 더욱 심하다. (3)
3. 나는 대부분의 시간 동안 정말 과민반응하고 뒤집어엎는다. (4.5)
4. 나는 구두폭력과 욕설 등을 사용한다. (5)
5. 나는 항상 내 신변을 보호한다. (5)

두 번째 조항은 그에게 어떤 부분에서 변하고 싶은지를 물은 것이다.

1. 나는 좀 더 침착해지고 싶다.
2. 나는 공격적이고 폭력적이지 않은 방법으로 논쟁하고 내 요점을 짚어내고 싶다.
3. 나는 삐뚤어진 시선과 욕설 등을 다른 방법으로 바로잡고 싶다.

집단에 참여하는 그의 목표는 '침착한 사람이 되는 것'이다.

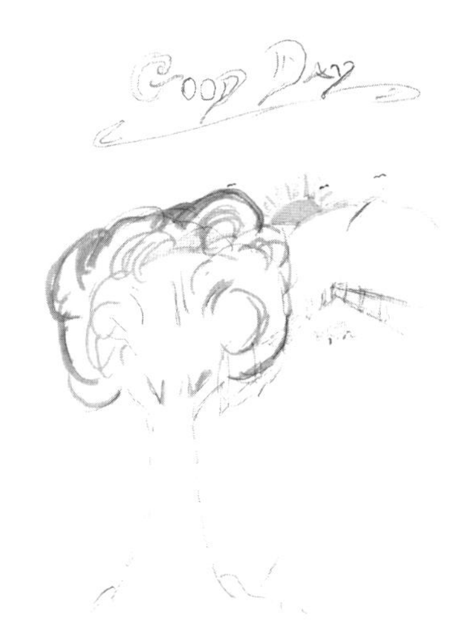

그림 7.1 '나쁜 날'과 '좋은 날'

진행

1회기 : 자기소개하기와 기본 규칙 정하기

첫 번째 회기는 보다 열린 토론과 집단의 친화를 돕기 위한 소개 및 기본 규칙에 관한 것이다. 불안감이 팽배한 가운데 집단은 안정을 찾았고 스티브는 자신이 다른 한 사람과 몇 가지 공통적인 문제가 있음을 알았다. 둘 다 자신의 신변을 보호해야 한다고 느끼며 자신의 12세, 13세 아들들에게 좋은 본보기가 되고 싶어 하였다.

회기 초반에 스티브는 상당히 불안해하였지만 금세 잘 적응하고 다른 사람에게도 협조적이었다. 집단에서 본인을 소개하는 그림의 왼쪽에는 '나쁜 날'을, 오른쪽에는 '좋은 날'을 그렸다(그림 7.1 참조). 나쁜 날에는 검정색과 빨간색 옷을 입은 스티브가 기둥에 묶여 이를 악물고 충혈된 눈을 부릅뜨며 주먹을 꼭 쥐고 있다. 좋은 날에서는 푸른 나무와 빛나는 태양 그리고 평야에 방목된 양들이 있다.

그림 7.2 평화로운 장소/묘지

첫 번째 회기에서 그의 그림 대부분은 연필과 두껍거나 얇은 펠트 펜을 사용하였다. 첫 번째 회기인 만큼 우리는 참가자들에게 어떠한 질문도 하지 않고 미술재료의 사용을 시작할 수 있게 도움을 주는 데 주력했다.

2회기 : 긴장완화와 유도심상 기법

이번 회기는 모든 부수적 회기의 마지막 부분에서 시행할 단기 긴장완화를 위한 기초를 습득하는 긴장완화 및 유도심상을 가르치는 데 초점을 맞추었다. 참가자들은 천천히 물리적 휴식과 숨 쉬기 연습을 수행한 후 그들이 안전하다고 느끼는 평온한 장소를 상상한다. 이것은 집단 구성원이 스트레스를 받을 때 마음의 평화를 찾는 '안전한 장소'를 얻게 해준다.

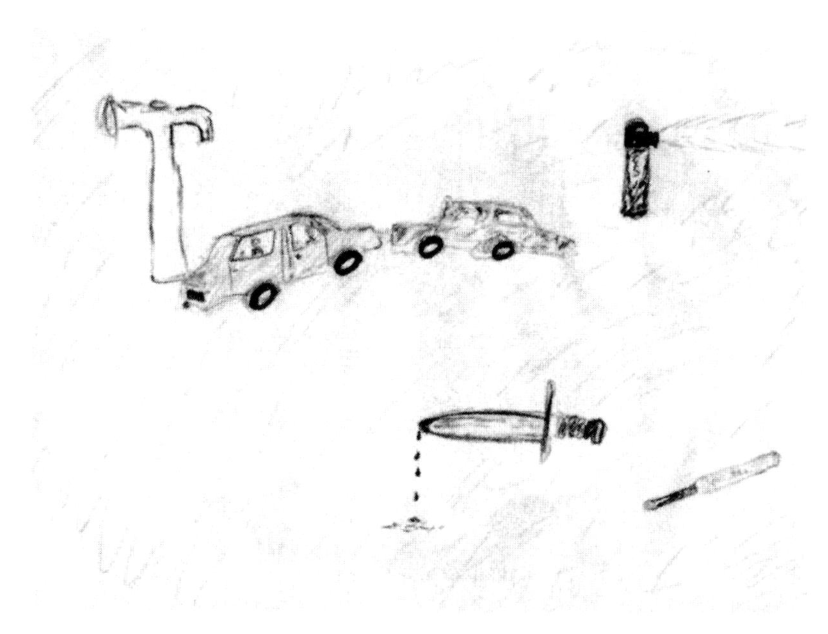

그림 7.3 '분노=폭력'

참가자 중 어떤 이들은 후에 안전한 장소를 일기에 기록하기도 하였다.

스티브의 경우 그가 평온해지고 자신의 신변보호를 위해 경계를 풀 수 있는 유일한 장소는 공동묘지였다. 그는 스트레스를 받을 때 공동묘지에 간다. 그가 그린 그림은 이러하다(그림 7.2 참조).

3회기 : 분노란 무엇인가

이번 회기에서 참가자들은 그들이 화가 났을 때를 그려보고 이야기의 공유를 시도했다. 이는 폭력이 유일한 답이라고 생각하는 남성들 사이에서 논쟁을 불러일으켰다. 비록 그 남성들 사이에서의 문제이긴 하지만 이는 여성 참가자들의 소외를 야기시키는 회기가 될 수도 있다.

스티브의 그림(그림 7.3 참조)은 매우 사실적이었다. 큰 망치라든가 그가 싫어하는 누군가의 차를 일부러 들이받는 그의 차, 최루가스 스프레이, 피가 뚝뚝 떨어지는 칼과 야구 방망이 등 일부는 그가 폭력행사 시에 사용하는 연장들이 그려졌다. 그는 '분노=폭력'이라는 제목을 붙였다. 그는 한 술집에서 폭언이 오가는 사건에 휘말렸었는데 술집을 떠나 집으로 갔다가 그냥 지나칠 수 없어서 다시 칼을 들고 술집으로 돌아왔었다.

4회기 : 분노의 신체적 증상 – 분노는 좋은가, 나쁜가

이번 회기에서는 분노가 일어날 때 몸에 드러나는 신체적 증상이 포함된 회기로 모두가 같은 그림으로 증상을 그렸다. 스티브는 첫 번째 회기에서처럼 째려보며 주먹을 쥔 모습을 그렸다. 그 결과로 그의 험악한 귀신 같은 모습은 극적인 분노의 효과를 보여주며 참가자들로 하여금 자신과 다른 이들의 분노를 생각해볼 수 있는 기회를 주었다.

'분노 – 과연 좋은가, 나쁜가'는 사람들로 하여금 분노가 그들의 가족과 능력을 보호하는 장점이 있다는 것을 깨닫게 한다. 이번 주제에 대한 스티브의 그림은 그가 최근에 폭행과 관련하여 법정에 섰던 사례를 보여준다. 그는 법정선고를 모면하게 되자 매우 안도했다. 그는 향후 집단치료를 포함한 정신과 의사의 진료를 받는다는 조건하에 2년간의 집행유예를 선고받았다. '분노=범죄'라고 제목을 붙인 이번 그림(그림 7.4 참조)은 다시 한 번 스티브가 분노와 폭력의 사상과 얼마나 연계되어 있는지 보여준다. 우측 상단에 그는 도화선에 불이 붙은 폭탄이 폭발하고 파괴되는 그림을 그렸다. 하단의 그림은 그가 다른 사람으로부터 윽박지름을 당할 때 느끼는 '혼란스럽고 머릿속이 뒤죽박죽이며 폭력적이고 방어적인' 감정 및 심장이 요동치고 몸이 부르르 떨리는 모습을 표현했다.

그림 7.4 '분노=범죄'

5회기 : 분노에 내재되어 있는 것은 무엇인가

6회기 : 초기 가족관계

이 두 회기는 감성에 관한 것이다. 집단원들은 다른 사람의 감정에 내재되어 있는 분노-슬픔 내지는 나약한 모습들을 찾아내는 것과 그것을 표현하는 것을 어려워하였다. 가족 패턴에 관한 6번째 회기 또한 마찬가지로 동일했다.

스티브는 이 두 회기에 모두 참가하지 않았다. 5번째 회기에서는 참가를 못하게 되어 유감이라는 점을 전달했고 6번째 회기에서는 보호감찰관이 그가 법원에 출두해야 한다고 알려주었다. 우리는 최악의 상황이 두려웠지만 이는 다른 법원에서 처리해야 한다는 이전 법원의 판결이 있기 전에 발생한 범죄라는 사실이 알려졌다.

그림 7.5 긍정적 이미지와 부정적 이미지

7 회기 : 분노와 갈등

이번 회기는 사람들의 머릿속의 긍정적이거나 부정적인 메시지를 검토하는 것으로 정신건강 체계와 성별 역할에 대한 토론으로 이어졌다. 스티브의 그림은 토론에 상당한 초점을 맞추었다(그림 7.5 참조). 그는 그가 배운 '깨물지 않음' 과 얼마나 침착한 상태를 유지할 수 있는지 그리기를 원했다. 그림은 스티브가 오른편의 파트너와 함께 소파에 누워 있는 모습을 나타낸다.

1. 화를 내다(오른쪽) : "하지 마. 안 그럼 난 미칠 거야.", "입 닥쳐. 안

그림 내가 네 입을 틀어막을 테니.", "꺼져."

2. 진정하다(왼쪽) : "저 여자 참 안됐다.", "가자.", "그냥 무시해야지."
3. 형세를 역전시키다(위쪽): "네가 다른 곳에 있는 척해.", "흘려들어.", "그녀를 잊어.", "웃어.", "떠나."

스티브는 세 번째 조항이 가장 효과적이라 생각했다. 그는 명확하게 다른 전략을 찾으려고 노력했다. 그 후에 집단의 누군가가 그에게 소파에 누워 아무것도 하지 않기 때문에 그의 파트너가 잔소리를 하는 게 아니냐고 물었다. 그가 대답하길, "너의 할 일을 남에게 미루지 말고 스스로 하여라." 그는 여성에게 모성애를 유도했다. 그러나 집단의 다른 사람들과 확인한 바로는 장보기, 요리, 다림질 등 그들이 해야 하는 집안일을 당연하게 여겼다. 이것은 생기 있는 대화로 이끌었다.

8회기 : 감정과 자기주장

자기주장에 관한 이번 회기에서는 작품의 초점을 '진정한 당신' 에 두었다. 이는 회기의 한 사건에 속한 세 사람의 30년 전 단 한차례 있었던 희귀한 경험을 보여주는 '내 스스로를 좋게 생각했던 시기' 의 초기 단계이다. 다시 한 번 말하지만 이번은 감정적인 회기이다.

초기 단계에서 스티브는 '여자를 유혹' 할 때만 자신에 대해 좋은 감정이 생긴다고 말했다. 그는 초반에는 온전한 자신을 그리기 어려워하였으나 파스텔을 선택하더니(그가 처음 사용한 재료) 곧 심취하였다. 그의 아들과 풋볼을 하는 그림을 그렸다(그림 7.6 참조). 그는 '평화' 라는 단어를 적었다. '어울림' , '행복' 을 하단에 적었다. 이번 그림은 그가 최초로 완성한 그림이었다.

그림 7.6 평화/조화/행복

또한 그림에서(왼쪽 상단) 위로 올라가는 1만 파운드의 짐은 구름과 '분노', '스트레스'와 '상처'라는 단어에 에워싸였다. 스티브는 이것들이 그를 들어 올린 것이라고 느꼈다. 그는 이렇게 말했다.

> 표면적으로 나는 가끔 이 모임이 나에게 해준 것이 그다지 없다고 생각했지만, 이 집단에 잠재적으로 참여한 이후로 나는 쉽게 화를 내지 않게 됐다. 이것은 반드시 해야만 했던 모임이다.

그는 자신의 과도한 신변보호를 줄일 수 있었으며 항상 싸울 태세로 가슴에 숨이 차서 돌아다니지 않게 되었고 이는 조용한 도시로 옮겨온 것과

그림 7.7 분노와 평화

관련이 있다고 말했다. 그는 다른 집단원들에게도 회기 중에 화가 단단히 난 사람에게조차 굉장히 협조적인 모습을 보였다.

9회기 : 그림 평가

이번 회기는 지난 회기에서 그린 그림을 검토하고 그림에서 중요한 부분을 요약해보는 시간이다. 스티브의 그림은 그가 생애 처음으로 그린 것이라는 점에서(그림 7.7 참조) 또 다른 새로운 시도였다. 그는 갈색의 큰 십자가와 더 큰 노란 태양 위에 난 풀을 그렸다. 이것은 죽은 친구의 무덤을 상징했다. 스티브는 매달 무덤을 방문해 그곳에서 평온하고 안전한 느낌을 받았다. 그는 오른쪽 상단에 나무와 하늘을 그리고 '평화'라는 문구를 넣고 '휴식/예술'을 그림의 주요 부분으로 첨가하였다. 그가 말하길 그의 집이 이사를 가고 그의 집행유예가 시작되는 시기가 되자 더욱 평화로운 느낌이라고 말했다.

그러나 그는 여전히 훗날 치명적인 문제를 일으킬 가능성이 충분했다. 왼쪽 상단 가장자리에는 피가 뚝뚝 떨어지는 칼과 퓨즈에 불이 붙은 폭탄과 난간 뒤에 서 있는 자신을 그렸다(그림 7.3과 7.4 참조). 그는 '일반' 사람들과 배운 기술을 사용할 수 있었지만, 문제가 닥치면 '낡은' 전략을 사용했다. 그에게는 분명 많은 진전이 있었지만 여전히 갈 길이 멀었다.

10회기 : 집단 그림과 마무리

그간의 것들을 마무리 짓는 마지막 회기는 '선물' 에 관한 단체 연습으로 모두가 다른 사람의 상자나 바구니에 비유적인 선물을 그리는 것이다. 한 사람은 거의 눈물을 흘릴 정도로 감명받아 선물을 소중하게 움켜잡고 집으로 가져갔다.

스티브는 그의 선물을 위한 바구니를 그렸다. 집단의 일원에게 맥주 한 잔과 (그와 교환한) 장식도구를 받았다. 정신과 전문의에게 환한 전방의 도로(*Clear Road Ahead*)라는 자기이해 도서와 아들을 위한 문제없는 미래(*Trouble Free Future*)라는 책을 받았다. 스티브는 그의 전반적 삶에 비추어봤을 때 자신의 아들이 일반적이고 바르게 행동하는 것을 행운이라고 여겼다. 그는 자신의 그림을 집으로 가져가는 것보다 지역 정신건강팀에 놔두길 원했다.

평가

집단의 평가는 몇 가지 방법으로 이루어졌다.

1. 진행 중인 코멘트를 위한 '집단 책'(이번에는 1인 1경우에만 사용)
2. 참가자들의 집단에 대한 시선을 담은 후기 집단 평가서
3. 개인 참가자들의 진행과 학습을 위한 전/후 집단 자기평가서
4. 각 개인의 집단 경험 평가를 돕고 전문가들의 지속적인 역할 수행으로 학습이 업무에 적용되고 통합될 수 있는지 알아보기 위한 후기 집단 인터뷰

스티브의 평가

스티브는 후기 집단 인터뷰에 그의 보호감찰관과 함께 참여했다. 그는 긴장완화(휴식) 측면에서 매우 유용했다고 말했다. 그는 오랜 시간 문제를 일으키지 않았다는 사실에 놀라워했다. 그는 집단으로 미술심리치료를 한다는 사실이 매우 이상하지만 괜찮았다는 것과 이로 인해 그가 변할 수 있음에 더욱 마음을 열 수 있게 도왔다고 인정했다. 앞서 말했듯 스티브는 아직 갈 길이 멀기에 그와 그의 보호감찰관은 더 많은 토론을 계획했다. 그는 금주를 하기 위해 노력했는데 이는 또 다른 기여요인이었다.

평가서에 기재된 스티브의 코멘트는 다음과 같다.

1. 나는 집단활동을 매우 즐겼다.
2. 그것은 나에게 굉장히 많은 혜택을 주었다.
3. 전반적으로 내가 가장 좋았던 부분은 새 아이디어를 듣고 다른 사람의 감정을 듣는 일이었다.
4. 가장 좋아하지 않았던 부분은 시작 시간이 나에게 좀 이른 편이었다.
5. 집단활동은 나에게 안 좋은 상황을 어떻게 극복하는지 배울 수 있게 도와주었다.

6. 나는 집단활동을 즐겼지만 내가 문제를 일으키기 이전에 도움을 받았으면 훨씬 좋았을 것이다.

그는 후기 집단 개인평가서를 다음과 같이 작성했다(첫 번째 번호는 그의 초기 집단 평가를, 두 번째 번호는 그의 후기 집단 평가를 나타낸다).

1. 나는 폭력적인 행동을 하고 그 후에 내가 왜 그랬는지 또는 무슨 일이 일어났는지 기억하지 못한다. 타당한 이유는 없다. 항우울제 프로작이 문제에 도움을 주었다.(4, 2)
2. 폭력은 여성과의 관계에서(나는 그들에게 폭력을 가하고 싶진 않다.) 자주 일어나는 일은 아니지만 남자를 때릴 때보다 더욱 심하다. (3, 2)
3. 나는 대부분의 시간 동안 정말 과민반응하고 뒤집어엎는다. (4.5, 2)
4. 나는 구두폭력과 욕설 등을 사용한다. (5, 1)
5. 나는 항상 내 신변을 보호한다. (5, 3)

이걸 보고 알 수 있듯이 스티브의 평가가 전체 점수 11.5점으로 덜 심각한 방향으로 전환되었다. 그는 '침착하고 빨리 진정하기'와 '바보 같은 일에 폭력적으로 대응하지 않으려고 노력하기'를 배웠다고 말했다. 그는 자신이 목표로 하는 더 침착한 사람에 '꽤' 도달했다고 느꼈다.

다른 집단 구성원들

참가자 A

그는 집단모임을 어려워했으나 매주 출석했다. 그의 초기 그림들은 한 가지 색의 펠트펜을 이용한 아웃라인 드로잉뿐이었으나 회기가 진행될수록 더 많은 색을 사용하여 좀 더 창의적인 그림을 그렸다. 그는 엄청난 수다쟁이로 어떤 상황에서는 말을 멈출 수 없었다. 처음에는 침착하기가 매우 어려웠으나 나중에는 굉장히 많이 적응한 모습을 보였다. 그는 자기 자신이 남들과 다르다는 사실을 받아들이고 필요할 때 '그들을 구분' 하며 부인과도 잘 지냈다. 그 결과 그는 덜 위협적이고 침착해졌으며 마음을 열게 되었다. 그는 분노를 덜 위협적인 다른 방법으로 조절할 수도 있게 되었다. 다른 사람들이 그의 변화를 눈치챘다. 마지막에는 이것이 그가 처음으로 끝까지 함께한 모임이고 자신은 침착해졌으며 그림이 매우 유용했다고 말했다. 그는 처음에는 문제를 일으켰지만 마지막에는 '목에 걸린 덩어리' 가 사라졌음을 인정하였다. 그는 자신처럼 어린 자식이 있고 분노 문제를 해결하는 데 집중한 스티브와 공감대를 형성했다.

참가자 B

그는 자신의 분노를 수년간 내면화시켜온 사람이었다. 그는 미술활동이 그에게 '말로 표현할 수 없는 표현' 을 도와주는 데 매우 유용했으며 그의 입양가족에 관련된 분노와 고통을 소통할 수 있는 다리가 되었다고 느꼈다. 때때로 그의 감정은 너무 과하여 어떤 미술활동에는 참석하지 못할 때도 있었다. 그러나 다른 구성원들이 그를 도왔고, 집단활동 마지막인 선물 훈련에서 다른 사람에게 받은 선물은 특히나 그를 감동시켰다.

참가자 C

그녀는 모임을 완결 지은 유일한 여성이며 총 5번의 회기에 참여하였다. 그녀는 미술창작을 즐거워하였다. 그녀는 매우 창의적이고 상상력이 풍부한 사람이었다. 그녀는 남성이 주도하는 어떤 대화에서는 빠지기도 하였으나 이내 집단으로 돌아와 그녀의 시각에서 이야기를 잘하였다. 그녀는 사후 평가를 통해 자신의 미술활동 패턴을 일깨우는 데 도움이 되었다는 걸 알았고 공간을 만드는 데 단지 반응하는 것이 아니라 상황을 이해하는 법을 알았다.

결론

분노조절 미술치료 집단은 단지 소수의 의뢰인이 그들의 분노를 조절하고 그들 자신을 표현하는 함축적인 변화를 돕는 수단으로 보여지는 듯하다. 미술활동과 긴장완화 둘 다 집단활동을 돕고 인간관계를 형성하는 부분에 있어 중요한 요소이다.

스티브는 집단에 적응을 잘하고 다른 이에게도 협조적인 편이었다. 그의 첫 번째 그림은 '분노=폭력' 이라는 그림으로 그의 삶에서 알 수 있듯이 상당히 폭력적으로 묘사되었다. 그는 집단에 속한 다른 사람과 공감대를 형성했는데 둘 다 12~13세 또래의 아들을 두었고 둘 다 남자로서 연약함을 인정하는 것이 불가능하다고 느꼈다. 그는 긴장완화와 미술활동이 예상과 달리 유용했고 즐거웠으며 나중에는 집단에 참여하는 동안 쉽게 이성을 잃지 않고 문제를 일으키지 않았다는 사실에 놀라워했다. 그의 후기 그림은 덜 폭력적이고 더 평온했으며 더 실험적인 재료를 선택하여 작품을 완성했다. 그는 집단활동이 시간낭비라고 생각했지만 그렇지 않았다는 점을 인정했다. 그에게는 분명 많은 진전이 있었지만 여전히 갈 길은 멀었다.

다른 참가자 또한 집단활동을 통해 각기 다른 수준의 도움을 받았다. 게다가 나의 조력자는 이 집단모임이 흥미롭고 고무적이며 '훨씬 악화되고 심한 언어폭력 조절 집단과는 완전히 다른 경험' 임을 알게 되었고 비록 모든 사람이 집단에 부합하진 않았지만(어떤 사람들은 중도 포기했고 한 여성은 비판을 초래했다.) 코스를 끝마친 사람들은 상당히 짧은 시간에 주목할 만한 변화를 맞이했다.

우리가 사는 이 세상에 분노하는 사람의 수는 점점 늘어나고 있으며 상대적으로 짧은 시간에 의미 있는 변화를 만들어낼 수 있는 뚜렷한 작업이 필요하다. 스티브가 앞서 거론한 것을 요약하면 다음과 같다. "나는 집단활동이 즐거웠지만 내가 문제를 일으키기 전에 먼저 도움을 받았다면 좋았을 것이다."

참고문헌

Novaco, R.W. (1975) *Anger Control: The Development and Evaluation of an Experimental Treatment.* Lexington, MA: D.C. Heath.

Novaco, R.W. (1986) "Anger as a Clinical and Social Problem." In R. Blanchard and C. Blanchard (eds) *Advances in the Study of Aggression,* Vol II. New York: Academic Press.

Novaco, R.W., Ramm, M. and Black, L. (2000) "Anger Treatment with Offenders." In C. Hollin (ed.) *Handbook of Offender Assessment and Treatment.* London: John Wiley and Sons.

제8장

상징적 상호작용과 폭력성 그리고 미술치료

David E. Gussak

도입

1987년 캘리포니아 정신병원에서 인지행동치료 전문가로 근무하고 있을 무렵 나는 릭이라고 하는 15세의 히스패닉계 남자아이를 만난 적이 있다. 그는 비록 작은 체구임에도 자신 있고 당당해 보였다. 릭은 행동화 문제와 조직폭력 범죄 전력이 있었다. 그는 폭력적인 성향으로 가족에 의해 입원 조치된 상황이었다. 릭은 자신이 병동에 입원한 환자뿐만 아니라 직원들보다도 강하다고 믿었다. 병동 내 같은 또래 환자들이나 직원들을 수시로 공격하는 등 문제를 일으키며 바람 잘 날 없는 일상이 반복되었다.

릭은 자신이 조직폭력배임을 자랑스러워했으며, 수시로 벽에 조직원의 이름으로 낙서하며 말썽을 부렸다. 낙서가 지워지면 화를 냈으며, 낙서를 지운 사람을 공격하기도 하였다. 이러한 행동은 자신이 조직폭력단원임을 분명히 하기 위한 것이었다. 낙서를 지우는 것은 자신이 존중받지 못한다는 의사표현으로 인식하였고, 용납할 수 없는 일이라며 분노하였다.

이와 유사한 몇몇 사건 이후 병동책임자의 허락하에 나는 릭과 마주 앉았다. 나는 릭에게 병원 규정을 재차 강조하였고 만약 미술치료에 참여하고 싶다면 조직폭력배를 주제로 그림을 그리고 싶을 때는 따로 준비된 공책에 그리도록 하고, 공책은 책상 서랍 안에 보관하기로 약속하였다. 또한 그림을 벽에 걸어놓지 않겠다고 약속하였다. 릭은 대략 7주 동안 흰 종이 위에 연필로 조용히 그림을 그리는 데 집중하였다. 각각의 그림은 꼼꼼히 완성되었다. 그동안 그린 그림들을 완성한 후 나는 조직원의 이름 대신 그들이 그를 뭐라고 부르는지 써보라고 제안하였다.

결국 내 제안을 받아들인 릭은 자신의 이름을 멋들어지게 완성하였고 자신의 창작물을 병실에 걸어놓고 자랑스러워하였다. 병동을 떠날 때 그는 직원들의 지시에 호응적인 태도를 보였으며, 이전보다 공격성이 호전되었다. 릭과의 시간은 내가 그를 수용하고 인정하는 태도를 보임으로써 상호작용할 수 있다는 중요한 교훈을 얻을 수 있었다. 결과적으로 릭은 자아개념이 강화된 동시에 사회적 규범에 부합되도록 그의 행동을 교정하였다. 그는 자신을 사회적인 맥락에서 존재한다고 보았으며 그의 공격적 성향은 완화되었다.

나는 이러한 일련의 경험을 통해 공격적이고 폭력적인 내담자를 위한 미술치료는 직접적 이득이 있다는 것을 알았다. 미술은 릭이 자신의 가치를 느끼게 하고, 상호작용의 수단이 되었으며, 잃어버렸던 자신의 정체성을 재발견하는 길이었다. 이후 나는 공격성 그리고 폭력성을 가진 많은 사람들과 대면하게 되었는데 릭은 나에게 창의적 가치가 분노와 공격성을 우회시키거나 재조정하는 의미로 적용될 수 있다는 것을 알려주었다. 지금은 많은 사람들이 적대적이고 폭력적이라고 간주하는 환경에서 미술치료 전문가로 일하고 있다.

공격성에 대한 다양한 이론적 관점

공격성에 대한 심리학적 관점

심리학은 어떤 이의 공격적 행동의 사유에 대한 심리적 설명을 부여한다. 프로이트는 공격성이란 '정신적 에너지'의 형상으로서 자기보존적 본능과 성적 본능을 합한 삶의 본능인 에로스와 공격적인 본능들로 구성되는 죽음의 본능인 타나토스의 대립이라고 하였다(Gay, 1989). Lorenz (1967)에 따르면 공격성은 동물과 유사한 반응이라고 한다. 전투적 본능의 에너지는 자연적으로 생성된다. 공격적 행위의 근원은 축적된 에너지의 갑작스러운 방출로 나타난다. 만약 에너지가 점차적으로 방출되지 않고, 통제불능인 상태로 프로이트가 '수리모형' hydraulic model에서 역설한 현상처럼 폭발할 수 있다.

Horney(1992, 초판인쇄 1945)는 공격성을 자기애적 상처에 반응하는 것이라고 하였다. Horney에 따르면 과대의식적 욕구 그리고 병리학 분노는 부모 역할 대상으로부터 사랑받거나 인정받지 못할 경우 나타난다고 한다. 이때 개인은 거짓자아를 보임으로써 자신을 이상화시키는 동시에 취약하게 만든다. 결과적으로 이러한 과정을 통해 자신의 보호받길 원하는 요구가 수용되지 못함으로써 결국 타인을 밀어내게 되고, 사랑받거나 인정받지 못해 분노감에 휩싸이게 된다. 겉보기에도 끝없이 순환되는 이 사슬은 지속적인 분노를 창출한다. 분노감은 결국 적대감 또는 폭력적인 표현의 창구를 통해 외부로 표출된다. Horney는 공격성이 신경증적인 욕구에 의한 권력, 사회 인식, 자아도취 그리고 성취감의 결과로 이루어진다는 이론도 제시하였다.

폭력적이고 적대적인 행동을 이해하는 인지적 접근에서는 분노가 위협을 감지한 인간의 초기 반응이라고 보는 관점에 이의를 제기한다(Beck, 1999). 인지심리학 이론가들은 사람이 고통받을 때 연쇄 반응이 시작된다고 주장한다. 이러한 고통스러운 느낌은 "내가 잘못 알았네." 같은 반응을 야기시켜 폭력적인 보복을 유도한다. 치료사에게 이러한 스트레스 반응은 폭력적인 행동의 사이클을 사전에 예방할 수 있는 중요한 단서이다.

> 우리는 주인공 역할을 하고 다른 연기자들은 조연과 적대자antago-nist 역할을 한다……. 우리의 자기중심적 성향은 타인이 어떠한 상황에 처할 때 우리와 같이 해석한다고 믿는다. 그들은 우리에게 상처를 주었음을 알고 있음에도 개의치 않고 해로운 행동을 계속하기 때문에 더욱 비난받아 마땅하다. '골이 깊은' 갈등에서 가해자는 자기중심적인 시각을 가지며, 상처와 분노 그리고 보복의 악순환의 무대가 펼쳐진다(Beck, 1999, p. 27).

이러한 심리학적 견해는 공격적이고 폭력적인 반응을 분석하는 데 사용되었다. 중요한 점은 프로이트의 관점과는 다르게 대부분의 심리학자들이 타인과의 상호작용은 실행되는 위치를 가지고 적극적인 반응을 영속시키는 데 있다는 입장을 취한다는 것이다. 즉 사회적 상호작용 그리고 상호작용의 과정을 해석함으로써 공격적이고 폭력적인 성향은 유지될 수 있다. 따라서 심리학 이론은 공격적인 성향을 설명하기에 충분해 보이며 사회학적 이론인 상징적 상호작용론은 공격적인 행동을 규명하는 것뿐만 아니라 공격적인 성향을 완화시키는 방법 또한 거론하고 있다.

공격성에 대한 사회적 관점 : 상징적 상호작용론

Phua는 '상징적 상호작용론은 사회적 행동양식' 이라고 말한다. 그러나 그는 이러한 '사회적 행동'의 의미는 사회적 변화를 추구하는 행동양식보다는 '사회적 상호작용'에 가깝다고 한다. 인간행동의 근원을 사회적 맥락으로 봤을 때, 상징적 상호작용론은 사회적 작용을 통해 인간의 행위는 교정이 가능하다고 시인한다. 그리고 상징적 상호작용론에서 상징은 '인간의 소통과정에서 주고받는 것'이다. 미술치료는 이러한 상징을 주고받음에 있어 적절한 개입 방식이다.

사회적 행위를 이해하기 위해 연구자들은 물론, 특히 사회학자들은 개인과 개인 간에 발생하는 상호작용을 주목한다. James(1918, 초판인쇄 1890)는 사회적 자아는 개인과 사회적 집단 간의 상호작용의 결과라고 말한다. Cooley(1964)는 사회적 환경과 개인은 상호의존적 관계에서 존재한다고 지적한다. Mead(1964)에 따르면 자아는 "사회적 경험 그리고 활동의 과정 …… 으로 타인에게 영향을 미친다고 한다(p. 199)."

의미는 사람들 사이의 상호작용에서 비롯된다(Blumer 1969). 그것은 사회적 맥락과 이 맥락 내에서 인간의 역할이 정의되는, 각자의 행동을 해석-재정의하는 지속적인 행동을 통해 형성된다. "자기 자신에 대한 표현을 함으로써 그리고 자신이 나타내는 것을 해석함으로써, 사람은 일련의 행동을 만들거나 종합해야 한다(p. 64)." 결국 사람들은 상호작용을 통하여 정의되므로 의미와 해석은 사회적 산물이다. 공격성과 폭력적 반응은 불만족스럽거나 오인된 상호작용의 해석으로부터 야기될 수 있다.

공격성과 폭력적 성향은 사회적 작용으로부터 나타난다. 만약 누군가 분노하면 타인 또는 자신에게 공격적이거나 폭력적으로 행동한다. 위에서 언급한 개념에 따르면 누군가에게 상호작용 거부는 결국 공격적인 반응으로 이어진다. 또한 공격성은 타인을 괴롭힘으로써 "자신이 갈망하는 사회적 그리고 자아 정체성"을 표식하는 행위이다(Anderson & Bushman, 2002, p. 31). Horney와 Beck의 공격성 이론과 유사하게 사회적 상호작용론자의 관점에서 공격성은 "주로 높은 자부심, 특히 부적절한 자부심에 위협을 가한 결과이다(Anderson & Bushman, 2002, p. 31)." 공격성은 사회적 상호작용이 반복됨으로써 영속될 수 있다.

공격적이고 폭력적인 행위의 근본성은 사회적으로 용납될 수 없기에 그러한 행위에 동조한 사람들은 일반적으로 사회이탈자로 낙인찍힌다(Becker, 1991, 초판인쇄 1963; Sagarin, 1975). 공격성은 사회적 상호작용을 통해 정의되며 개인은 공격적인 행동을 통해 동일시된다. 만약 누군가가 '공격적인 사람' 또는 '폭력적인 사람'으로 낙인찍힌다는 것은 사회적인 표식의 의미이다. Bartusch와 Matsueda(1996)는 청소년 비행을 설명하기에 역할수용과 낙인의 메커니즘이 유용하다고 여긴다. 비행 청소년들은 보모와 교사로부터 낙인찍힌다. 비행 청소년의 이러한 대중적 특성이 바뀌지 않는다면 폭력성은 계속될 수밖에 없을 것이다. 릭의 폭력적 성향은 릭의 폭력단원들에 의해 유지되며 지지된다. 병원 직원들은 릭의 행동에 상응하는 강한 반응을 보임으로써 릭의 정체성을 강화하게 된다.

Zimbardo 외(1973)는 사람들은 자신에게 역할과 표찰이 주어지면 공격적이고 지배적인 특성을 보일 수 있다고 말한다. 스탠퍼드대학교에서는 참가자 집단을 둘로 나누어 하나는 교도관 역할로, 또 다른 집단은 수감자 역할로 배정해 연구를 실시하였다. 연구의 목적은 다음과 같다.

> '수감자'는 자유, 인권, 독립성 그리고 사생활을 박탈당한 것을 이해하

> 여야 한다. 반면 '교도관'은 삶을 통제하고 관리하는 종속적인 능력에 책임이 있다(p. 38).

교도관에 의해 잠긴 심리학과 건물 지하에 수감자를 가둬놓고 지켜본 결과, 두 집단은 예측한 것보다 자신에게 주어진 역할을 너무 진지하게 수용하였기 때문에 연구는 계획보다 일찍 종결되었다. 본래의 정체성은 빠르게 변모되었다. 교도관 역할의 참가자들은 수감자에게 더욱더 공격적이었고, 수감자 역할의 참가자들은 온순한 척하였지만 교활한 방식으로 저항하였다. 이 실험을 통해 연구자들은 공격적인 행동이나 반응은 역할 취득과 표찰을 통해 드러난다는 것을 알게 되었다.

사회적 상호작용과 공격성 그리고 미술치료

사회적 상호작용을 함으로써 공격성은 정의되며 전파되고 유지된다. 이와 반대로 공격성은 사회적으로 상호작용함으로써 재조정되거나 완화될 수도 있다. 이것은 사람들의 재표찰이나 해로운 낙인 제거를 통해 새로운 행동과 정체성을 확인하고, 공격적이고 폭력적인 성향을 수정할 수 있도록 자신의 행동을 재정립하는 것이다. 미술치료사는 미술창작과정을 이용하여 적절한 상호작용이 발생하도록 도우며, 공격적 성향을 감소시킬 수 있다.

Blumer(1969)는 사회적 상호작용은 두 사람 사이에서 뿐만 아니라 사람과 오브제 사이에서도 일어날 수 있다고 말한다.

> 오브제의 본질은 그 자체가 아닌 태초 인간이 손을 거치며 그 역할이 부

> 어된다. 모든 종류의 오브제는 사회적 결과물로서 사회적 상호작용 과정을 통해 본래의 형태가 만들어진다(pp. 68-69).

오브제를 사용하고 공유하며 해석함으로써 오브제를 사용하는 행위 그리고 상호작용의 정의를 내릴 수 있다. 공격적 성향이 있는 내담자에게 미술재료가 주어졌을 때 상호작용 흐름의 각본이 시작된다. 미술재료 그리고 미술작품과 상호작용함으로써 개인은 재정의의 과정을 개시할 수 있다. 이를 통해 내담자-예술가 그리고 내담자-치료사 간의 관계가 성립된다.

이 둘은 공유된 매체를 통해 창조의 세계를 받아들이고 건설하고 유지할 수 있다(Becker, 1982). 내담자에게 미술매체를 사용하는 법을 알려주는 것은 이전에 성립된 적대적 정체성으로부터 독립된 새로운 자존감의 감각을 촉진한다.

종합하자면 미술치료는 분노와 공격성으로 이어질 수 있는 근심, 슬픔과 같은 부정적 감정을 표현할 수 있는 활로를 개척하고, 새로운 의미를 창조하고 공감하도록 하여 자아를 견고하게 다지는 것이다(Gussak, 1997, 2004; Gussak et al., 2003). 일반적으로 내담자의 창작품은 관찰자를 배려한 것이 아니다. 그러나 모든 작가들이 그렇듯 창작품은 관찰자에게 보여지기 위한 분명한 의도가 있다.

> 결정적으로 대부분의 사람들은 다른 사람의 반응을 예상하고 실행에 옮긴다. 이 점은 부분적이나마 예술가들이 작품창작 시 관람자의 정서적, 인지적인 반응을 계산한다는 것을 암시한다(Becker, 1982, p. 200).

예술가가 적대적인 주제의 이미지를 추구하는 것은 관객을 공격하려는 의도가 다분한 것이다. 그러나 미술은 충분히 그러한 의도의 표현을 용납한다. 그리고 치료사는 이러한 의도가 담긴 이미지를 사용하여 자기 수용감과 성취감을 촉매한다. 회기가 진행될수록 내담자는 자신의 이미지를 이해하게 되며 수용하게 된다. 내담자가 수용적인 감정에 휩싸인다면 이미지는 더욱 심층적이고 심도 있는 결과물로서 진화될 것이다.

사례

다음에 소개될 두 사례는 각기 다른 현장에서 만난 내담자에 대한 기록이다. 교도소 수감자 제이슨(가명)은 집단 미술치료에 참가하였다. 11세의 남자아이인 에릭(가명)은 외래 환자로 개인 미술치료를 받았다. 두 사례는 개인사와 수반되는 요구사항이 판이하게 달랐지만 공격성이라는 공통분모를 가지고 있다.

교도소 문화

제이슨의 사례를 소개하기에 앞서 교소도 문화에 대한 몇 가지 사항을 짚고 넘어가야 한다. 교도소에서 폭력성은 수감자 사이에서 용인되며 그에 따른 보상도 주어진다. 약자가 강자에게 이용당하는 환경에서 공격적이고 폭력적인 성향을 억제하려고 시도하는 것은 강한 저항을 야기한다. 수감자의 적대성과 폭력성은 일반적으로 자유, 통제의 상실, 극도의 경계 상태, 개인성의 부족, 그리고 정체성 상실로부터 나타난다(Gussak, 1997). 그들은 자신이 수감된 현실을 직시하고 있더라도 적대적인 자세를 취한다. 그러나 단순히 교도소 수감자와 대화를 나누는 것만으로는 그들의 적대적이고 공격적인 성향을 회유하기에 적합하지 않다. 미술치료는 남성 수감자에게 상당한 도움이 된다는 것이 이미 증명되었다(Gussak, 2004). 흥미롭게도 교도소와 같이 격리된 환경에서 수감자들은 예술적이고 창조적인 성향을 보인다(Gussak, 1997; Kornfeld, 1997; Ursprung, 1997). 미술은 공격적 충동을 승화시키고 회유시킨다(Dissanayake, 1992; Kramer, 1993; Rank, 1932). 미술치료에 참여한 재소자들은 분노와 공격성을 완화시켰다. 사회규범 이탈자들이라고 낙인찍힌 개인에게 미술은 표현의 수단이 될 수 있었다.

사례 : 제이슨

제이슨은 23세의 남성으로 일급 살인을 저지른 죄로 무기징역을 선고받은 수감자이다. 해병대 복무 당시 그는 바에서 술에 취해 싸움에 휘말려 상대방을 총으로 쏘고 감옥형을 선고받았다. 제이슨은 마르고 큰 키의 외형을 갖추었으며, 신나치주의자로 전신에 나치문양의 문신(스바스티카, SS 친위대 번개 표식, 쌍두 독수리)이 있었다. 머리에는 커다란 바퀴벌레 문신이 자리하고 있었다. 제이슨은 웃는 모습을 보인 적이 없었으며, 대화 중 비속어로 고춧가루를 뿌리곤 하였다. 그는 공격적이었으며 다른 문화권 수감자에게 특히 더 공격적인 성향을 보였다. 그는 공개적으로 '아리안족의 우월성'에 대한 자신의 믿음을 표현하는 데 서슴지 않았으며 아프리카계 미국인들과 자주 충돌하였다. 그는 수감 4년째 되는 해에 미술치료를 받게 되었다.

그는 타인을 신뢰하지 않았고 항상 권위에 도전하였지만 창작활동에는 적극적으로 참여하였다. 예상대로 그의 첫 미술치료 회기는 순탄치 않았다. 제이슨은 아프리카계 미국인 집단원들에게 적대적이었다. 아프리카계 미국인 집단원들은 그와의 충돌을 피하기 위해 그를 멀리하였으며 다른 집단원들도 마찬가지로 그를 피하였다.

제이슨은 집단 미술치료 첫 회기에서 미술치료사의 펜 자루를 움켜잡고 찌르는 듯한 행동을 보이며 폭력적인 성향을 숨기지 않았다. 그는 펜으로 타인의 목을 내리쳐 상처를 입힐 수 있다고 하였다. 제이슨의 행동은 특정한 대상을 향한 것이 아니었기 때문에 미술치료사는 직접적인 위협을 느끼진 않았다. 이러한 행동은 그의 적대적 성향을 알 수 있는 첫 징후였다. 그의 행동은 몇 분 동안 지속되었지만 교도관의 개입 없이 행동을 멈추었다. 제이슨은 자신의 행동을 단순한 장난이었다고 하였다.

제이슨의 창작에 대한 열의 덕분에 미술치료 집단에 다시 참여할 기회가 주어졌다. 그는 미술재료들에 둘러싸여 그림을 그리는 것이 무척 좋다고 하였다. 집단 미술치료 회기가 진행될수록 제이슨은 더욱더 열정적으로 참여하였으며 집단원들과의 대화도 늘어갔다. 그는 집단원들과 상호작용하였고, 심지어는 "나는 크레파스와 친구가 되었습니다."라고 말하였다. 제이슨이 8회기로 구성된 집단 미술치료가 종결되었을 때 느낀 실망감을 표현한 대목에서 그가 얼마나 다른 집단원들과 교류하며 적극적으로 참여하였는지 알 수 있었다. 그는 집단이 계속되었으면 좋겠다고 하였다.

제이슨은 특히 스바스티카와 SS 친위대 번개 표식같이 나치문양을 상징하는 그림을 그렸다. 첫 번째 프로젝트로 나는 색종이로 상자를 만드는 것을 제안하였고 집단원들은 교도소에서 타인에게 보이는 자신의 모습과 자신의 감추고 싶은 모습을 상자에 묘사하도록 하였다. 제이슨의 상자는 나치 SS 친위대를 상징하는 문양으로 뒤덮여 있었다. 상자 안에 있는 남은 색종이로 만든 또 하나의 상자에는 자물쇠 그림이 그려져 있었다(그림 8.1 참조). 제이슨은 "안은 누구도 못 보게 만들었어요. 만약 누군가 보게 된다면 이것을 보게 되겠죠." 제이슨은 큰 상자 안에 있는 자물쇠 그림이 그려진 작은 상자를 뒤집어 파란색과 녹색 그리고 검은색으로 그려진

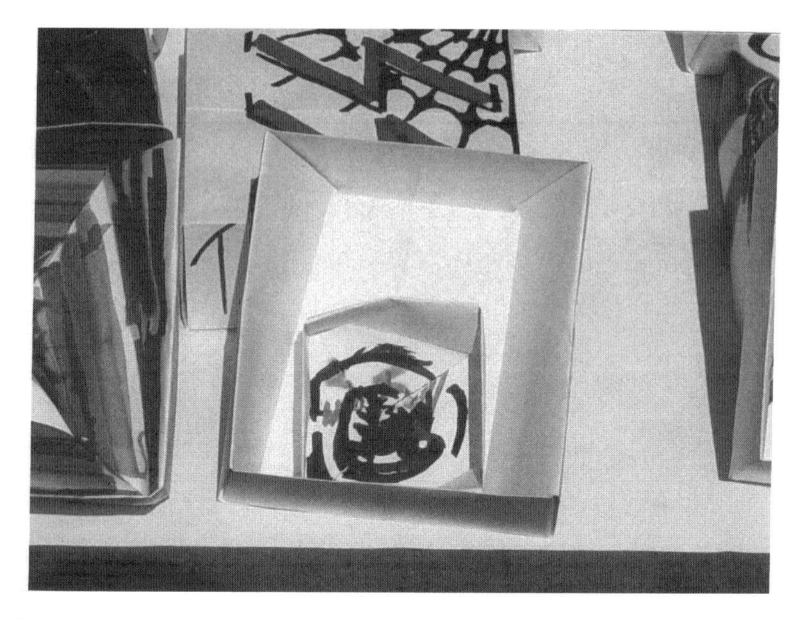

그림 8.1 제이슨의 종이 상자

소용돌이를 보여주었다. 그는 자신이 디자인한 소용돌이를 '나의 진정한 감정의 소용돌이'라고 설명하였다. 이를 통해 제이슨은 자신의 실체를 드러내지 않길 원한다는 것이 확실해졌으며, 공격성 뒤에 숨어 자신을 포장했다. 만약 누군가 그의 실체에 다가간다면 마지막으로 감정의 소용돌이와 마주하게 될 것이다.

집단이 진행될수록 제이슨은 뛰어난 창의력으로 다른 수감자들에게 집단원의 일원으로 인정받기 시작하였다. 그자 자주 차용한 번개문양은 궁극적으로 집단의 화합과 결합의 상징으로 집단원에 의해 채택되었고, 집단원들이 제이슨과 함께 연결되고 상호작용하는 수단이 되었다. 일련의 예로서, 제이슨은 마지막 회기 때 다른 5명의 집단원과 자신을 상징하는 그림으로 벽화 그리기에 참여하였다. 제이슨은 벽화의 아랫부분에는 가시철조망에 둘러싸인 두 인물이 SS 친위대의 번개문양을 잡고 있는 모

그림 8.2 교도소 벽화

습을 그렸다. 이 이미지는 기본적으로 제이슨이 집단으로부터 분리되어 있음을 나타내며, 자기인식을 위해 고립감과 적대감을 유지하려는 성향이 반영되었다. 그러나 다른 집단원들은 번개문양을 사용하여 제이슨의 영역과 연결하는 시도를 하였다. 제이슨은 집단원의 제스처에 번개문양을 그린 자신의 그림을 그 주변 공간으로 흡수하는 것으로 응수했다. 그러면서 그는 번개문양을 통해 다른 사람들과 공개적으로 상호작용할 수 있었다(그림 8.2 참조). 결국 그는 마지막까지 고립된 자세로 일관했지만 공동 벽화작업은 동지애를 느끼고 싶은 제이슨의 상징적 상호작용적인 일련의 예였다.

나는 마지막 회기에 만다라를 그리는 것을 제안하였다. 각각의 집단원들에게 동그란 종이를 나누어주었고 그 안에 그림을 그리도록 하였다. 제이슨이 이전에 작업한 그림들에는 몸이 없거나 무중력인 상태로 떠 있는 눈동자가 그려졌고 개중 몇몇 눈동자에는 곳곳에 물이 맺혀 있었다. 마지

그림 8.3 제이슨의 만다라

막 그림은 제이슨의 이전 그림 형태와 유사성을 띠고 있었지만 눈동자는 얼굴을 묘사하기 위한 목적이었다(그림 8.3 참조). 비록 제이슨의 얼굴은 미완성으로 남았지만 응집된 자아상을 묘사하기 위한 것으로 시사된다. 긍정적인 상호작용 그리고 집단 미술치료에서의 포용성이라는 해답을 찾음으로써 그의 공격적인 자아 정체성은 다른 미술치료 참가자에게 포용될 정도로 천천히 향상되었다. 근본적으로 만다라 그리기는 Mead (1964)가 서술한 적절한 사회 경험과 활성화를 통해 자아성숙감이 일어난다는 것을 증명하였다.

사례 : 에릭

에릭은 11세의 남자아이이다. 그는 분노조절 문제로 미술치료를 의뢰받은 상황이었다. 가능하면 남자치료사에게 치료를 받는 것이 좋겠다는 결론이 내려졌다. 자그마한 체구를 가진 이 백인 소년은 허리춤까지 처진 바지와 헐렁거리는 상의를 입고 있었다. 그는 래퍼처럼 말하였다. 에릭은 이혼한 어머니와 같이 살았고 불규칙적이지만 대략 7주에 한 번 아버지를 만났다. 그는 주의력결핍장애를 겪고 있었으며 약물치료를 받고 있었다.

에릭은 래퍼를 동경한다고 하였다. 그리고 자주 공격적인 랩 음악 가사의 일부를 읊곤 하였다. 에릭은 학교 교사의 지시에 불응하여 교사에게 혼나거나 행동화 문제로 어머니와 충돌하는 등의 문제가 발생하였다. 그는 수시로 감정을 폭발시키며 말썽을 피우곤 하였다. 에릭의 학교 생활은 점점 전투적으로 변해갔으며 결국 어머니에게 꾸지람을 듣곤 하였다. 이러한 악순환은 계속되었다.

첫 미술치료 회기가 진행되는 동안 에릭은 얌전하고 조용하였다. 그의 행동과 그림 형태는 무척 안정적이었다. 에릭은 허구적이고 과장된 이야기를 들려주었다. 그에게 계속적인 행동 수정이 요구되었다. 몇 회기가 지나고 에릭은 치료사와 치료적인 상호작용에 적응할수록 공격적이고 반항적인 성향을 보였다. 어느 회기는 종이를 찢으며 감정을 폭발시키는가 하면 책상에 시무룩하게 앉아 벽을 바라보기도 하였다.

기분 좋은 날 에릭은 공사 현장에서 주운 노란색 위험주의 테이프를 이마와 팔에 두르고 나타날 만큼 유머스럽기도 하였다. 하지만 기분 좋은 날에도 에릭은 집중하기 힘들어하였고 여러 차례 자기에게 주어진 과제로부터 벗어나곤 하였다. 당일 에릭의 기분이나 행동에 관계없이 에릭은 일관성 있는 지시를 받음으로써 다음에 수행할 과제에 침착하게 대응하고 반응할 수 있도록 유도하는 것이었다. 회기의 시작은 에릭 스스로 지난 한 주의 일과를 되돌아보게 하는 동시에 간단한 드로잉으로 문제 유무를 파악하는 것이었다. 피상적이고 도식적이긴 했지만 활기를 불어넣는

그림 8.4 스티로폼과 아이스크림 막대로 만든 에릭의 고문실

몇 가지 간단한 드로잉을 실시한 후 에릭은 차분하게 앉아 그날의 주제에 전념할 수 있었다.

에릭은 점토를 즐겨 사용하였고 입체적인 이미지를 만드는 것을 좋아했다. 나는 포장에 쓰이는 스티로폼 덩어리, 아이스크림 막대 그리고 물감을 사용하여 자신이 원하는 조형물을 만들게 하였다. 그는 최선을 다해 창작물을 만들었다. 에릭의 창작물은 처음에는 어떤 특정한 형태를 띠고 있는지 알 수 없었지만 작품이 완성된 후 자신의 창작물이 고문실이라고 알려주었으며(그림 8.4 참조), 전날 밤 디스커버리 채널에서 아이디어를 얻었다고 하였다. 고문대 위에는 미성숙된 인간의 신체가 놓여 있었다. 가시 같은 것이 신체의 일부 위에 돌출되어 있었고 적색 물감으로 박힌 부분을 강조하였다. 에릭은 자신의 조형물이 무척 흉칙해 보인다는 것을 알고 있었다. 에릭은 내가 완성된 조형물을 사람들의 손이 안 닿는 책꽂이 위에

그림 8.5 점토와 물감으로 만든 에릭의 '폭주하는 라스타파리언–전갈'

조심스럽게 올려놓는 것을 보고 놀라는 눈치였다.

이 사건 이후 에릭은 말수가 늘었다. 몇 차례 분노를 표출하며 공격적인 성향을 보인 사건이 있었지만 집과 학교에서 무엇이 자신을 화나게 했는지 이유를 설명하는 경우가 많아졌다. 그는 어머니와의 갈등을 피하는 방법과 부모의 갈등 사이에서 자신이 헤쳐나갈 다양한 방법을 강구하는 것에 대해 이야기하였다.

회기가 종결될 무렵 에릭은 자신의 분노가 동물적인 분노와는 다르다고 하였다. 나는 에릭에게 분노의 표상을 보여달라고 하였다. 그는 지점토와 물감을 사용하여 '폭주하는 라스타파리언[1] 전갈'(그림 8.5 참조)을 만들었고 자신의 이니셜인 'E'를 가슴에 새겨놓았다. 고문실과는 대조

[1] 역주 : 에티오피아의 옛 황제 하일레 셀라시에(Haile Selassie)를 신으로 받드는 자메이카의 종교 신자들로 언젠가는 자신들이 아프리카로 돌아가리라고 믿는다.

적으로 전갈은 꼼꼼하게 여러 회기 동안 정성을 들여 완성하였다. 에릭은 작품을 만드는 동안 치료사의 지시 없이 바로 작품 만들기에 집중하였다. 에릭은 완성된 작품을 어머니에게 자랑스럽게 보여주었다. 그가 만든 작품을 통해 에릭은 자신이 느끼는 짜증과 분노의 감정들을 자연스럽게 말할 수 있었다. 근본적으로 에릭은 마지막 작품을 통해 자기 자신에게 더 관용적인 태도를 보였다. 에릭의 이미지는 여전히 공격적인 성향을 띠었지만 그가 이미지를 통해 관용적인 태도와 문제해결 의지를 보이기 시작했다는 상징적인 의미였다. 하지만 추가적인 자아상의 생성 가능성이 있음에도 불구하고 스케줄 문제로 미술치료는 아쉽게도 종결되었다.

결론

사람들은 공격성에 대한 일반적인 심리적 믿음을 가지고 있지만 사회적 상호작용론자는 공격적인 행동을 분명히 이해하고 공격적인 성향을 완화시킬 수 있는 방법을 명확하게 하는 관점을 제공한다. 상호작용적인 입장을 통해 공격성을 정의한다.

마찬가지로 상호작용함으로써 공격성은 누그러질 수 있다. 미술치료는 독창적인 방식으로 위에 열거한 릭과 제이슨 그리고 에릭의 사례를 예로 들어 새로운 상호작용을 촉진함으로써 긍정적인 행동과 새로운 정체성을 부여하였다. 비록 이들의 배경은 다르지만 미술을 통해 자존감을 회복하고 새로운 방식으로 상호작용할 수 있게 되었다.

감사의 말

마지막으로 제이슨과 미술치료를 진행하고 사진기록을 남겨준 플로리다 대학교 박사과정 학생이자 보조연구원인 Lariza Fenner에게 감사의 말을 전한다.

참고문헌

Anderson, C.A. and Bushman, B.J. (2002) "Human aggression." *Annual Review of Psychology 53*, 27–51.

Bartusch, D.J. and Matsueda, R.L. (1996) "Gender, reflected appraisals, and labeling: A cross-group test of an interactionist theory of delinquency." *Social Forces 75*, 145–176.

Beck, A.T. (1999) *Prisoners of Hate: The Cognitive Basis of Anger, Hostility, and Violence.* New York: HarperCollins Publishers.

Becker, H.S. (1982) *Art Worlds.* Berkeley, CA: University of California Press.

Becker, H.S. (1991) *Outsiders: Studies in the Sociology of Deviance.* New York: The Free Press. (Original work published 1963.)

Blumer, H. (1969) *Symbolic Interactionism: Perspective and Method.* Berkeley, CA: University of California Press.

Brewster, L.G. (1983) *An Evaluation of the Arts-in-Corrections Program of the California Department of Corrections.* San José, CA: San José State University Press.

Cooley, C.H. (1964) *Human Nature and the Social Order.* New York: Schocken Books.

Dissanayake, E. (1992) *Homoaestheticus: Where Art Comes From and Why.* New York: The Free Press.

Gay, P. (1989) *Freud: A Life for Our Time.* New York: Doubleday.

Gussak, D. (1997) "Breaking Through Barriers: Art Therapy in Prisons." In D. Gussak and E. Virshup (eds) *Drawing Time: Art Therapy in Prisons and Other Correctional Settings.* Chicago, IL: Magnolia Street Publishers.

Gussak, D. (2004) "A pilot research study on the efficacy of art therapy with prison inmates." *The Arts in Psychotherapy 31*, 4, 245–259.

Gussak, D., Chapman, L., Van Duinan, T. and Rosal, M. (2003) "Plenary session: Witnessing aggression and violence – responding creatively." Paper presented at the annual conference of the American Art Therapy Association, Chicago, IL.

Horney, K. (1992) *Our Inner Conflicts: A Constructive Theory of Neurosis.* New York: W.W. Norton. (Original work published 1945.)

James, W. (1918) *The Principles of Psychology*, Vols. 1 and 2. New York: Henry Holt. (Original work published 1890.)

Kornfeld, P. (1997) *Cellblock Visions: Prison Art in America.* Princeton, NJ: Princeton University Press.

Kramer, E. (1993) *Art as Therapy with Children* (2nd edn). Chicago, IL: Magnolia Street Publishers.

Lorenz, K. (1967) *On Aggression.* New York: Bantam Books.

Mead, G.H. (1964) *On Social Psychology.* Chicago, IL: University of Chicago Press.

Phua, K.L. (no date) *Brief Guide to Sociological Theory*. Retrieved 23 July 2004 from www.phuakl.tripod.com/socio2.html

Rank, O. (1932) *Art and Artist*. New York: W.W. Norton.

Sagarin, E. (1975) *Deviants and Deviance: An Introduction to the Study of Disvalued People and Behavior*. New York: Praeger Publishers.

Ursprung, W. (1997) "Insider Art: The Creative Ingenuity of the Incarcerated Artist." In D. Gussak and E. Virshup (eds) *Drawing Time: Art Therapy in Prisons and Other Correctional Settings*. Chicago, IL: Magnolia Street Publishers.

Zimbardo, P.G., Haney, C., Banks, W.C. and Jaffe, D. (1973) "The mind is a formidable jailer: A Pirandellian prison." *The New York Times Magazine*, 8 April, p.38.

제9장

총기폭력과 종이인형 프로젝트

Rachel Citron O'Rourke

총의 인생

인간의 파괴

타인에 의한

당신일 수 있으며

당신의 삼촌, 누이, 아버지일 수도 있는

방아쇠를 당기는 손은 당신의 동생이었나요?

이름 없는 총알

생명을 빼앗는 것은 수치스러운 일입니다.

폭력은 반드시 멈춰져야 됩니다.

상처는 깊고

잘못된 선택은 눈물로 보답됩니다.

이제 총을 내려놓을 시간입니다.

비록 총이 생산되는 것을 막을 순 없지만

부디 삶이 희생되는 것을 막아야 합니다.

Bey, 날짜 미상

백지화된 1994년 공격화기 규제법

개인화기는 근거리에서 속사로 발사되는 대량으로 양산되는 무기이다. (Bureau of Alcohol, Tobacco, Firearms and Explosives Brady Campaign에서 6절 인용, 날짜 미상). 미국연방법은 1994년 폭력범죄 통제 및 법집행 법안의 일부인 공격화기 규제법을 발령하여 자동 개인화기 판매를 금지하였다. 1994년 9월 13일 빌 클린턴 대통령은 공격화기 판매 규제법안을 최종 승인하였다. 이날 이후 총기제조사들은 군용 목적 외 반자동 개인화기 및 10발 이상의 탄약을 삽탄하는 탄창 양산이 금지되었다. 총기규제 반대파는 총기가 '시각적 위협' 만 할 뿐이라고 주장한다.

군용 목적으로 설계된 개인화기에는 여가용 총기에서 찾아볼 수 없는 소음기, 양각대, 총검 같은 총기 부착물이 포함되어 있다. 개인화기는 속사기능과 재장전 없이 50탄 이상의 발사가 가능한 탄창이 장착되어 있다. 경찰은 이러한 개인화기가 길거리에 유입될 경우 발생할 수 있는 위험을 우려하고 있다. 1994년 공격화기 규제법은 2004년 9월 13일 00시 1분부로 무효화되었다(Brady Campaign, 날짜 미상).

총기폭력 : 전 세계적인 공중보건의 위기

국제보건기구의 보고(Krug et al., 2002)에 따르면 50만 명 중 200명이 총기 관련 사고로 목숨을 잃는다고 한다. 미국보건통계기구와 미국질병관리 예방센터는 사망증명서를 참고하여 "1997년 미국에서 총 32,436명이 미국에서 총기사고로 사망하였다."고 하였다(Bonderman, 2001, p. 3). 이 중 자살로 인한 사망이 절반을 넘으며, 41.7%가 살인 그리고 나머지 4.1%는 총기사고사였다.

2002년 발표된 통계에 의하면 한 해에 3,012명의 아동 · 청소년이 총격으로 목숨을 잃었다고 한다. 3시간당 1명꼴로 아동 · 청소년들이 목숨을 잃었으며 매주 대략 50명 정도의 아동 · 청소년이 목숨을 잃었다. 또한 이중 4~5배로 많은 수의 아동 · 청소년이 총격으로 인한 비치명적인 부상을 입었다고 발표하였다(National Education Association Health Information Network, 날짜 미상).

총기폭력은 학교, 공공장소, 거리, 가정, 직장, 농촌, 도시와 같은 경제적 및 지리적 범주의 사람들에게 영향을 미친다. 아프리카계 미국인, 동양인, 라틴계, 백인, 남성 그리고 여성, 젊은이와 노인이 총기폭력의 피해자들 혹은 생존자들이다.

만연한 총기폭력의 특성에도 불구하고 인구통계학적으로 불균형하게 일부 피해자 집단들의 비율이 우세하게 나타난다. 총기살인 피해자는 불균형적으로 두드러지게 젊은 남성의 비율이 월등하게 높다(National Center for Injury Prevention and Control, 날짜 미상). 총기폭력에 대한 성별 차이는 더욱더 뚜렷하게 나타난다. 여성은 낯선 사람보다 배우자, 친숙한 사람 또는 가족구성원에게 살해될 가능성이 더 높다(Kellermann & Mercy, 1992).

미국에서는 전체 총기사망 사고에서 대략 3명 정도가 치명적이지 않은 부상으로 병원 응급실로 실려온다. 범죄피해 1998(*Criminal Victimization 1998*)에 따르면(Rennison, 1999) 290만 건의 강간과 성폭행, 절도 그리고 가중폭행 범죄에서 23%의 범죄에 총기가 사용되었다고 한다. 추가적으로 670,500명의 피해자들이 총기로 공격받았다고 한다.

미국등록관리기관은 비치명적인 총기폭력 관련 사고에 대한 정확한 데이터를 출판하지 않는다. 우리가 이미 알고 있는 근거로 통계학자들은 미국 내에서 비치명적인 총기폭력으로 인한 부상이 통계보다 실제로 더 많을 것이라 보고하였다(Zawitz, 1997).

총기폭력과 트라우마

총기폭력으로 인한 트라우마 피해의 파급 효과는 통계적인 지표로 나타내는 것이 불가능하다. 총기폭력 피해자는 일반적으로 2차 피해자라는 명칭 대신 '공동 피해자' co-victim라고 불리며, 부모, 자녀, 형제, 자매, 배우자가 총기폭력으로 친지나 가족을 잃었거나 그들이 총기폭력을 당하는 것을 목격한 경우이다. 총기폭력의 여파로 인한 상해나 죽음이 발생하면 공동 피해자가 경찰, 언론사, 법원, 법의학자, 현장 답사에 협조해야 하며 경황 없이 장례를 준비해야 한다.

피해자 가족과 친구들에게 충분한 정신과적 치료가 제공된다면 총기폭력의 갑작스러운 부상 또는 사랑하는 이를 잃은 트라우마적 상처는 치유될 수 있다. 현재 진행 중인 정신과적 치료는 종종 트라우마적 반응에 개개인이 스스로 대처하도록 강요하며 만성적인 외상 후 스트레스장애 PTSD가 발병될 위험이 높다.

2명 중 1명은 일생 동안 생명을 위협하는 트라우마적 사건에 노출된다. 역학연구에 따르면 10%의 미국인이 일생 중 언젠가 PTSD를 겪었거나 겪을 것이고, 5%는 일생 중 한 번은 PTSD를 이겨냈다고 한다. 또한 여성이 남성보다 PTSD를 겪을 확률이 배로 많다고 한다.

젊거나 늙거나 인종, 종교적 신념, 피부색에 관계없이 총기폭력에 노출된 사람은 PTSD를 겪을 수 있다. 총기폭력에 노출된 아동 · 청소년 피해자를 대상으로 실시한 연구에서는 총기폭력 노출로 인한 우울증과 PTSD 발병률이 높게 나타났다. 초등학교 연령대의 아동은 총기폭력을 목격한 이후 종종 PTSD 증상 또는 기타 외상 후 증상을 보인다 (Schwab-Stone et al., 1995).

부상의 형태, 범인과의 물리적 거리, 범인과의 관계 그리고 총격이 일어난 장소의 안정성 여부 같은 요인은 아동·청소년의 고도 PTSD체계에 영향을 미친다. 총격사건을 목격한 아동이 가정폭력에 노출되었을 경우 추가적으로 장기적인 심리사회적 후속질환의 위험이 발생할 수 있다 (Richters & Martinez, 1993).

지역사회의 트라우마

트라우마 피해의 여파는 총기폭력 피해자 그리고 생존자들의 친지나 가족으로 확산되며, 지역사회 전체가 공동 피해자가 될 수 있다. 미국주택도시개발부(2000)에 따르면 공공임대 주택거주자들은 다른 인구 집단에 비해 2배 이상 총기사고의 피해로 고통받을 수 있다고 한다. 5명 중 1명의 거주자는 전쟁이나 대규모 재앙의 노출로부터 자신의 자녀가 안전하지 않다고 느낀다고 한다. 마찬가지로 James Garbarino와 Kathleen Kostelny의 저서 중 한 장인 "우리 아이가 전쟁과 지역사회 폭력에 노출되어 있다는 점을 이해하기 위해 알아야 할 것은?"(1996)에서는 PTSD와 유사한 증상을 나타냈음을 보고하였다. 이러한 아동들은 끊임없는 고통을 받으며 살아간다.

Lenore Terr의 책 **너무 무서워 눈물이 나지 않아**(*Too Scared to Cry*, 1990)는 트라우마 사건으로 인한 정신적 마비가 트라우마 생존자 개인뿐 아니라 지역사회에 어떻게 영향을 미치는지 탐구하였다.

> 비인간적인 행위가 일상적으로 반복되는 지리적 환경에서 정신적 마비는 문화적으로 용인되는 개인적 특성이다. 아마도 반복되는 홍수, 기근 그리고 떼죽음은 대중의 감각을 상실하도록 하는 특성이 있다(p. 95).

최전선의 이야기 : 전쟁 그리고 도시의 생존자들

전쟁과 고문 생존자들에 대한 미술치료를 진행하면서 나는 총기폭력으로 인한 정신적 그리고 신체적인 상처들을 매일 지켜보았다. 이후 도심지역 청소년들에 대한 미술치료를 진행하면서 나는 계속적으로 총기폭력의 만성적인 노출로 인한 중증 PTSD 증상을 지켜보았다. 치료 회기 중 드러난 특정 내담자의 경험담은 치료사의 정신 세계에 깊숙이 남게 되었다. 트라우마 이야기는 우리의 이상에 도전하며, 세상을 바라보는 시각이 바뀌게 되고 행동을 실행에 옮기는 원동력이 된다.

대학원에서 미술치료를 배우며 오랫동안 젊은 전쟁 생존자들을 위한 미술치료 자원봉사를 했었다. 애냐라고 불리는 보스니아 출신의 아홉 살 여자아이는 전쟁의 생존자이다. 그녀는 가족과 함께 사라예보를 탈출하여 범죄와 마약으로 얼룩진 시카고의 어느 지역으로 이전되었다. 사라예보에서 애냐와 그녀의 가족은 저격수들이 득실거리는 포위된 도시 안에서 살았었다. 이제 그녀의 가족은 시카고에서도 총기폭력에 노출되었다.

애냐는 여섯 살 때 뒤뜰에서 놀다가 지뢰를 밟아 왼쪽 다리 전체를 잃었다. 이 일이 있은 후 그녀는 밤에는 선명한 악몽을 꾸었고 낮에는 선명한 플래시백을 경험하였다. 다리를 잃고 3년의 시간이 흐른 뒤 애냐는 난민정신보건기관의 의뢰로 만성적인 외상 후 스트레스장애를 치료하기 위해 미술치료를 받으러 왔다. 가족들과 함께한 회기 중 그녀의 어머니는 슬프게 흐느끼며 말했다.

> 우리 애냐는 차에서 집으로 뛰어가요. 공원에서 집으로 뛰어가요. 애냐는 건물에서 다른 건물로 뛰어가며 여기저기를 두리번거려요. 애냐는 뛰는 것을 멈추지 못해요. 의족을 달았기 때문에 뛰는 것은 애냐에게 안 좋아요.

애냐는 어머니가 한 이야기를 듣고 차분하게 대답했다.

> 뛰지 않으면 머리에 총을 맞을 거 같아서 나는 뛸 수밖에 없어요. 알다시피 그들은 사람들의 머리를 겨냥하잖아요.

이후 나는 아동병원에서 총격사고로 인해 응급환자로 입원한 아동・청소년 환자들을 위한 24시간 위기개입 대응팀의 일원으로 근무하였다. 나는 다시금 총기폭력으로 인한 정신적 그리고 신체적 상처를 입은 사례를 목격하였다.

집 앞에서 달리는 자동차 총격사건으로 복부에 총상을 입은 4세의 아동 환자가 도착했다는 호출을 받았다. 아이는 아무 말이 없었으며 눈도 맞추지 않았다. 정면을 응시한 채 최대한 병원침대에 고정된 자세로 누워 있기만 하였다. 아이의 어머니와 할머니는 슬픈 얼굴로 침대 곁을 지키고 있었다. 아이는 빨간색 사인펜을 사용하여 20여 분간 계속 낙서하였다. 그런 다음 부드럽지만 불안정한 목소리로 아이는 자신의 이야기를 하기 시작하였다. "밖에서 놀고 있는데 작은 폭탄들이 내 주변을 스쳐 지나갔고 무언가 내 뱃속으로 들어갔어요. 이제 그것은 내 뱃속에 없지만 내 배에는 구멍이 생겼고 그곳으로 내장이 나올 것만 같아요."

역전이의 역할

역전이 반응counter-transference reaction은 치료적 관계 속에서 의식적 또는 잠재의식적으로 행해지는 역할 연기role-playing와 어느 정도 관련이 있다. 치료과정에서 내담자가 트라우마적 경험을 재현하거나 재언할 때, 치료사는 역전이 반응으로 내담자의 고통스러운 경험을 직접 체험하는 듯한 느낌을 받을 수 있다. Wilson과 Lindy(1994)는 역전이 반응과 관련하여 다음과 같이 설명하였다.

> 역전이적 입장은 '치료사가 트라우마 경험에서 함께 살아남은 든든한 조력자, 구조자 또는 위로자가 되는' 긍정적인 측면에서부터 '치료사가 배신자, 공모자, 비판적 평가자가 되는' 부정적인 측면에 이르기까지 다양하다(p. 9).

Yael Danieli는 "보호자는 누가 돌보는가?"(1996)라는 글에서 다음과 같이 언급한다.

> 역전이 반응은 필수적이며 내담자 그리고 치료자 자신과 직면하고 특별한 인간적 경험과 대면하기를 요구받는다. 우리가 직면한 세상을 바라보는 관점과 인간적인 한계를 체험할 때 나는 깊은 감사함을 느낀다(p. 196).

비인간적인 극한 상황에 처하거나 트라우마 사건 이후 사람들은 남은 생애 전반에 걸쳐 이를 극복해야 한다. 이때 역전이 반응은 미술치료사가 미술치료를 사회행동으로 행할 수 있도록 한다.

총기폭력 방지를 위한 지역사회의 노력 : 사회행동으로서 미술치료

사회행동으로서 미술치료가 행해질 때 미술치료사는 고통의 당사자인 아동과 아동의 가성, 더 넓게는 지역사회가 트라우마적 경험을 이해하고 극복할 수 있도록 함께 협력적 행동을 취하며 이들을 대상으로 시각적 과정을 제공한다. 여러 시민단체나 교회활동 또는 비공식 협력단체 및 방범 조직과 같은 곳에서 변화의 매개체로서 최선을 다해 피해자들의 치료적 가치를 창출한 사례가 있다(Temple, 1997). 사회행동으로서의 미술치료는 변화를 촉진하는 주도적이자 부차적 매개체change-agent intervention의 역할을 한다.

총기사고나 공중보건같이 규정된 사회적 문제를 다룰 때 사회행동으로 치료에 접근하고자 하는 미술치료사는 이러한 사회적 문제의 예방을 강화하기 위한 세 단계의 조치를 취할 수 있다. 공중위생 관행에 따르면 '1차적 예방' 접근은 일반적으로 폭력을 예방하는 데 목적을 두고, '2차적 예방' 접근은 폭력에 즉각 대처하는 데 중점을 둔다. 마지막 '3차적 예방' 접근은 사건 발생 이후 장기적 치료에 집중한다(Krug et al., 2002).

사회적 주제와 관련된 사회행동 프로젝트로서 미술치료를 전개하고 실현하기 위해서 미술치료사는 새로운 아이디어를 창출하고 관련 전문가, 단체의 협력을 통한 철저한 사전 조사를 기반으로 프로젝트 계획을 수립해야 한다. 또한 적절한 자금책과 시장 조사, 진행, 연계 전시도 뒤따라야 한다. 다음은 필자가 진행한 반총기폭력 종이인형 프로젝트Paper People Project, PPP를 통해 프로젝트의 진행과정을 조명하고 그 결과를 살펴볼 것이다.

아이디어를 현실로

PPP의 개념은 단순하다. 세계 각국(호주, 보스니아, 캐나다, 영국, 프랑스, 이스라엘, 일본, 한국, 소말리아, 베트남)의 참가자로 하여금 총기폭력과 관련된 그들의 생각과 감정 그리고 경험을 미술적으로 표현하는 것이다. 참가자들은 인체 형태의 윤곽선이 그려진 종이 위에 표현하게 하였으며 이것을 한데 모아 총기폭력을 반대하는 설치작품을 만들었다.

미술치료사는 자신의 아이디어를 행동으로 옮기기 전에 많은 생각과 철저한 계획을 수립하여야 한다. 미술치료가 효과적인 사회행동 프로젝트로서 발돋움하기 위해서는 프로젝트 연구개발이 프로젝트 초기 단계에서 실시되어야 한다. 미술치료사들은 이미 특정 인구 범주의 다양한 임상적 경험을 토대로 프로젝트 목표가 달성되고 이행되기 위한 학술적 연구를 수행할 필요가 있다.

지역사회와 국가 그리고 범국가적인 조직들과 협력하고 관계를 수립하는 것은 사회행동을 위시한 미술치료 프로젝트의 모든 단계에서 중요하다. PPP 초기 단계에서 백만 엄마들의 행진Million Mom March, 트라우마 재단Trauma Foundation, 벨 캠페인Bell Campaign[1], 일리노이미술치료협회Illinois Art Therapy Association, IATA 그리고 휴전Ceasefire[2]과 협력하였다. 이러한 협력을 통해 폭력 예방, 개입과 사회 운동의 영역에서 지역사회의 필요에 따라 구체적인 목표 설정으로 연결된다.

협력작업은 폭력 예방과 방지, 사회행동 분야에 관한 지역사회의 필요를 바탕으로 명확한 지향점을 찾는 데 도움이 된다. PPP의 총기폭력 후

---

[1] 총기사고로 인한 죽음이나 부상을 방지하기 위한 국가기관

[2] 역주 : 일리노이 주 시카고를 중심으로 총기확산을 반대하는 집단

유증을 앓는 모든 연령대의 사람들에게 미술을 통한 치료 제공, 전 세계에 폭력에 관한 경각심 고취, 수천 개의 종이인형 제작, 아동, 청소년, 성인 등 다양한 대상자들이 PPP를 폭력 예방 도구로 사용할 수 있도록 의료 종사자와 청소년 지도자 훈련 등을 목적으로 하고 있다.

PPP 자료 제작

대부분의 사회행동 프로젝트와 마찬가지로 PPP의 주요 목적 중 하나는 개인과 단체, 지역사회가 적절한 행동을 취할 수 있도록 힘과 의지를 북돋아 주는 데 있다. 미술치료사는 프로젝트 자료 개발 시 모든 자료가 목표에 부합하고 현장에 적합하도록 심혈을 기울여야 한다. 초기 PPP 자료 개발에 협조한 일리노이미술치료협회IATA 임원들은 프로젝트에 귀중한 도움을 주었다. IATA 임원들은 사회행위로서 미술치료가 실현될 수 있도록 헌신했으며 PPP 자금 조성에 크게 기여하였다.

사회행동 프로젝트를 위한 미술재료 및 관련 행정업무는 다양한 연령층에 적합하고 배포가 용이해야 한다. 또한 프로젝트의 목적과 목표를 분명하게 명시해야 하며 적절하고 효과적인 사용을 위한 가이드라인을 제시해야 한다. PPP 세트는 성性 구별이 없는 사람 윤곽선이 그려진 모양의 종이 인형 1개, 1쪽 분량의 프로젝트 소개서, 1쪽 분량의 프로젝트 지침서(18세 미만용과 18세 이상용), 양도계약서, 5쪽 분량의 프로젝트 커리큘럼으로 구성되어 있다. 종이인형의 윤곽선은 참가자가 총기폭력에 대해 느끼는 생각이나 감정을 자유로이 시각적으로 표현할 수 있도록 안전하고, 독립된 공간을 제공해준다.

프로젝트의 일환으로 전시와 출판을 위해서 완성된 종이인형과 양도계약서는 PPP 패키지에 포함되었다. 장기적으로 효과적인 사회행동 프로젝트를 실행하기 위해서 미술치료사뿐만 아니라 관련 전문가도 프로젝트를 실행할 수 있음을 인지해야 한다. 이때 커리큘럼은 의료 종사자와 청소년 지도자들이 추후 지역사회의 변화를 가져오는 데 중추적인 역할을 한다.

마케팅 : 사람들이 프로젝트에 대해 어떻게 알게 되었는가

사회행동으로서 미술치료를 다루는 이 장에서 홍보 및 배포에 관한 글이 적절하지 않다고 생각하는 사람들이 있을 수도 있다. 마케팅은 모든 미술치료사와 사회행동가가 지역사회 사업을 실행하기 위해 개발해야 하는 필수적인 방식이다. PPP를 전 세계에 성공적으로 알리고 전파하기 위해서 다운로드용 프로젝트 자료, 종이인형 작품을 전시한 온라인 갤러리, 총기폭력에 대한 정보, 관련 웹 사이트 링크, 최근 소식 등을 포함한 웹사이트를 개설했다. 프로젝트를 일반 대중에게 알리는 데 있어 인적 네트워크와 보도자료 배포, 신문사, 라디오, 텔레비전 인터뷰 모두가 효과적이었다. PPP는 지난 4년간 지역 신문과 뉴스, 라디오에 소개된 바 있다.

프로젝트 자료를 우편으로 발송하거나 학교, 관련 단체, 복지센터에 직접 배포할 수도 있고 또는 세계 각지의 단체와 비영리 기관, 예술가, 미술치료사, 사회행동가와 협력할 수도 있다. 자료를 요청하는 곳에는 무료로 배송해줄 수도 있다. 대부분의 프로젝트 패키지 배송은 우편 요금을 포함하여 1~5달러 정도가 소요되었으며 반품 시 발생하는 비용은 수취인이 지불하였다.

PPP 출범

6개월간의 개발을 거쳐 PPP는 2000년 어머니의 날에 일리노이 주 시카고에 위치한 백만 엄마들의 행진에서 출범행사를 가졌다. 이날 행사는 총기사고 생존자와 피해자 가족, 사회활동가뿐 아니라 총기소지 찬성자 등 다양한 사람이 한자리에 모였다. 총기사고로 아들을 잃은 어머니는 아들의 사진이 담긴 액자를 안고 있었고, 아이들은 총기로 사망한 형제, 자매의 사진이 새겨진 배지를 가슴에 달고 있었다. 행사장을 둘러싼 철조망 뒤로는 총기소지를 찬성하는 사람들이 '찰턴 헤스턴[3]은 우리의 대통령', '스미스앤드웨슨' Smith & Wesson[4], '총기규제를 폐지하라' 등과 같은 슬로건이 적힌 포스터를 들고 있었다.

500여 명 이상의 아이들과 부모들이 종이인형 작품을 만들기 위해 20분 이상을 기다렸다. 우리는 그렇게 많은 인원이 참가하리라고 생각지도 못했다. 참가자들은 종이인형을 만드는 창의적 과정을 통해 사고로 잃은 가족을 추도하고 총기폭력에 반대하는 시각적 언어와 평화의 이미지를 제작하였다. 교사들과 사회복지사, 치료사와 청소년 지도자들은 프로젝트 패키지를 가지고 돌아가 일리노이 전역으로 배포해주었다. 또한 프로젝트 패키지를 부모, 형제, 자매, 주변 친지, 가족, 복지단체에 나눠주었다. 행사가 끝난 이후 PPP는 우리가 꿈꾸었던 것보다 더 멀리 확산되었다.

2001년 PPP는 수백여 명의 미술치료사, 사회복지사, 치료사, 교사, 청소년 지도자, 사회행동가와 학교, 복지단체, 치료센터, 청소년 단체, 지역행사, 연방 여자교도소에 소개되었다.

---

[3] 역주 : 〈십계〉(1956), 〈벤허〉(1959) 주인공을 맡은 할리우드 배우로 전미총기협의 회장(1998~2003)을 지냈다.

[4] 역주 : 1852년 호러스 스미스 대니얼 웨슨이 설립한 총기 회사

종이인형 작품

PPP 출범 이후 몇 년에 걸쳐 모인 수천 개의 종이인형 작품에서 총기폭력에 대한 사람들의 공통적인 시각적 반응을 찾을 수 있었다. 이는 구체적인 총상 묘사, 종이인형 중앙에 심장 묘사, 평화의 메시지, 죽음 관련 이미지, 전사의 이미지, 추모로 나눌 수 있다.

수많은 종이인형 작품이 총상을 매우 구체적으로 묘사하고 있던 까닭은 총기폭력에 대한 직접적 노출 또는 목격을 통해 각인된 생생한 기억 때문일 수도 있다. 이러한 특징을 지닌 작품을 통해 관객은 총기사고 생존자의 기억이나 총기폭력의 두려움에 대한 다양한 이해방식을 엿볼 수 있다. 또한 일부 작품의 구체적인 묘사는 반反 총기폭력의 시각화에 대한 사람들의 다양한 선택을 반영한다. 왜 그렇게 많은 참가자가 총상을 매우 사실적으로 묘사하기로 선택했는지 단정 짓기에는 무리가 있지만 PPP의 종이인형 작품은 총기폭력에 대한 이러한 시각적 반응이 일반적임을 극명하게 알려준다.

심장에 총상을 입은 사람은 대부분 죽음을 맞이한다. 그러한 일반적 상식이 많은 참가자로 하여금 심장을 인형 정중앙에 묘사하도록 영향을 미쳤을 것이다. 또 다른 특징은 많은 작품에서 대개 심장은 붉은 피를 흘리고 있는데 이는 총기사고로 인한 사람들의 감정적 고통이나 사고 이후 느껴지는 아픔을 의미한다고 볼 수 있다. 여전히 각각의 작품을 이해하는 주요한 열쇠는 종이인형을 만든 각각의 참가자가 쥐고 있지만, 상당수의 사람들이 종이인형을 통해 심장의 이미지를 강조했다는 점이 두드러진다(그림 9.1 참조).

다수의 종이인형 작품은 평화의 상징물이나 총기폭력의 종말을 상징하는 메시지를 담고 있다. 사람들은 자신의 목소리를 명확히 전달하기 위

그림 9.1 심장이 보이는 종이인형

해 의도적으로 그림과 함께 강렬한 단어들을 인형에 남겼는지도 모른다. 전쟁은 총기폭력과 매우 밀접하다. 평화적 메시지를 담고 있는 종이인형 작품은 전쟁과 총기폭력의 연관성 그리고 총기사고 이슈를 글로벌화하려는 인간의 본성에 영향을 받았을 수도 있다. 총기사건에 장기간 노출되어 이를 극복하는 데 어려움을 겪는 많은 사람들은 평화적 이미지 사용을 통해 흡사 미국전쟁지대American War Zone에 살고 있는 그들의 현실을 상징화하고자 한 것일 수도 있다.

해골, 시체 운반 가방, 눈 위의 X와 같은 시각적 형태로 드러난 죽음의 이미지는 우리가 보편적으로 인식하는 총기사건이 초래할 수 있는 치명적인 인명피해를 반영하는 듯하다. 죽음에 관련된 이미지는 총기폭력의 결과로 발생할 수 있는 죽음과 사망자를 연상시켜 대중에게 경고하는 역

그림 9.2 8세 아동이 만든 종이인형 슈퍼히어로

할을 한다. 종이인형 작품을 살펴보면 전사의 이미지는 그와는 반대 선상에 있다. 일부 종이인형은 망토를 두른 전사가 칼과 방패를 쥐고 힘찬 말을 내뱉는 강인한 영웅처럼 그려졌다. 이러한 유형의 대부분은 아동의 작품으로 천하무적 또는 특별한 능력을 지닌 영웅이 그들을 총기폭력으로부터 구해줄 것이라는 믿음을 담고 있다(그림 9.2 참조).

어느 문화에서건 추모는 명백히 필요하다. 여러 종이인형 작품은 사망한 이를 추모하고자 하는 인간의 보편적 소망을 담고 있다(그림 9.3 참조). 총기사고 피해자의 가족과 친구들은 갑작스러운 사고로 인한 트라우마를 극복하고 사망자를 기억할 만한 방법을 찾아야 한다. 총기사고로 잃은 가족과 친구를 추모하기 위해 만들어진 대다수의 종이인형을 보면 미술적 과정이 참가자에게 시각적 추모품을 만드는 안전한 방식이 되어주

그림 9.3 추모의 종이인형

는 듯하다. 완성된 종이인형이 다른 수천 개의 종이인형과 함께 총기폭력을 반대하는 시각적 기념물로 사용된다는 사실을 발견할 때 참가자들은 총기사고 사망자의 죽음이 결코 헛되지 않았다는 어느 정도의 안도감을 느끼게 된다.

상호적인 전시 : 종이인형의 확산망

2001년 일리노이 주 에번스턴에 위치한 오픈 스튜디오 프로젝트OPS에서 소규모 종이인형 전시를 가졌다. 그리고 같은 해 말 일리노이 주 피오리아 소재 일리노이센트럴칼리지Illinois Central College 내 행위예술센터Performing Art Center에서 첫 번째 대규모 전시를 가졌다. 전시 공간에 들어서면 관객은 노끈에 페이퍼클립으로 나란히 걸려 있는 수백 개의 종이

인형을, 대규모 전시일 경우에는 수천 개의 종이인형 작품과 마주하게 된다. 일부 종이인형에는 윤곽선 안에 시, 이야기, 총기사고 통계 등이 적혀 있다. 관객은 중간중간 종이인형이 전시되어 있어야 할 자리가 비어 있는 것을 보고 의아해할 수도 있지만 곧 전시를 둘러보며 그 자리가 관객의 종이인형을 위해 비어 있는 것이라는 것을 알게 된다.

상호적인 전시는 '작가', '관람객', '미술치료사', '내담자', '전시'와 같은 단어의 전통적인 의미와 해석을 바꾸어놓았다. 미술치료에 있어 '비예술가'는 없다. 지역사회 예술 프로젝트를 출범하려고 준비하는 예술가는 예술가가 아닌 대중들과 작업하며 어려움을 느낄지도 모른다. 미술치료사는 누구나 미술을 창조할 수 있는 능력을 가지고 있음을 인지하고 있기에 예술가들보다 기꺼이 상호적인 전시를 만들어나갈 수 있어야 한다. 상호적인 전시는 관객을 수동적인 위치가 아닌 능동적인 위치에 놓는다. 이로써 전시를 관람하는 모든 사람에게 즉각적으로 전시작품에 시각적 또는 구어적으로 반응할 수 있는 기회를 제공하고 이러한 반응까지도 전시의 일부로 포함시킨다. 종이인형 전시는 관객이 종이인형을 직접 만들어 볼 수 있는 공간을 항시 갖추고 있으며, 완성된 종이인형은 곧바로 전시에 포함되었다. 관객에게는 작품 제작에 필요한 미술재료와 프로젝트 지침서, 페이퍼클립이 주어졌으며 이미 전시된 작품 옆에 완성된 종이인형을 걸도록 하였다.

관람객이 예술가와 참가자가 되고 이로 인해 전시 방문 경험에 대한 낡은 사고방식을 떨쳐버리게 된다. 상호적인 전시는 사회행동으로서의 미술치료 성장과 확산에 필요하다. PPP의 특성은 총기폭력에 관한 미술품 창작과 글쓰기를 통해 사람들이 직접 참여하고 기여할 수 있도록 용기를 북돋아 주는 데 있다. 상호적인 전시는 이러한 프로젝트의 목적에 한 발

자국 다가서는 유일한 길이다.

미술치료사는 미술작품 관람과 창작이 임상적 문제를 야기할 수도 있다는 점을 인지해야 한다. 상호적인 전시를 안전한 환경에서 진행하기 위해서는 훈련을 받은 미술치료사나 관련 전문가가 상주하여 누구나 안전하게 참여할 수 있는 환경을 만들어야 한다. 현장에서 미술치료사나 관련 전문가는 관람객의 상호적 전시관람과 작품제작 참여에 필요한 부분을 점검하고 도움이 필요한 경우, 적절한 조치를 취해야 한다. 이는 전시 공간에서 전문가가 관객에게 치료를 제공한다는 의미가 아니라, 관객의 감정 조절과 전시 공간의 안전 유지를 위해 전문가들이 준비되어 있어야 한다는 뜻이다.

미술치료사의 감정 조절

위에서 언급했듯이 역전이 반응은 미술치료사가 미술치료를 사회행동으로 실행할 수 있도록 영감을 불어넣는 것이다. 또한 미술치료사는 기획, 출범, 진행, 작품 전시 등 사회행동 프로젝트의 어느 과정에서든지 역전이 반응을 경험할 수 있다. 개인적으로 필자는 추모적 종이인형 완성작품을 받을 때마다 증가하는 총기사고 사망자 통계를 접하며 깊은 슬픔과 절망을 경험했다. 슈퍼비전, 가족, 친구, 동료들과의 대화 그리고 작품 창작 활동은 이러한 역전이 반응을 극복하고 받아들이는 데 모두 유용하게 작용했다. 많은 인생의 경험이 순환적 흐름으로 돌아가듯이 역전이 반응은 PPP의 지속적 홍보와 확산에 가속을 더해주었다.

결말은 없다 : PPP의 변형

그 누구도 PPP가 이렇게 크게 성장하리라고는 예상하지 못했다. PPP는 지난 몇 년 동안 다양한 사회적 문제에 관심을 갖고 있는 미술치료사들의 필요와 요구에 부응하기 위해 변모하였다. 지구온난화 문제에 열의가 있는 미술치료사로부터 한 통의 이메일을 받았다. 그 메일에서 미술치료사는 종이인형 프로젝트의 아이디어를 지구온난화에 관한 사회행동 프로젝트 개발에 사용해도 괜찮을지 허락을 구하고 있었다. 여러 차례 이메일을 교신하며 나는 PPP의 아이디어 소유권을 주장하는 것이 프로젝트의 의도에 어긋난다고 설명했다. 이후 많은 미술치료사들이 성범죄, 10대 임신, 섭식장애, 가정폭력, 노숙자와 같은 문제를 다루기 위해 PPP를 변형시켰다.

나 또한 이라크전쟁 반대운동을 위해 PPP 수정의 필요성을 절감했다. 2003년 총상을 묘사하는 종이인형 이미지를 실제 사람 크기만큼 확대시켜 오리건 주 포틀랜드 광장을 종이인형으로 가득 채웠다. 각기 다른 연

그림 9.4 이 자리에서 죽음을, 오리건 주 포틀랜드

령대와 배경의 사람들이 광장에 모여 종이인형 위에 눕는 '죽음'을 경험했다(그림 9.4 참조). 전쟁에 반대하는 시각적 언어의 이채로운 광경이 국립 라디오, 오리건 지역 방송국, 신문사 등과 같은 보도 매체를 포함한 수백 명의 목격자를 광장에 모이게 했다.

참고문헌

Bey, J.M. (undated) "Life of a gun." Unpublished poem.

Bonderman, J. (2001) *Working with Victims of Gun Violence.* Retrieved 15 May 2004 from www.ojp.usdoj.gov/ovc/publications/bulletins/gun_7_2001/welcome.html

Brady Campaign (undated) *Assault Weapons Threaten Public Safety.* Retrieved 14 March 2004 from www.bradycampaign.org/facts/issues/?page=aw_renew

Danieli, Y. (1996) "Who Takes Care of the Caretakers?" In R.J. Apfel and B. Simon (eds) *Minefields in Their Hearts: The Mental Health of Children in War and Communal Violence.* New Haven, CT: Yale University Press.

Garbarino, J. and Kostelny, K. (1996) "What Do We Need to Know to Understand Children in War and Community Violence?" In R.J. Apfel and B. Simon (eds) *Minefields in Their Hearts: The Mental Health of Children in War and Communal Violence.* New Haven, CT: Yale University Press.

Kellermann, A.L. and Mercy, J.A. (1992) "Men, women, and murder: Gender-specific differences in rates of fatal violence and victimization." *The Journal of Trauma 33,* 1–5.

Krug, E.G., Dahlberg, L.L., Mercy, J.A., Zwi, A.B. and Lazano, R. (eds) (2002) *World Report on Violence and Health.* World Health Organization. Retrieved 20 April 2004, from www.who.int/ violence_injury_prevention/violence/world_report/en/index.html

National Center for Injury Prevention and Control (undated) *Youth Violence: Fact Sheet.* Retrieved 12 April 2004 from www.cdc.gov/ncipc/factsheets/yvfacts.htm

National Education Association Health Information Network (undated) *Statistics: Gun Violence in Our Communities.* Retrieved 28 May 2004 from www.neahin.org/programs/schoolsafety/gunsafety/statistics.htm

Rennison, C.M. (1999) *Criminal Victimization 1998: Changes 1997–98 with Trends 1993–98.* US Department of Justice: Bureau of Justice and Statistics: National Crime Victimization Survey. Retrieved from www.ojp.usdoj.gov/bjs/pub/pdf/cv98.pdf

Richters, J.E. and Martinez, P. (1993) "The NIMH Community Violence Project: I. Children as victims of and witnesses to violence." *Psychiatry 56,* 7–21.

Schwab-Stone, M.E., Ayers, T., Kasprow, W., Voyce, C., Barone, C., Shriver, T. and Weissberg, R. (1995) "No safe haven: A study of violence exposure in an urban community." *Journal of the American Academy of Child and Adolescent Psychiatry 34,* 10, 1343–1352.

Temple, S. (1997) "Treating inner-city families of homicide victims: A contextually oriented approach." *Family Process 36,* 2, 133–149.

Terr, L. (1990) *Too Scared to Cry: How Trauma Affects Children...and Ultimately Us All.* New York: Basic Books.

US Department of Housing and Urban Development (2000) *In the Crossfire: The Impact of Gun Violence on Public Housing Communities.* Washington, DC: US Department of Housing and Urban Development.

Wilson, J.P. and Lindy, J.D. (eds) (1994) *Countertransference in the Treatment of PTSD.* New York: Guilford Press.

Zawitz, M. (1997) *Firearm Injury from Crime.* Washington, DC: US Department of Justice, Bureau of Justice Statistics.

제 5 부

트라우마 치유하기

제 10 장

트라우마, 미술, 국제적 사건 사고에 대한 나의 개인적이고 전문가적인 생각

Annette Shore

도입 : 불가능을 가능하게 만들기

나는 이 장을 저술하면서 불가능한 것을 시도한다고 느낀다. 이 장에서 다룰 내용은 내 트라우마적 경험을 살펴보는 것뿐만 아니라 미술치료와 실제 사건들을 예로 들을 것이다. 2001년 테러 공격으로 촉발된 '테러와의 전쟁'과 이라크전쟁은 트라우마의 주 무대가 되었다. 나는 이러한 일련의 사건이 어떠한 영향을 끼쳤는지 개인적 관점과 미술치료적인 관점으로 살펴볼 것이다. 이러한 주제들은 내가 어떤 명확한 답을 내릴 수 없을 정도로 혼란스러운 질문들이다. 이 장에서 다루려는 내용은 이러한 혼란스러운 질문에 대한 명쾌한 해답이 아닐 수도 있다. 트라우마 경험은 일종의 이름 없는 불안nameless dread이다. 어느 정도까지 트라우마 경험을 표현하는 것이 이름 없는 것의 실체를 규명하는 데 도움이 되는가? 과연 이름 없는 것을 길들일 수 있는가?

개인적 서신

개인의 트라우마 경험을 타인에게 말할 때 내 자신이 불편하리만큼 드러나게 된다. 부디 나의 사적인 경험이 위의 질문을 밝히는 예시로 사용되기를 바란다. 이는 트라우마 경험과 이를 어떻게 미술을 통해 해결할 수 있을 것인가 하는 질문을 조명하기 위한 내 노력의 일환이기도 하다. 또한 나는 세상의 사건 사고로 인해 지속되는 암시적 트라우마이든 개별적 경험에 의한 트라우마이든, 트라우마를 안고 살아가는 내담자를 위한 미술치료에서 미술치료사의 역할에 대해서도 언급하고자 한다. 비록 위와 같은 질문들은 필자의 개인적 이해의 범위를 초월하지만, 이를 제한적이고 다소 주관적인 태도로 접근해보고자 한다.

사적인 경험을 예시로 사용하는 것은 개인적인 약점이 된다. 이러한 약점이 단순히 나의 치부를 드러낼 것 같아 두렵지만 이것을 통해 트라우마의 영향을 이해하는 데 큰 도움이 되길 바란다. 이를 언급하는 이유는 은연중에 만연히 나타나는 수치심과 자기비하가 트라우마의 후유증임을 강조하기 위해서이다(Bromberg, 1998). '안개' 라고 칭하게 될 감정은 보호적 장치이지만 이 또한 온전히 삶을 영위할 개인의 능력을 제한한다. 트라우마 경험은 개인의 이해를 불가하게 만든다. 따라서 필자는 침묵의 안개에 머물고자 하는 의식과 싸워야만 한다. 개인적 경험을 토대로 일관된 조직체제를 쌓고자 노력해야만 하지만 신경생물학적으로 트라우마 경험이 일관된 사고를 방해하기 때문에 이 또한 쉽지 않다(Bromberg, 2003; Van der Kolk, 2003).

트라우마 경험을 드러내는 것은 불가피한 수치심을 유발한다. 그래서 이 장을 쓰고자 하는 필자의 취지에 어긋난다. 흡사 유배를 떠나 나의 경험을 땅속 깊은 곳에 묻고 살아야만 할 것처럼 느껴진다. 그러나 이는 수치심을 증폭시키기만 할 뿐이다. Bromberg(2003)에 따르면 트라우마 반응은 양면성으로 이루어져 있다고 한다. 생존에 대한 위협이 트라우마 경험의 재언에 깔려 있다. 누군가 트라우마 경험을 다시 말할 수 있는 방법의 방향을 잡아주지 않는 한 손상된 자아를 회복하는 것은 불가능할지도 모른다.

정신적 그리고 사회적 건강

비록 이번 탐구가 정치적인 사건의 영향에 관한 것을 일정 부분을 포함하고 있지만, 이 장에 나의 정치적 입장을 논하지는 않을 것이다. 내가 나누고자 하는 것은 개인의 성숙도와 역량강화이다. 이런 부류의 성장은 개인의 정치적 성향으로 다룰 수 없는 개인의 고통과 관련이 있다. 나는 다양한 정치적, 개인적 신념을 가진 사람들과 마주한다. 이 장이 일부 정치적인 주제를 다루고 있지만 나는 어느 특정한 정치 사상을 지지하지 않는다. 오히려 최근 사건으로 발생한 트라우마의 영향을 서술하는 형식으로 개인적 그리고 미술치료적 측면에서 살펴보겠다.

정신적으로 건강한 개인이 사회의 질을 향상시키기에 나는 정신건강이 사회행동의 형태라는 견해를 강조하는 입장이다. 개인과 사회는 상호적·역학적으로 서로 고무하고 영향을 받는다(Erikson, 1963). 미술치료 분야 임상가로서 나는 내 개인적 성장과 한계가 내담자에게, 반대로 내담자의 성장이 나에게 미치는 영향을 깨달았다. 정부와 경제 제도의 건실함 또는 병리적 상태가 우리 모두에게 지대한 영향을 끼친다. 개인의 역량은 사회적 안녕에 기여한다. 프로이트(1961)는 건설적인 사회를 이루기 위해서는 미와 사랑을 향한 인간의 숭배를 강조했다. Erikson (1963)은 잘 알려진 발달이론을 발전시켰다. 그는 생애주기에 걸쳐 주변

환경과의 활발한 상호작용이 개인의 성장을 고무한다고 주장했다. 각각의 발달 단계에서 개인은 문제해결을 통해 점진적으로 사회와 상호만족적 참여와 개입관계를 맺는다.

Vaillant(1993)는 Erikson의 발달이론을 설명하며 방어기제의 역할과 생애주기 전반에 걸친 개별적 성숙과의 잠정적 관계에 대해 설명하였다. 성숙된 방어는 이타심, 기대, 승화, 압박, 유머를 포함한다. 이러한 방어는 개인의 안녕과 더 넓게는 세상에 기여한다. 성숙된 방어는 건설적인 사회에 기여한다.

인간의 역량과 병리현상 저변에는 개인적 그리고 사회적/문화적/정치적 요소들이 깔려 있다. 한 사회 내에서 공포는 종종 감정적 반응emotional reactivity을 촉발시킨다. 정치 지도자의 성향이 개인의 성격에 영향을 미치기도 한다. 정치 지도자의 성향이 사회적 성격구조와 사회 내 개 개인에게 영향을 미친다. 정치적 · 임상적 중심인 제도에 있어서 전가scapegoating는 차이점 중재reconciliation of difference가 아니라 오히려 갈등 전체의 원치 않는 측면들과 절연 혹은 파멸에 기반하고 있는 방어적 절단defensive disconnection의 과정이라고 Sarra(1998)는 설명한다. 갈등의 양면성을 견뎌내기보다는 고통을 부정한다. "예를 들어, 전쟁 중 선전 활동과 같은 경우는 개인적 차원에서 세계적 차원에 이르는 모든 단계의 분쟁에 원동력을 부여한다(Sarra, 1998, p. 73)."

트라우마 경험

2003년 나는 개인적으로 충격적인 사건에 연루되었다. 남편은 정치 시위를 지켜보는 동안에 경찰에게 끔찍한 폭행을 당하며 체포되는 일을 겪었다. 이 사건은 남편에게 대단히 충격적인 일이었다. 비록 나는 폭행사건의 간접 피해자였지만 나 역시 이 사건으로 깊은 충격에 빠졌다. 이 경험은 심리적으로 엄청난 충격으로 다가왔다. 나는 과거에 이런 식으로 충격을 경험한 적이 없었다. 매일 많은 사람들이 그보다 더한 일탈행위(직접적인 몸싸움, 학대, 폭력행위)를 겪으며 살고 있음을 알고 있다. 나에게 그러한 문제해결 방법이 있음은 무척 다행스러운 일이었다. 비록 당시에는 가벼운 일이라고 생각하지 않았지만 나는 충격을 경험했다. 또한 과거에 경험했던 공포에서 완전히 자유롭게 회복될 수 있으리라 믿지 않았지만 다행히 회복했다.

트라우마의 시작

2003년 8월 21일, 나는 구치소로부터 한 통의 전화를 받았다. 나는 오후 6시 30분경 남편 마크의 귀가를 기다리고 있는 중이었다. 전화가 울렸을 때 남편의 귀가가 늦어진다는 이야기일 것이라 생각했었다. 그러나 기계음성을 듣는 순간 이 전화가 구치소의 수신자 부담 전화임을 알 수 있었다. 나는 "수신자 요금을 부담하겠습니다."라고 답했다. 그러나 내 말은 듣지도 않는 기계음성이 내 귀에 울려 퍼졌다. 전화음성은 "수신자 부담 요금으로 2.30달러가 부과됩니다."라고 계속 지껄였다. "전화를 수신하려면 9번을 누르세요."라는 지시에 나는 9번을 눌렀다. "여보, 나 유치장에 와 있어."라고 남편이 말했다. 남편의 말에 나는 몸이 부들부들 떨리는 충격을 받았다. 가만히 앉아 있었음에도 마음이 심란해졌다. "몇 시간 뒤에 다시 전화할게." 남편이 말했다. 나는 무슨 말이든 꺼내야 했지만 말문이 막혔다. 그는 공포에 질린 듯했다. 남편의 작별인사 후 전화는 잠잠해졌고 나는 마음이 아팠다.

나는 전화를 끊고서야 "어떻게 유치장에 갇힌 거야."라고 물었어야 했다고 생각했다. 나는 공포에 질린 것을 알아차렸다. 공포감이 엄습하는 느낌이 들었다. 도저히 남편이 유치장에 수감되었다는 사실을 이해할 수 없었다. 남편이나 나는 아무 잘못을 저지른 적이 없었다. 우리는 그저 법을 지키며 열심히 일하는 모범시민일 따름이다. 남편의 전화를 받은 이후 나는 죄책감과 수치심이 들었다.

나는 외로움과 공포감을 동시에 느꼈다. 나는 곰곰이 생각하였다. 다른 두 가지 생각을 병행하기가 어려웠다. 고민이 끊임없이 밀려들었다. 교도소와 연상된 두려운 생각이 들었다. 폭력적인 교도관과 수감자의 성폭행이 연상되었다. 그러한 연상은 이성적 판단능력을 상실하게 한다. 나는 그저 전화가 울리기만을 기다리는 일 이외에 할 수 있는 일이 없었다. 누군가에게 도움을 요청할 기분도 아니었다. 충격으로 말문이 막혔는지 아니면 남편의 사건에 연루되기 싫었기 때문인지 밖은 점점 어두워졌지만 불도 켜기 싫었다.

약 2시간 후 전화가 다시 울렸다. 교도관이 전화한 것이다. 그녀가 물었다. 그녀는 우리가 현주소지에 얼마나 거주했는지, 주거지가 우리 소유인지, 남편의 정신질환 유무에 관한 몇 가지 질문을 했다. 나는 마음이 차분해짐을 느끼기 시작했다. 그녀가 남편을 이해하였음을 알았기 때문이다. 나는 가슴이 두근거림을 느낄 수 있었다. 그녀는 남편이 가석방되려면 650달러의 보석금이 필요하다고 했다. 나는 가석방 진행이 어떻게 진행되는지, 내가 할 일이 무엇인지 물어보았다. 그녀는 가석방 담당자와 연결해주겠다고 말했다. 그리고 침묵이 찾아왔고 20여 분 동안, "기다려주셔서 감사합니다. 통화 가능한 상담원이 연결될 때까지 기다려주십시오." 하는 녹음된 안내 멘트가 몇 초 간격으로 반복됐다.

마침내 누군가 응답했다. “수감자의 이름이 뭐죠?” 그녀가 물었다. “가석방 절차는 진행 중이 아닙니다. 1시간 후 다시 전화 주십시오.” 하는 말에 나는 놀랐다. 해야 할 일을 말해줄 거라는 기대는 무너져버렸다. 잠시 후 전화번호부에서 유치장 전화번호를 찾았다. 전화했을 때, “기다려주셔서 감사합니다.”라고 녹음된 자동응답 소리가 들렸다. 나는 지긋이 눈을 감았다. 마치 거대한 철문이 나를 가로막는 듯한 기분을 느꼈다. 전화에 응답한 사람은 이전에 통화한 그 여자인 것 같았다. 그녀는 보석금으로 750달러가 필요하다고 말했다. “제가 할 일이 무엇이죠?” 하고 물었다. 그녀는, “오늘 밤 가석방되기에는 너무 늦었습니다.”라고 했다. 나는 “무슨 일이 있었는지 이해할 수가 없군요. 남편이 왜 유치장에 있나요? 연락할 방법은 없나요?”라고 질문했다. 그녀는 “치안 문란 행위, 체포 거부, 경찰관 폭행 시도로 기소되었습니다.”라고 단호히 말했다. 전화를 끊은 후에도 그녀의 차가운 목소리가 계속 떠올랐다. 그녀는 마치 나를 훈계하는 듯했다.

울고 싶은 심정이었지만 목이 메어 소리를 낼 수 없었다. 처절하게 버려진 느낌이었다. 누구에게서? 집에 있어야 할 남편에게서? 도저히 말로 설명할 수가 없었다. 남편이 유치장에 수감된 것도, 죄인으로 대우받는 것도 도무지 이해할 수 없었다. 나는 평소에 법은 우리 같은 평범한 시민의 편이라 생각했다. 그렇지 않다면 안전할 수 있겠는가? 우리 부부에게 무슨 일이 생긴 걸까? 남편은 다음 날 밤까지 석방되지 못했다.

다음 날 저녁 남편은 석방되었고 사건의 정황을 들을 수 있었다. 나는 남편이 석방될 때까지 내내 불확실한 시간을 보냈다. 앞에서 말했듯이 내 마음은 무척 아팠다. 현재 상태로 회복될 때까지 오랜 시간이 걸렸다.

남편의 체포

남편이 체포된 경위를 말해주었다. 남편은 사건의 경위를 완전히 기억한다고 자신하고 있었다. 그는 사건경위를 자세하게 기억해내었다. 경위야 어찌 되었건 남편이 기억해내지 못한 사항도 있었다. 우리는 경찰감시 시민모임에서 비디오로 녹화된 사건경위를 보고서 나중에야 그 사실을 알게 되었다. 사건의 정황은 이러하다.

남편은 시위자 수백 명이 참가한 공원 행사장에 있었다. 남편은 시위현장 주변에서 몇몇 시위자에게 다가서는 듯하는 경찰을 보고 있었다. 남편은 뒤에서 경찰관에게 거칠게 밀렸다. 남편이 저항하자 3명의 경찰이 그를 올라타고 구타하기 시작했다. 남편은 처음에 누가 그를 덮쳤는지 몰랐다. 그는 강도를 당한 것으로 생각했다. "손 들어!" 위에서 그를 누르고 있는 무리들이 말했다. "손 내놔!" 남편을 공격한 자들이 말했다. 남편은 놀라서 꼼짝도 못한 채 누군가 남편의 손을 비틀었다. 그는 고통에 소리를 질러야 했다. 남편은 기절하였고 남편 손에는 수갑이 채워졌으며 경찰관 지시 불이행, 체포 방해 그리고 경찰폭행죄로 기소되었다.

듣고 보니 끔찍한 사건의 연속이었다. 30시간의 취조 후 신분증, 열쇠, 현금, 벨트, 그리고 안경 없이 풀려났다(개인 소지품은 다른 건물에 보관되어 제한된 평일 시간에 개방되었다. 남편은 금요일 밤 10시에 풀려났다).

혼란의 미로

우리 부부는 몇 주간 충격 속에서 지냈다. 남편이 형사고발된 아주 끔찍한 일이었다. 변호사는 남편에게 최대 18개월의 실형이 선고될 수도 있다고 말했다. 민중의 지팡이라는 경찰에게 구타당하고 폭력혐의로 기소되어 투옥될 가능성까지 있다니 어이가 없었다. 고가의 변호사가 필요했다. 끔찍한 악몽이었다. 나는 수감자들이 구타와 고문을 당하는 꿈을 꾸었다. 그러한 꿈과 현실 가운데 무엇이 더 끔직한 일인지 말하기조차 고통스러웠다.

우리는 지난 가을 내내 공포와 혼란으로 지냈다. 결국 5개월 후 남편의 범죄여부는 기각되었다. 경찰의 녹화테이프 분석으로 남편은 무죄로 밝혀졌다. 녹화테이프를 통해 시위대의 함성과 폭력시위 중의 아비규환 장면을 볼 수 있었다. 경찰들이 도로 주변에 있던 남편을 거세게 밀쳤다. 남편은 3명의 경찰들과 몸싸움을 벌였고 경찰은 남편을 땅바닥에 짓뭉갰다. 경찰 한 사람이 남편의 등을 세게 내리쳤다. 남편을 보도로 인도하고 수갑을 채우는 장면은 마치 한 마리의 동물을 포획하는 모습과 흡사했다.

현실 직면에 대한 질문

이 끔찍한 영상은 남편이 무죄임을 증명하였다. 또한 영상은 남편이 왜 그렇게 겁에 질렸는지 입증하였다. 비디오 영상은 남편이 거의 기억하지 못하는 사건에 대한 증거자료가 되었다. 이러한 증거자료는 여러 가지로 도움이 되었다. 그러나 증거자료를 언급하지 않는 것도 도움이 되는 방법이었음을 주목할 필요가 있다. 어쨌든 영상을 본 사람은 누구나 두려움을 느꼈다는 점에 주목하는 것이 중요하다. 이것은 악몽을 꾸는 것과 같다. 잔혹한 현실을 믿을 수 없다는 '믿을 수 없는 일'이라는 자주 사용되는 말은 안정감 유지에 도움이 되며, 트라우마 상태에서 생존 유지를 위하여 현실을 부정하며 현실과 분열시키는 데 도움이 된다.

남편은 영상에 기록된 극히 일부 사건만을 기억했기 때문에 자신이 부상당했음을 설명할 수 없었다. 한마디로 말하자면 이러한 장면은 남편 자신이 신체적 · 정신적인 고통에서 벗어나고자 했던 자신의 보호능력으로 처리되었다. Bromberg(2003)는 다음과 같이 정의한다.

> 인간에게 해리dissociation란 근본적인 방어가 아니며 창조적 적응과정에서 작용하는 정상적인 심리적 수용능력normal hypnoid capacity이다. 이것은 정신 구조가 될 수 있는 정상적인 과정이다. 이 과정에서 자아감지 능력과 어떤 경우에는 인내에 대한 분별 심리를 단절하는 트라우마 방지의 역할을 할 수 있다(p. 561).

본질적으로 이러한 정신적 과정은 '초기 경보' 역할을 하며 개인의 자아를 보존한다. 비록 분열상태는 보호적 기능을 수행하지만 이는 자아상실을 위협하는 것이기 때문에 공포스러운 일이기도 하다.

우리는 비디오 영상이 두려웠다. 변호사들과 회합이 없었다면 우리 자신은 그 장면을 마주하지 않았을 것이다. 우리는 변호사와의 만남을 일종의 분열상태인 혼미적 상태로 남겨두었다. 흡사 악마의 저주를 받는 느낌이었다. 우리는 자극을 제한하는 보호수단을 찾아내었다. 우리 자신을 보호하는 상태는 위험상태가 더 이상 현실이 아니었기 때문에 비합리적이었다. 그러나 인지기능의 통제력 상실의 위험성은 놀랍도록 무서운 일이었다. 다른 의미로 정신적 외상을 상기시키는 매체의 제한은 자아보존을 허용하는 의식적이며 의도적인 분열 형태이다.

표현수단과 통제수준

비디오 시청의 잔인성으로 언급되는 바와 반대로 내 지각과 경험기록은 압도적이며 혼란한 감정을 통제 가능하도록 하였다. 이는 매우 혼란한 내적 및 외적 조건에서 상황을 이해하는 데 도움이 되었다. 그러나 그 말들은 압도적인 정서적 반응을 다시 만드는 기회를 제공하여 정연한 사고와 유사하게 만들었다는 점에서 안도감 그 이상의 감정을 주었다.

미술로 이름 없는 불안에 이름 붙이기

이 장의 주제는 어떠한 부류의 심리적 방어 또는 자기표현이 안정감 회복에 유효한 효과가 있는지 알아보는 것이다. 시각적 표현에 몰두하는 방식은 글쓰기와는 매우 다르다. 나는 강도 높은 스트레스 상태에서 그림을 그릴 수 없다. 나는 이러한 일련의 과정으로부터 불안감을 느꼈다. 나는 그 장면을 목격하고 4주 후 그림 하나를 완성했다(그림 10.1). 스케치는 내 수면을 방해하는 악몽이 아닌 내가 직접 목격한 장면을 표현한 것이다. 이것은 경찰의 잔인함에 대한 내 인식을 직접 묘사한 유일한 미술작품이다. 잔인함의 시각적 묘사는 내 마음속에 격렬하게 밀려들어 왔다. 이미지를 묘

그림 10.1 잔인한 장면을 묘사한 연필 스케치

사하면서 모욕감을 느꼈다. 지금 이 글을 쓰면서 공포감과 함께 사무치는 외로움을 느낀다는 현실이 나를 슬프게 한다. 그러나 이러한 현실은 트라우마가 초래한 수치심의 불가피한 대응이었을지 모른다. 그림은 내가 겪은 고통을 어느 정도 감소시키는 데 도움이 되었으며 동시에 이러한 과정을 통해 공포감을 드러나게 하는 역효과도 있었다.

폭행장면을 묘사하기 위해서는 타인의 공격성을 식별하고 잠재적인 공격성을 이해해야 하며 개인이 받아들일 수 없는 현실을 인정하여야 한다. 그림과 마주할 때 나는 공포감에 구속되었다는 수치심과 당시 상황을 명료하게 설명할 수 있었다는 안도감이 복합된 감정을 느낀다. '수치심'이란 '정신적 외상으로 생성된 정서적 과잉을 설명하기에' 적합한 용어이다. 즉 공포스럽거나 예상치 못한 상황에 노출되는 것을 말한다(Bromberg, 2003, p. 567). 나는 위기감을 느꼈으며 내면의 충격이 극복될 수 있으리라는 자신감을 갖는 데 어려움을 느꼈다. 동시에 이러한 상황 묘사를 위한 나의 욕망은 두려움을 인식하고 다시 자존감을 되찾는 방안이 필요하다는 신념으로 탈바꿈되었다. 공포를 인식한다는 것은 결코 안도감을 제공하지 못한다. 사람들은 스스로의 생존이 지속될 수 있도록 상대적으로 안전 수준을 기대할 수 있을 뿐이다.

나는 거실 소파에 쉬고 있는 남편의 스케치를 완성한 후 경찰의 폭행장면을 그렸다. 경찰의 폭력, 체포와 감금은 내가 가지고 있던 안전에 대한 믿음이 산산조각 났다는 것을 의미했다. 과거에 나는 안전하다고 믿었고 그것이 당연하다고 생각했다. 현실에서 안전한 이미지는 악몽 같은 이미지로 변모했음을 이제 알게 되었다. 〈그림 10.2〉는 무너져버리기 직전인 내 남편의 모습을 보여준다. 이는 회복기의 시도이다. 비록 예전의 순수함은 산산조각이 되어 복원될 수 없는 지경이지만 나는 현재 이미지 묘사

그림 10.2 회복을 위한 연필 스케치

를 통해 굳건함을 다시 일으키고자 시도했다.

이 두 작품은 아주 다른 현실을 어떻게 용납하는지 보여준다. 또한 혼돈의 상황에서 자제력이 발휘되는 능력을 보여준다. 나는 어떠한 순간이라도 혼란과 절망에 빠질 수 있음을 느꼈다. 마치 낭떠러지 끝에 서 있듯 느꼈다. 하지만 나는 자제력이 있다. 단순한 연필(비교적 자제력이 덜한 수단의 사용) 스케치로 시작하였다. 이는 의식적 선택사항이 아니었다. 단지 발견한 것은 내 스스로 당시 상황을 되짚어보았다는 것이다.

수개월이 지난 후 나는 숲 속의 부엉이 두 마리를 그렸다. 해 질 녘 두 마리의 당당한 새의 모습을 묘사한 것이다. 그러나 그림을 그려나갈수록 그림의 분위기는 점점 어두워져 공포스러웠으며 더 이상 설명하기 어려워졌다. 계속 그림에 어두운 색조를 더하자 검은 장막이 그림을 덮치는 듯했다. 그림을 완성하며 정리가 되는 느낌이 들었다. 올빼미는 남편과 내가 혼돈과 예측 불가의 세계에서 희미하게 응시하는 모습을 표현한 것이었다.

그림 10.3 회복을 위한 유화

이 그림(그림 10.3)은 남편이 유치장에서 나올 때까지 어둠 속에서 기다렸던 나의 경험을 고통스럽게 회상시킨다. 또 다른 한편으로 이 그림은 너무 고통스러워 참을 수 없는 분명한 현실에서 안개가 남편과 나를 보호해주고 위로하는 장막 같은 느낌을 주기도 했다. 공격적인 조류인 올빼미의 이미지는 트라우마 사건에 대응하여 자신의 공격성을 감추려는 나의 감정을 상징하는 것이라는 사실을 나중에 알게 되었다.

이들은 내가 그림을 완성한 뒤에 내가 가졌던 생각 가운데 일부인데, 올빼미는 혼란스럽고 예측할 수 없는 세상을 우울하게 응시하는 남편과 나를 떠올리게 했다. 한편 그것은 고통스럽게 남편을 출옥시키는 방법을 발견하기 위해 어둠 속에서 기다렸던 내 경험을 떠올리게 한다. 다른 한편으로 그것은 너무 고통스러워 참을 수 없었던 선명한 현실로부터 남편과 나를 보호해주었던 안개에 의해 형성된 다행스러운 장막을 생각나게 한다. 나중에 나는 아마도 이러한 포식성 조류의 이미지가 트라우마적 사건에 대한 반응으로 내 자신의 가려진 공격성을 상징화한 것이라고 생각했다.

창작과정을 통해 나는 외상적 경험의 사실적 광경을 인식하였다. 혼돈의 상황에 직면할 경우 자제력에 대한 필요성은 그림으로 폭력행위를 묘사할 때 쉽게 위협받는다. 공격자에 대한 분노와 정체감의 표현은 회복과정의 일부이다. 혼란이나 압박의 영향에서 벗어나는 쉬운 방법은 없다. 나는 자신감을 회복하고 자신과 타인을 의미 있게 연결하는 방법을 찾기 위해 고군분투했다. 시각적 표현은 무너져버린 감정과 외로움을 극복하기 위한 투쟁이었다.

위의 사례에서는 필자의 주관적인 경험으로부터 미술치료적 활용에 대한 개인적 탐구를 다루었다. 이제부터는 간접적인 트라우마 경험으로 인하여 현재 사건에 대한 자신의 이해에 관련된 한 소년의 작품을 주제로 초점을 변경하도록 하겠다. 나의 경험과 다음의 이야기에서 등장하는 두려움의 대부분은 트라우마 경험과 그러한 경험을 극복하려는 노력의 특성을 지우는 이름조차 없는 공포감을 조성하고 있다.

전쟁터 소년의 이야기

매주 나를 찾아오는 예술적 재능이 뛰어난 11세 소년 내담자가 있다. 소년은 다른 사건뿐 아니라 현재 진행 중인 사안에 깊은 영향을 받는 예민하고 예리한 관찰력을 가지고 있다. 소년은 청각장애가 있으며 가끔 구두로 개념화하는 데 어려워하여 좌절하였다. 그의 아버지는 참전용사로 아들에게 전쟁의 참상과 영웅적 행위의 의미를 알려주곤 하였다. 아버지는 2001년 9월 11일 워싱턴 D.C.에 있었으며 귀가가 늦어지고 있었다. 소년에게는 무척 두려운 일이었다. 대부분의 소년들은 자신을 증명하거나 친구들 또는 기타 대인관계에서 인정받으려 노력한다. 소년은 아버지의 참전 경험, 현재 벌어지고 있는 사건, 타인과의 관계에서 지대한 영향을 받으며 공포심을 느끼고 있는 듯하였다.

소년과 마주하고서야 나는 그가 9 · 11 테러 공격으로 충격을 받았음을 알게 되었다. 그의 청각장애는 아마도 9 · 11 테러의 영향이었을 것이다. 즉 어떤 의미에서 그는 형언할 수 없는 테러 경험을 놀랍도록 구체화하여 우리 인간들이 시각미술을 통해 대량의 감각을 관찰함에 있어서 직면하는 자제감뿐만 아니라 안도감도 제공한다. 동시에 전투장면 묘사는 소년에게 혼란스러운 일이다. 소년은 너무 고통스러워 견디기 힘든 충격적인 현실을 묘사하고 있다. 그러나 미술을 통해 인고하는 방법을 찾았으며 이러한 일련의 노력은 현실적으로 희망을 품을 수 있는 유일한 방식을 제공하였다. 공격성은 내부적 조화로 해결될 수도 있다(Kramer, 1979).

'세상' (그림 10.4)이라는 제목의 연필화는 오렌지 빛의 격렬한 포격 현장을 나타내는 전투장면으로 강인한 파병 군인을 묘사하고 있다. 두개골, 지구 또는 포탄 파편일 수도 있는 형상의 그림은 극히 공포스러운 (일종의 묵시록 같은) 전투 현장을 묘사한다. 이 작품은 흥분, 공포감 그리고 분노의 감정이 혼재되어 있다. 전쟁과 분쟁에 대한 소년의 적대심과 분노를 담고 있다. 소년과 나는 전쟁이 얼마나 두려운 것인지 대화를 나누었다. 우리가 그림 분석을 강조하는 이유는 이러한 현실과 공포감을 얼마나 많이 대면할 것인가에 대한 본질적인 고민 때문이었다.

'세상'은 동일한 주제를 표현한 많은 작품 중 하나였다. 예술창작 과정은 두려운 감정의 표현을 허용한다. 수개월에 걸쳐 그린 그림이 완성되었다. 소년의 상상 속 생물체는 목가적 장면과 전투 장면 사이에 산재되어

그림 10.4 '세상', 색연필

있다. 더욱 진정성을 주는 주제는 세상의 강건함과 아름다움의 균형 감각과 추억 장면을 제공했다.

'고대 전사' (그림 10.5)로 묘사된 그림은 수개월 후에 완성되었다. 그림 내용은(이 그림과 많은 후속 작품들) 신화적 주제로 바뀌었다. 회화적 방식은 세부적이며 부드럽고 더 이상 전쟁으로 인한 압박감은 없다. 전사는 전투에 참여하지 않는다. 아마도 그들은 "전투현장으로 향하는 것일지도 모른다." 작품이 완성되어가는 동안 전투 이야기는 고통스러운 감정을 초래했다. 소년은 그러한 전투현장을 생각만 해도 매우 당혹스러우며 분노하게 된다고 했다. 소년은 고통에 압도된 듯 머리를 손에 묻었다. 소년은 더 이상 말을 이을 수 없다고 했다.

소년의 작품은 자신이 겪은 정서적 충격을 이해하고자 하는 노력의 과정이었으며 이는 혼돈스럽고 혼란스러운 세상의 문제와 관련이 있었다.

그림 10.5 '두 전사', 색연필

소년은 그림을 그리는 동안 견딜 수 없는 압박감을 인고해야만 했다. 그럼에도 불구하고 세상에서 벌어지는 일련의 사건을 이해하고자 하는 그의 시도는 아주 의미 있는 노력이다. 반면에 이러한 내적 갈등을 해결할 수 있는 다른 방법이 없다. 전쟁을 이해할 수 있는 방법이 없기 때문이다. McNamara는 동일한 제목의 전쟁 영화 '안개 속의 전쟁' Fog of War에서 다음과 같이 말한다(Morris 2004).

> 전쟁은 인간이 그 모든 변수를 이해할 수 있는 능력을 초월하게 한다. 우리의 판단력, 이해력은 부적절한 것이며 우리는 불필요한 살인을 자행한다……. 살인의 이유는 한정되어 있다.

결론

나는 간단명료하게 결론을 내리고 여러분에게 명확한 지침을 내리고 싶다. 그러나 이것은 불가능한 일이다. 이 장에서 거론된 주제의 모호함을 용인하기 어렵기 때문에 독자에게 공식을 제공해주고자 한다. 세상에 일어나는 사건으로 인한 개인적 영향을 이해할 수 있는 방법은 없다. "전쟁이 일어나는 사유를 제시하기에는 한계가 있다." McNamara(미국 전 국방장관)는 베트남 전쟁의 전략적 역할을 언급하며 "어떠한 사건을 믿는 일과 목격하는 일은 양쪽 모두 종종 틀린다(Morris, 2004)."라고 말했다. 트라우마적인 세상의 사건과 연관된 개인적 경험과 반응의 심각성을 완전히 이해하는 것은 불가능하다.

나는 창조적 표현이 정신적 외상의 영향을 치유할 수 있다고 결론을 내리고자 한다. 물론 이러한 치유는 종종 악화된 감정을 촉발시키기도 한다. 아주 중요한 점은 창조적이며 치료적인 과정에서 자기표현과 대인관계가 자아를 강화하는 수단을 제공할 수 있다는 믿음을 유지하는 것이다. 인내는 복잡하며 불확실한 과정이다.

끔찍한 경험의 영향력을 되돌릴 수 있는 방법은 없다. 이탈리아에서 사회주의 정권과 제2차 세계대전을 겪은 Natalia Ginzberg(2002)는 공권력 남용의 지속적 영향에 대해 다음과 같이 서술하였다.

> 악마 같은 경험은 절대 잊혀지지 않는다. 우리에게 한밤중에 계속되는 요란한 초인종 소리는 단지 '경찰'이라는 하나의 세계를 의미할 수 있다. 또한 우리 자신에게 그 '경찰'이라는 단어는 아마 우리가 "보호와 도움을 요청할 수 있는 친절한 얼굴을 의미할 것이다."라고 계속 되새겨도 소용이 없다. 우리에게 이 단어는 의심과 두려움을 느끼게 한다(p. 57).

나는 이러한 개인적이며 임상적인 여정을 겪으며 끔찍한 사건들이 어떻게 개인에게 해를 끼치고 영향을 미치는지 탐구하였다. 이 장에 인용된 사건들은 개인에게 두려움과 단절감을 촉발시킬 수 있다. 자기표현과 대인관계를 통해 이러한 자료 연구를 위한 문맥을 제공할 수 있다. 나의 결론은 아주 단순하고 분명하다. 이는 나를 강화시킨 가장 중요한 학습사항인 듯하다. 적극적으로 투쟁 노력에 몰두하면 아마도 어느 중요한 지점에 당도할 것이다. 이러한 과정에서 자신의 능력과 독자적 투쟁이 아닌 공동 노력으로 최선을 다한다면 자신의 존재 의미를 강화시켜 갱신시키는 수단이 된다. 공포 경험에 직면하여 발생하는 수치심과 두려움은 심각하게 대인관계와 노력의 가능성을 위협할 수 있다.

이러한 경험을 분명하고 안전하게 표현하는 방법을 모색하는 일은 반드시 간단하거나 가능한 일은 아니다. 무서운 현실을 받아들이는 일은 엄청난 투쟁 노력과 고통을 수반한다. 사람은 내면의 강인함과 가용 가능한 외적 자원의 수준에 따라 이러한 투쟁에 참여할 수 있다. 이러한 투쟁 노력에 의미 있는 참여활동은 공포와 혼란뿐 아니라 모호성을 견디는 인내력도 필요로 한다.

위에서 언급한 연구에서 Ginzberg(2002)는 다음과 같이 말한다.

> 테이블에 램프와 꽃병 그리고 사랑하는 사람의 초상화가 있는 경우에도 어떤 상황은 불치병이며 세월이 지나도 우리는 회복할 수 없다. 그들을 포기해야 하기 때문이 아니라 우리가 이러한 것에 대한 믿음이 없기 때문이다(P. 57).

그녀는 만행의 개인적 영향을 정직하게 투쟁할 필요성을 암시하며 이 세상을 안전한 곳으로 여기는 것이 가능하다고 설명을 계속했다. "우리는 외부 공포에 대해 전혀 무방비 상태가 아니다. 우리는 과거의 사람들이 모르던 강인함과 억제력을 가지고 있다(p. 58)."고 결론 내린다. 개인의 발전과 임상현장에서 자아에 대한 강인함을 키우는 일은 사회행동의 한 형태이다.

참고문헌

Bromberg, P. (1998) *Standing in the Spaces: Essays on Clinical Process, Trauma and Dissociation.* Hillsdale, NJ: The Analytic Press.

Bromberg, P. (2003) "Something wicked this way comes. Trauma, dissociation and conflict: The space where psychoanalysis, cognitive science and neuroscience overlap." *Psychoanalytic Psychology 20*, 558–574.

Erikson, E. (1963) *Childhood and Society.* New York: W.W. Norton.

Freud, S. (1961) *Civilization and its Discontents.* New York: W.W. Norton.

Ginzberg, N. (2002) *A Place to Live and Other Selected Essays of Natalia Ginzberg.* New York: Seven Stories Press.

Kramer, E. (1979) *Childhood and Art Therapy.* New York: Shocken.

Morris, E. (Director) (2004) *Fog of War* [Motion picture] Culver City, CA: Sony Pictures.

Sarra, N. (1998) "Connection and Disconnection in the Art Therapy Group: Working with Forensic Patients in Acute States on a Locked Ward." In F. Skaife and V. Huet (eds) *Art Psychotherapy Groups: Between Pictures and Words.* London: Routledge.

Van der Kolk, B. (2003) "Posttraumatic Stress Disorder and the Nature of Trauma." In M. Solomon and D. Siegal (eds) *Healing Trauma: Attachment, Mind Body and Brain.* New York: W.W. Norton.

Vaillant, G. (1993) *Wisdom of the Ego.* Cambridge, MA: Harvard University Press.

테러와 미술치료

제11장

Rachel Lev-Wiesel & Nancy Slater

도입

이 프로젝트는 이스라엘 네게브에 위치한 벤구리온대학교 대학원 학생들이 자신의 조국 이스라엘에서 벌어진 테러와 미국 9 · 11 테러 공격에 대한 반응을 비교한 것이다. 2002년 사회복지과 대학원 학생들과 함께 그림 그리기, 회고록 작성하기, 토의하기, 세 단계 순서로 진행되었다. 한 집단에서는 미국 9 · 11 테러 공격에 대한 참여 학생들의 개별적인 반응을 살펴보았으며, 다른 집단에서는 이스라엘을 겨냥한 지속적인 테러에 관한 참여 학생들의 반응을 살펴보았다. 9 · 11 테러 공격 이전 참여 학생들은 미국에 대한 강력한 내적 유대감을 가지고 있었음을 확인할 수 있었다. 우리 공동연구원은 시각적 반응의 범주와 서술적 반응의 범주로 나누어보았다. 학생들의 반응을 비교 검토한 결과 반응의 빈도를 확인할 수 있었다. 마지막으로 테러에 대한 공동연구자의 관점이 담긴 회고록이 작성되었다.

이스라엘 국민들의 삶은 항시 테러 공격에 직면해 있다. 이는 이스라엘이 국가의 지위를 획득한 이후부터 계속되고 있다. 이스라엘 국민들과 세계 각지에서 유입되는 이민자들은 이러한 현실에 대처하여 각자의 방식을 강구하였다. 이스라엘 땅에 거주하는 모든 이들은 만일의 테러 공격에 준비되어 있는 동시에 우리에게는 평범한 일상의 모습이 그려지지 않지만 현실적으로 가족, 학교, 직장 등 일상의 삶을 이어가야만 했다. 따라서 이러한 맥락으로 이 프로젝트가 시작되었다.

이 프로젝트는 일회성으로 이스라엘 네게브에 위치한 벤구리온대학교 사회복지과 대학원 학생들과 9월 11일 뉴욕과 워싱턴 D.C.에서 일어난 사건을 되돌아보는 것으로부터 시작되었다. 프로젝트는 참여 학생들의 그림과 회고된 내용으로 정치적 테러행위가 지구촌 주민들과 어떠한 관련성이 있는지 살펴볼 것이다. 습득한 데이터를 분석하기 위해 양적 연구방식이 사용되어 참가자들의 테러에 대한 반응의 깊이와 폭을 서술적 그리고 비교적 방식으로 분석하였다.

미술치료 그리고 전쟁과 폭력에 대한 문헌

테러와 전쟁의 참상을 다룬 미술치료 연구가 현재 활발히 이루어지고 있다. 9 · 11 테러와 그 후유증은 외상 후 스트레스를 치료하기 위한 단기적 미술치료의 장기적 개입 방식으로 중점적으로 발전하였다(Henley, 2001).

지난 20년 동안 많은 미술치료사들은 개인에 대한 폭력과 외상 후 스트레스장애를 치료하기 위해 고민해왔다. 미술치료 선구자인 David Read Johnson(1987)은 심리적 트라우마를 치료하기 위한 예술치료 방식에 대하여 논하였다. 그는 다년간 미국에서 베트남 참전용사들에게 미술치료를 시행한 경험으로 트라우마 치료를 위한 예술치료를 제안하였다(1999). Johnson(1987)은 미술치료의 역할에 대해 다음과 같이 설명한다.

> 미술치료는 트라우마 이미지와 기억에 접근하기 용이한 특별한 역할을 제공한다. 트라우마적인 기억들은 '사진처럼 생생한' 형태로 부호화되어 시각적으로 처리되기 때문에 시각적 매체는 이러한 의식에 특별한 의미를 부여한다(p. 10).

최근 들어 미국, 영국의 다문화 미술치료 문헌들은 전쟁, 테러, 정치적 고문에 대한 미술치료의 개입 사례를 거론하고 있다(Byers, 1996, 1998; Golub, 1989; Heusch, 1998; Kalmanowitz & Lloyd, 1999, 2002; Schaverien, 1998; Wertheim-Cahn, 1998). 그중 John Goff Jones (1997)의 1993년 오클라호마시티 연방정부청사 테러사건 피해자들에게 실시한 미술치료에 대한 문헌은 미술치료가 테러에 대한 직접적인 개입이 이루어진 중요한 사례이다. 최근 들어 미술치료 학술지 *Art Therapy*에 발표된 Anderson(2001) 그리고 Gerity(2002)의 9 · 11 테러 공격을 서술한 두 논문은 일련의 예로 포괄적인 의미에서 테러행위에 대한 위기 개입 방식으로 미술치료가 사용되었다.

Jones(1997)의 논설은 테러 피해자에 대한 미술치료 지침뿐만 아니라 거대한 폭력과 테러 공격의 영향에 대한 미술치료사의 역할을 부여하였다. Jones는 다음과 같이 말한다.

> 미술치료는 환자에게 분노, 죄책감, 슬픔, 무력함 그리고 방대한 비극적인 사건으로부터 압도되는 감정의 경험을 이해하게 한다(p. 91).

그의 이러한 관점을 프로젝트에 반영하였다. 프로젝트의 첫 번째 목표는 미술치료를 통한 정보를 수집하여 비교 분석하는 것이었으며, 두 번째 목표는 회고록 작성이었다. 미술적 표현은 기억과 고통스러운 경험을 외부화한다. 미술적 활동은 설명할 수 없는 것을 설명하도록 도우며, 숨겨진 기억을 의식화한다(Johnson, 1999; Schaverien, 1998).

프로젝트 참가자들은 오랜 시간 스트레스 상황에 노출되어 있었으며, 많은 시간이 계속될 것이다. 몇몇 참가자들은 테러행위에 대한 기억을 외면하고 싶었기에 자신의 심정을 표현하는 것을 꺼렸다. 대부분의 참가자들은 홀로코스트를 경험한 1세대 피해자의 아들딸들이다. 그들의 개인사를 통해 회화적으로 그리고 회고적으로 표현된 반응은 다른 참가자들에게도 영향을 주었다. Schaverien(1998)은 홀로코스트 생존자들을 위한 미술치료 워크숍을 다음과 같이 서술한다.

> 트라우마로 인한 충격은 상상할 수 없을 정도로 그리고 말할 수 없을 정도로 억압된 형태로 개인과 집단을 억압한다. 공통적으로 세대를 거쳐 부인과 망각으로 대처한다(p. 157).

다수의 참가자들은 위에서 이미 언급된 몇 가지 방식을 언급하였다. 몇몇 참가자들은 자신만의 몇 가지 대처 방식을 언급하였다. 이 프로젝트에서 언급된 회화적 묘사와 회고록은 일상에서 벌어지는 폭력으로부터 스트레스에 대처하는 개인의 방식뿐만 아니라 강력하고 거대한 테러로부터 생존하는 법을 보여준다. 우리 프로젝트는 Schaverien(1998)이 관찰한 중요한 전형적인 사례이다. "미술은 일반적으로 테러에 대한 기억과 심리적인 영향처럼 보이지 않는 것을 볼 수 있게 하는 경험을 제공한다(p. 168)."

이스라엘에 대한 테러

이스라엘은 국가로 선포되기 이전부터 지속적인 테러와 테러 위협을 견뎌왔다. 미국영토의 1/20도 안 되는 이스라엘을 겨냥한 테러의 역사는 미국보다 더 오래되었다. 프로젝트의 참가자들은 평생 테러의 산증인이 되어야만 한다.

고대부터 중세 유럽, 현재에 이르기까지 유대민족의 역사는 극심한 상실, 추방 그리고 고통이 가득하다. 몇 가지 역사적 사건을 통해 이를 강조할 수 있다(Arad, 1991; Makovsky, 1995).

1. 유럽 중세 시대인 1144년 영국에서는 유대인들이 질병을 치료하기 위해 그리스도인을 납치하여 죽인 후 그 피를 상처 부위에 바른다는 소문을 퍼지게 하였다. 결국 이 소문은 군중들이 폭동을 일으키는 기폭제가 되어 유대인 대학살로 이어졌다.
2. 유대인은 그들의 땅으로부터 추방당했으며, 1481년부터 1492년까지 스페인에서도 추방당했다. 유대인들은 그리스도교로 개종할 것을 강요받았으며, 개종하지 않은 유대인들은 고문과 학살의 방식으로 탄압되었다.
3. 17세기 중앙유럽과 동유럽에서는 유대인에 대한 탄압이 극에 달했다. 가톨릭과 개신교 간의 대립으로 인해 1618년부터 1648년까지 30년 동안 독일을 중심으로 유럽제국 사이에서 벌어진 종교전쟁 동안 유대인들은 양 진영에 의해 죽임을 당했으며 흐멜니츠키Chmielnicki 대학살(1648~1649) 또한 이 시기에 벌어졌다.
4. 유대어로 하쇼아*ha-sho'ah*라고 불리는 홀로코스트는 유럽 전역에 흩

어져 있던 유대인을 상대로 나치가 자행한 체계적인 학살이다. 홀로코스트는 1933년 히틀러의 나치당이 독일 정권을 잡으며 시작되었다. 이 기간 동안 나치는 역사적으로 찾아보기 어려운 만행을 저지른다. 그 결과 60만 명의 유대인이 처참한 죽임을 당했다. 동성애자, 집시 그리고 정신병자들이나 신체장애자들 또한 나치의 희생양이 되었다. 유럽을 주 무대로 유대인에 대한 폭력이 이루어졌음에도 불구하고 그 후에도 계속해서 새로운 유대인 국가인 이스라엘에 대한 만행이 이어졌다.

5. 1948년 UN이 이스라엘을 국가로 선포한 다음 날 이스라엘은 7개의 중동 연합국가에게 공격당하였다. 당시 이스라엘의 인구는 60만 명인 반면 아랍연합의 인구는 3,000만 명이였다.
6. 1956년에서 1982년까지 이스라엘은 인접 이슬람 국가와 총 네 번에 걸친 전쟁을 겪었다.
7. 1964년 아랍국가 정상회의에서 팔레스타인 해방기구PLO가 결성되었다. PLO의 주목적은 이스라엘 세력을 밀어내고 팔레스타인 국가를 건립하는 것이었다. 1965년 야세르 아라파트Yasser Arafat가 이끄는 알파타Al Fatah가 창설되었다. 이후 이스라엘 국민에 대한 수천 건의 테러행위가 행해졌다. 일련의 테러행위에는 1972년 5월 사베나여객기 납치사건, 1972년 올림픽 기간에 11명의 이스라엘 운동선수의 목숨을 앗아간 뮌헨 테러사건 등이 있다.
8. 1980년대 팔레스타인 인티파다Intifada[1]는 결국 1993년 오슬로 평화협정을 이끌어내었다. 중동에 평화의 바람이 부는 듯하였다. 하지만

[1] 역주 : 인티파다는 봉기, 반란, 각성 등을 뜻하는 아랍어로 팔레스타인의 반反이스라엘 저항운동을 통칭한다.

2000년 9월 빌 클린턴 미국대통령 주최로 캠프 데이비드Camp David에서 열린 평화협상에서 아라파트는 중재안을 거절하였다. 이 것으로 두 번째 인티파다는 시작되었고 현재까지 계속되고 있다.

미국에 대한 테러의 역사적 맥락

역사적으로 미국은 이스라엘에 비해 테러 위협이 현저하게 적었다. 2001년 9월 11일 뉴욕 세계무역센터, 버지니아 주 펜타곤에 대한 테러가 일어나기 이전 미국은 자국 내에서 테러나 전쟁에 노출된 적이 별로 없었다. 미국 내에서 정치적 이유로 발단된 죽음과 파괴는 1862년에서 1865년까지 벌어진 미국 남북전쟁부터 시작되었다. 1941년 12월 7일 진주만 공습(Gilbert, 1989), 1993년 2월 26일 세계무역센터 자동차폭탄테러(Caram, 2001), 1995년 4월 19일 오클라호마시티 연방정부청사 테러(Jones, 1997)는 21세기 들어 미국 본토가 공격당한 상징적인 사건들이다.

제2차 세계대전 이후 냉전시대에는 핵 위협으로 인하여 미국인들의 일상적인 삶이 위협을 받았으며 이후 베트남전을 통해 많은 미국인의 목숨이 희생되었다. 그러나 미국정부는 고립된 자세로 외부의 공격으로부터 자국민의 안전을 보장하고 있다. 9 · 11 사건 이전 많은 미국인들은 위협이나 개인의 폭력적인 행동을 인식하고 있었지만 대다수의 미국인들은 테러는 '어딘가에서 막연히' 벌어지고 있는 사건이라고 믿어왔다. 미국인들은 미국 군사력의 우월함을 믿도록 교육받는다. 제2차 세계대전 이후 다른 국가들도 미국을 안전성과 경제적 투자환경에 대한 이유로 매력적인 곳이라는 인식이 생겼다. 특히 이스라엘 같은 국가는 9 · 11 이전 미국의 외교정책에 대한 의존도가 높았다(Richardson & Evans, 2001).

프로젝트 참가자의 심리적 맥락

빈번한 테러 공격으로부터 삶을 이어나가는 것은 개인의 불안과 공포 그리고 조바심을 높일 수 있다. 계속된 테러의 직접적인 또는 간접적인 노출은 외상 후 스트레스 반응을 촉진하는 원인이 되며, 외상 후 스트레스 장애PTSD로 이어질 수 있다. 만성적인 PTSD의 위협은 전쟁과 테러 등 지속적인 외상적 사건의 노출 정도에 따라 달라진다(Friedman, Schnurr & McDonagh, 1994). 그러나 외상적 경험 그리고 외상적 경험을 이루는 구성 요소는 PTSD의 발현 위험이 있으며, 개인과 개인의 전반적인 기능에 유해한 영향을 미칠 수 있다는 일반적인 공감대가 형성되어 있다(Bowman, 1997).

이 프로젝트는 정신건강을 평가하려는 의도가 있었던 건 아니었지만, 중요한 점은 프로젝트 참가자들이 지속적인 위협과 실제 테러와 전쟁 속에서 자신의 삶의 대부분을 살았다는 것을 숙지하는 것이었다. 이러한 위험한 환경에서는 삶을 지속시키는 것과 현실적인 위협에 대처하기 위해 방어적인 자세를 취하기 마련이다. 지속적인 위협과 테러 공포는 심리적 그리고 정신적으로 영향을 미칠 수 있음을 프로젝트 참가자로부터 확인할 수 있었다.

프로젝트 준비

이 프로젝트의 핵심 주제는 이 장의 저자 중 한 사람인 Nancy Slater가 9 · 11 사건 두 달 후인 11월 미국미술치료협회AATA 콘퍼런스 대담 내용으로부터 발단이 되었으며, 미술치료 강의 중 이스라엘 출신 학생이 계속적인 테러행위가 이스라엘에 영향을 미치고 있다고 언급한 부분에서 프로젝트는 시작되었다. 프로젝트의 목적은 (1) 테러로 인한 정서적 효과의 추가적인 이해를 돕기 위해 수집된 정보의 유용성을 확인하는 것, (2) 추후 치료적인 개입을 확립하기 위해 프로젝트의 치료적 가능성이 있는지 확인하는 것이었다.

Kalmanowitz와 Lloyd(2002)는 코소보 출신 교사들과 진행한 미술치료에서 그림을 통해 직접적으로 교사들이 자신의 고통과 상실을 표현하고 소화시킬 수 있도록 보조하였다. Mayo(1996)가 고식적palliative 환자의 집단 미술치료에서 서술한 '상징적 은유 그리고 회고록'의 과정은 이번 프로젝트에 많은 영향을 주었다. Mayo(1996)는 미술작품은 아름다운 동시에 추할 수 있다는 점을 설득력 있게 지적한다. 미술이 가진 이러한 특징은 대규모 테러에 대해 반응하고 인지한 것을 표현하는 데 매우 중요하다고 한다.

27명의 벤구리온대학교 사회복지과 대학원생(여성 25명, 남성 2명)이 참여하여 단일 회기 동안 그림을 그리고 회고록을 작성하였다. 참가자들은 폭력적인 사건의 전말을 알아보기 위해 그림 그리기, 회고록 작성하기 그리고 집단토의를 진행하여 데이터를 수집하기 위한 프로젝트라고 알려주었다. 또한 이 프로젝트에 참여함으로써 학습경험이 있음을 일러주었다.

참가자들은 집단에 배속되어 2시간 동안 진행되었다. 〈집단 1〉은 9 · 11 테러 공격에 대한 자신의 경험담을 진술하도록 하였다. 〈집단 2〉에서는 이스라엘에서 벌어진 테러행위에 대한 자신의 경험담을 진술하도록 하였다. 2시간 동안 진행된 프로젝트는 (1) 주도적인 그림 그리기, (2) 테러에 대한 주제로 서술된 회고록, (3) 집단에 해당된 주제에 대한 집단토의가 이루어졌다. Nancy Slater는 9 · 11 집단(집단 1, 참가자 19명)을 진행하였고 이 장의 또 다른 저자 Rachel Lev-Wiesel은 이스라엘 집단(두 집단, 참가자 8명)을 맡아 진행하였다.

주제에 들어가기에 앞서 모든 참가자들에게 10분 동안 자유주제로 그림을 그리게 하였다. 참가자들이 책상 위에 놓인 미술도구 그리고 우리가 의도하는 방식에 친숙해지도록 하였다. 두 번째로, 〈집단 1〉에 "2001년 9월 11일 뉴욕과 워싱턴 D.C.에서 발생한 테러 공격에 대한 자신의 반응을 그림으로 표현해보세요."라고 지시하였고 〈집단 2〉에 "이스라엘에서 최근 벌어진 폭격, 총격 그리고 다른 테러 공격에 대한 자신의 반응을 그림으로 표현해보세요."라고 지시하였다. 모든 참가자에게 20분의 시간이 주어졌다. 그림이 완성된 후 참가자들에게 "그림을 통해 회고한 바를 글로 써보세요."라고 요청하였으며 15분의 시간이 주어졌다.

일련의 과정이 완결된 후 공동 연구자들은 한자리에 모여 서로의 경험을 토의하였다. 이 논의는 개인 및 집단 참여에 대한 관찰은 물론, 프로세스 및 학생 반응에 대한 우리의 반응에 초점을 두었다. 이후 우리는 그림과 회고록, 집단토의 중 메모한 내용을 검토하였다.

참가자의 반응

집단 1

〈집단 1〉 참가자의 그림과 이를 회상한 내용을 예시로 다음과 같이 회고하였다.

그림 11.1 '총체적 파괴'

G

G의 그림 제목은 '총체적 파괴' (그림 11.1)로 G는 다음과 같이 서술하였다.

> 이 그림은 충돌로 인해 발생한 화재로부터 몸을 피하기 위해 어쩔 수 없이 창문에서 뛰어내리는 광경을 묘사한 것입니다. 이 충격적인 장면은 제 기억에 남아 있습니다……. 미국에서 가장 안전한 장소라고 여기던 곳조차 …… 저는 총체적 파괴로 인한 죽음이 시작될 것 같은 두려움에 휩싸였습니다. 여객기 충돌로 인한 화재로 사람들이 건물에서 뛰어내리는 모습이 제 머릿속에서 떠나질 않습니다…….

Z

Z의 그림 제목은 '그들과 우리' (그림 11.2)로 Z는 다음과 같이 서술하였다.

> 제 어머니의 생일날 벌어진 이 사건으로 인하여 철옹성 같은 미국이 무

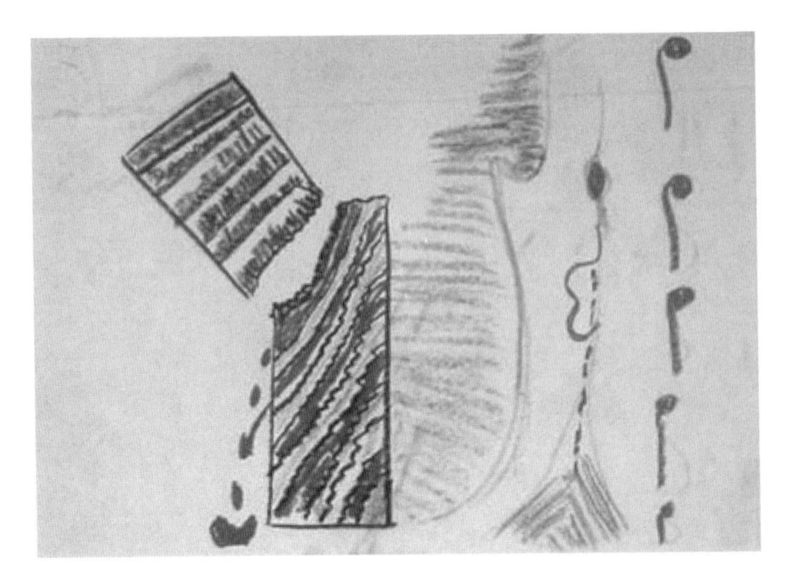

그림 11.2 '그들과 우리'

너져버렸습니다. 내 작은 조국은 생각보다 강했습니다. 우리는 이런 테러행위에 익숙합니다. 그들은 피를 흘리며 힘없이 주저앉아버렸고 우리는 계속 피 흘리고 있습니다.

Y

Y의 그림 제목은 '충돌' (그림 11.3)로 Y는 다음과 같이 서술하였다.

제 마음은 무너져버렸습니다. 사건 당일 저는 아이들과 함께 식사를 하고 있었습니다. 사람들이 웅성거리는 소리에 텔레비전 화면을 보고 어떤 상황이 벌어지는지 알게 되었습니다. 정말 끔찍한 장면에 놀라움을 금치 못했습니다. 미국같이 거대한 나라에도 테러의 손길이 뻗치다니. 제 아이들은 이러한 상황을 이해하려고 저에게 질문 세례를 했습니다. 그러나 우리 눈앞에서 자유 세계의 상징물이 마치 카드더미처럼 무너져버리는 모습을 아이들에게 도저히 설명할 수 없었습니다. 저는 그 자

그림 11.3 '충돌'

> 리에 힘없이 얼어버렸습니다. 그날 벌어진 일을 묘사하기 위해 그 장소, 그 순간을 다시 떠올릴 때마다 좌절감이 반복되는 기분이었습니다. 사건현장에서 수천 킬로미터 떨어진 곳에서 텔레비전 화면으로 전송된 참혹한 영상은 제 마음을 무겁고 슬프게 만들었습니다.

집단 2

〈집단 2〉 참가자의 그림과 이를 회상한 내용을 예시로 다음과 같이 회고하였다.

R

R의 그림 제목은 '상처' (그림 11.4)이다. R은 다음과 같이 서술하였다.

> 저는 피 묻은 손을 그렸습니다. 테러의 어둠, 어둠의 폭발, 어둠의 두려움으로부터 제 손을 거두는 의미로 이 그림을 그렸습니다. 이 손은 피해

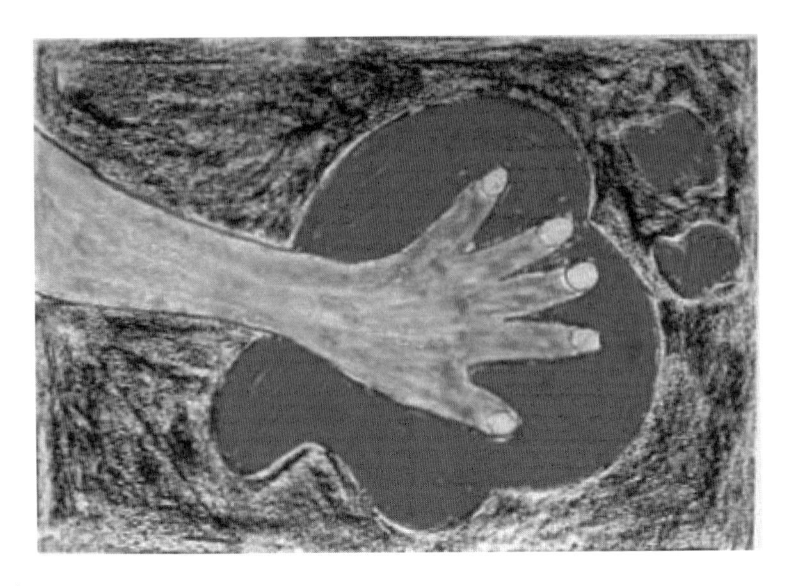

그림 11.4 '상처'

> 자의 손입니다. 상처 입은 피해자는 손을 뻗어 살기 위해 도움을 요청합니다. 저는 이 그림을 그릴 때 생각하지 않고 의도 없이 그리려 노력했습니다. 저는 그 장소에 없었지만 피해자들을 봤습니다. 제가 그곳에 없었던 것이 천만다행이라고 생각합니다.

L

L의 그림의 제목은 '추론 : 왜? 과연 언제까지?' (그림 11.5)이다. L은 다음과 같이 설명한다.

> 저는 정서적으로 테러에 대한 주제에 공감하지 않습니다. 이것이 테러에 대처하는 제 방식입니다. 그림에는 눈동자, 물음표, 느낌표, 비둘기 그리고 평화의 상징이 그려져 있습니다……. 현재 제 감정을 반영합니다. 저의 무관심한 태도는 …… 고통의 늪에 빠지거나 피해자 가족에 대하여 제 감정이 이입되지 않도록 합니다. 정치적 상황에 집착하였던 이

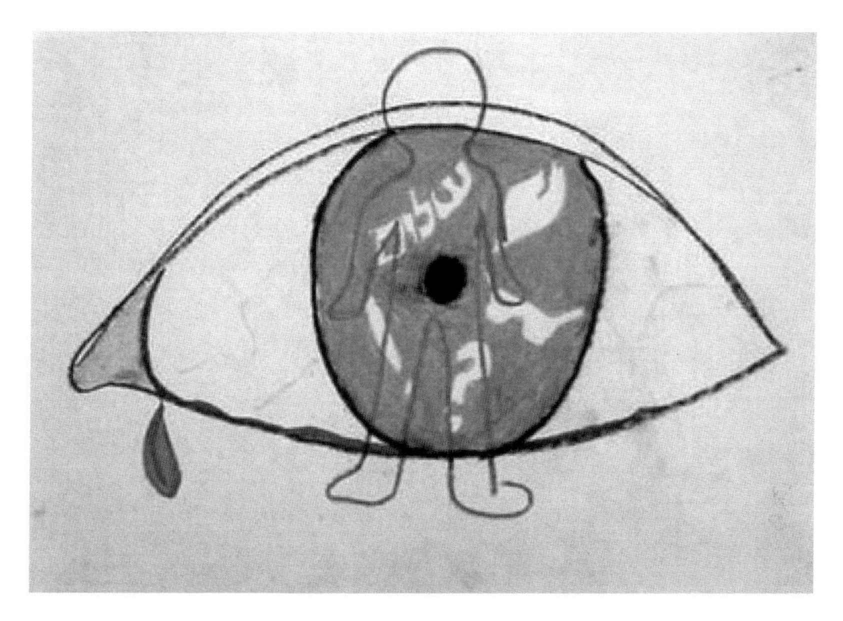

그림 11.5 '추론 : 왜? 과연 언제까지?'

전처럼 매일 반복된 일상을 더 이상 상기할 필요가 없습니다. 무관심은 지금 눈앞에 펼쳐진 현실을 도피하려는 일종의 생존 방식인지 제 스스로에게 되묻게 됩니다.

C

C의 그림 제목은 '무력함' (그림 11.6)이다. C는 다음과 같이 설명한다.

이 그림은 어느 누군가가 즐거운 시간을 보내기 위해 거리를 나서는 것을 이야기하고 있습니다……. 그들은 즐거운 시간을 보낼 것이라 생각했지만 예측하지 못한 재앙이 그들을 덮쳤습니다. 신은 자신이 창조한 것을 인간들 스스로 파괴하라고 계시하지 않습니다. 세상은 스스로 목숨을 포기하고 누구도 이를 말리지 않았습니다. 우리는 이 살인적인 광기로부터 우리를 지켜주던 군인들도 의지할 수 없습니다……. 저는 불

그림 11.6 '무력함'

현듯 홀로코스트가 생각났습니다. 그들은 우리의 목숨을 빼앗았고 우리는 아무것도 할 수 없었습니다. 예루살렘 거리를 걷던 사람들은 갑자기 사라져버렸습니다……. 무력감, 분노, 복구에 대한 의지가 느껴졌고 아무리 소리를 질러도 제 목소리가 들리지 않는 진공상태인 공간에 있는 느낌이 들었습니다…….

집단 1과 집단 2 비교

〈표 11.1〉은 내용, 방식, 색상을 구분하여 두 집단에서 사용된 미술적 표현을 살펴보았다. 각 범주를 세부적으로 구분하여 각 집단에 대한 비율을 산출하였다. 이를 비교한 결과 몇 가지 주요한 차이가 도출되었다. 예를 들어, 〈집단 2〉에서는 〈집단 1〉에 비해 검은색/파란색으로 채워진 원이 2배 정도 많이 나타났다. 반면 〈집단 1〉은 〈집단 2〉에 비해 2배로 많은 참가

표 11.1 집단에서 특정한 미술적 묘사의 집단 파급 효과

미적 요소	〈집단 1〉 9 · 11 테러 그림 *n*=19(%)	〈집단 2〉 이스라엘 테러 그림 *n*=8(%)
내용		
검은색/파란색 원	26.3	62.5
신체 묘사	42.1	50.0
얼굴이나 얼굴 일부 묘사	26.3	50.0
전체적인 신체 묘사	21.0	37.5
테러	42.1	25.0
피	15.8	50.0
눈물	10.5	37.5
형태		
공백 없음	63.2	50.0
공백 25% 이상	36.8	25.0
테두리 또는 캡슐화	26.3	25.0
형식		
현실적 표현	10.5	0.0
추상적 표현	42.1	25.0
현실과 추상적 표현 혼합	46.8	50.0
색상		
검은색	100.0	100.0
적색	68.0	75.0
노란색/오렌지색	68.0	37.5
파란색	42.1	67.5

자들이 테러 공격을 묘사하였다. 각각의 집단은 검은색과 빨간색을 두드러지게 사용하였다. 그러나 〈집단 1〉은 〈집단 2〉에 비해 노란색이나 오렌지색을 사용하였다.

표 11.2 집단에서 나타난 주제

미적 요소	〈집단 1〉 9 · 11 테러 그림 n=19(%)	〈집단 2〉 이스라엘 테러 그림 n=8(%)
사건과 관련	영웅적 행위[검은 9월달*, 욤 키푸르 전쟁** (제4차 중동전쟁)]	테러는 일상적인 것이다.
신념과 왜곡	사건을 받아들이기를 어려워함	테러는 유대인 역사의 일부로 간주(홀로코스트, 이스라엘 북부 지역 폭격)***
심리적 반응	PTSD, 불안, 침투사고, 회피, 압축	우울, 불안
감정	무력함, 비애, 슬픔, 공포, 무관심, 실망, 좌절, 분노, 혐오감	용납하기 어려움, 무력감, 슬픔, 고통, 무관심, 냉담함
스트레스 대처 방식	해리, 억제, 최소화	잠복기(소외), 해리, 과장
상징	어둠, 세상의 끝, 세상의 종말, 제3차 세계대전, 눈물의 비	홀로코스트, 파괴와 짓눌려진 육체, 비극, 빛나는 하늘에 내일은 비, 어두운 날

*검은 9월단 : 1970년 중반에 활동한 팔레스타인해방기구(PLO)의 과격 분파의 조직으로 여객기 납치 사건, 텔아비브에서 학생과 호텔 투숙색 납치 사건 그리고 버스 납치 사건 등의 테러를 요르단, 레바논, 튀니지에서 자행하였다.

** 욤 키푸르 전쟁 : 1973년 이집트와 시리아 동맹군이 이스라엘을 기습 공격하였다. 이스라엘은 공력으로 인하여 시나이반도에서 철수하였다.

*** 이스라엘 북쪽 국경 지역 : 1950~1967년 골란 고원(시리아 서남부의 고지로 1967년 이래 이스라엘이 점령, 1981년 합병) 인접 이스라엘인 거주지역인 키부츠는 시리아군으로부터 계속적인 공습을 받았다.

우리는 각각의 이미지들이 개별적인 사건을 반증한 것이라고 추측할 수 있었다. 예를 들어, '블랙홀'이 그려진 그림은 현재 계속적으로 이스라엘에서 발생되는 테러공격이 공허함이나 텅 빈 감정을 촉진시킨다고 시사한다. 이러한 감정은 일상적 경험과 동떨어진 9 · 11 사건과 밀접하게 관련이 있다.

집단 1와 집단 2의 서술 내용 비교

〈표 11.2〉는 프로젝트 참가자가 테러를 주제로 그린 그림을 바탕으로 서술한 내용을 담고 있다. 〈표 11.3〉은 회고록의 주요 주제의 비율을 비교하였다. 집단토의 전 몇 가지 단어를 나열하게 함으로써 참가자가 테러공격에 대해 생각할 시간을 주었다. 여기서 집단 간의 몇 가지 차별된 반응을 볼 수 있었다. 도표에서 보듯이 〈집단 1〉은 상대적으로 〈집단 2〉에 비해 2배 정도 많은 비율로 테러공격에 은유적인 표현을 사용하였다. 또한 〈집단 2〉는 신뢰성의 상실과 안전감의 상실을 표현하였다. 종합한 결과 이스라엘인 참가자들은 자국에서 일어난 사건보다는 머나먼 타국 땅에서 벌어진 일련의 사건들을 통해 자신의 감정을 더욱더 쉽게 표현한다는 것을 알 수 있었다.

표 11.3 집단별 사건에 대한 회고적 반응

반응의 범주	〈집단 1〉 9 · 11 반응 *n*=19(% use)	〈집단 2〉 이스라엘에 대한 테러 반응 *n*=8(% use)
개인, 가족	63.2	50.0
다른 기관의 상태	84.2	87.5
감정	100.0	87.5
비유	79.0	37.5
대처 유형	42.1	75.0
지난 테러 사건	63.2	62.0
심리적 반응	21.0	25.0
심리, 상실, 경계심	84.2	0.0

연구자의 회고

Rachel의 회고

나는 홀로코스트 2세대 생존자이다. 나는 이스라엘이 국가적 지위를 인정받은 이후 태어나 자란 세대다. 나는 전쟁과 빈번한 테러 위협으로부터 내 남편과 군대에서 복무하는 세 아들의 안위를 항상 걱정한다. 인티파다 동안 나는 거리를 걷던 사람들, 운전하던 사람들, 쇼핑몰에서 쇼핑하던 사람들, 카페에서 여유 있는 시간을 보내던 선량한 사람들이 죽임을 당하는 끔찍한 장면의 산증인이 되어야만 하였다. 이러한 일련의 사건들을 통해 삶의 의미, 인간적인 것이 무엇인지에 대하여 인지적으로만이 아닌 무력감, 깊은 슬픔 그리고 깊은 환멸의 감정에 대해 생각하는 계기가 되었다.

나는 미술치료사로서 고통에 빠진 다른 분야에 종사하는 사람들이 신체적으로나 정신적으로 상처받은 상황으로부터 일어날 수 있도록 돕는 일을 한다. 내 직업은 내 자신의 감정을 스스로 소화할 수 있도록 돕는다. 학생들과 함께한 프로젝트 동안 나는 그들이 느낀 상실감, 두려움, 불안감을 공유하였다. 나는 일부 학생이 느낀 감정을 나눌 수 있는 기회를 가진 것이 좋았다는 말을 듣고 기뻤다. 실제로 몇몇 학생들은 자신이 느낀 감정을 이 기회를 통해 처음으로 표현할 수 있었다고 하였다. 나는 학생들의 그림을 살펴보면서 놀라움을 금치 못하였다. 학생들의 반응은 내 자신이 느낀 감정과 비슷하였기 때문이었다.

나는 9 · 11 사건이 세상의 종말, 이스라엘의 종말이라고 생각했다. 수백 명의 이스라엘인들이 사망하고 수천 명이 부상을 당하는 소름 끼치도록 피비린내 나는 시간이 지난 후 나는 어디론가 가거나 내 아이들이 등

하교하는 것이 두렵다. 또한 나는 예전에 카페에서 친구들을 만나 커피를 한 잔 하거나 영화를 보고 쇼핑하는 것과 같은 일상적인 일을 피하고 있다. 어느 날은 안전하다고 느끼지만 어느 날은 종잡을 수 없이 위험하다고 느낀다. 흡사 유대인에게 벌어진 홀로코스트와 같은 기분이 든다. 모든 사람들이 무슨 일이 일어나고 있거나 일어날 줄 예상하지만 모르는 것이 낫다고 외면하는 것처럼 말이다.

Nancy의 회고

나는 2001년 10월부터 2003년 8월까지 이스라엘에서 거주하며 미술치료를 가르쳤다. 중동에 거주하는 미국인으로 나는 문화적 차이를 경험하였으며 매일 일상으로부터 새로운 것을 익혀나갔다. 미국에 거주하는 동안 나는 테러공격으로부터 안전하다고 굳게 믿었다. 9 · 11 테러가 있던 그날 나는 호주에서 텔레비전을 통해 이 끔찍한 소식을 전해 들었다. 그 당시 많은 사람들처럼 나는 하루 종일 텔레비전에서 눈을 뗄 수 없었다. 도저히 내 조국에서 벌어진 일을 믿을 수 없었다. 나는 이스라엘에서 계속적으로 벌어지고 있는 폭력과 폭력의 위협에서 아무 일 없듯이 일상적인 삶을 살아가는 법을 배웠다.

나는 프로젝트를 통해 이스라엘 학생들이 일상적으로 겪고 있는 어려움을 보다 명확하게 알게 되었다. 나는 평상시 자신의 삶과 자신의 가족의 생활이 힘듦에도 불구하고 타인의 고통과 도움이 필요한 사람들을 위해 힘쓰는 사회복지사를 경외하였다. 비록 많은 제약이 있었음에 불구하고 프로젝트에 참여한 학생들의 노고에 감사하는 마음이다. 그들이 일상생활 동안 많은 고통을 인내하는 긍정적인 자세가 프로젝트 동안 빛났다.

참가자들의 미술적 표현, 회고록 그리고 집단토론 내용은 감동적이었으나 나를 슬픔에 빠지게 하였다. 젊은 학생들이 자신의 어린 자녀들과 함께 이 같은 공포를 이겨내고 있다니. 참여 학생들의 9·11 사건에 대한 반응이 미국과 비슷한 것을 보고 내 불안감은 늘어만 갔다. 나는 그들이 느낀 무력감을 충분히 공감하였다.

나는 그동안 참가자들을 지켜보면서, 내가 이전에 경험했던 다른 측면에서 미술작품 창작은 정서적 고통과 고통스러운 기억을 떠올려내는 하나의 표현 방식으로 유용한 가치가 있다는 것을 알게 되었다. 연구가 끝난 후 참가자들의 그림과 회고록 그리고 토론 내용을 필기한 것을 종합하였을 때 나는 미술치료 한 회기 동안 펼쳐진 참가자들의 표현의 깊이와 풍부함에 깊은 감명을 받았다.

결과

프로젝트 참가자들의 테러에 대한 각자의 반응을 육성언어와 그림으로 구성하였고 이를 통해 집단원들과 상호작용하여 미술적 표현에 대한 유용성을 확인하였다. 이러한 개입 방식을 통해 폭력과 위협에 노출된 사람들에게 도움이 될 것이라 생각한다.

프로젝트의 한계

영어만 할 줄 아는 집단 리더에 의해 주도되어 더 큰 집단에 포함된 일부 참가자들의 애로가 있었다. 이 집단에 소속된 대부분의 참가자들이 사용하는 제1외국어는 히브리어였다. 모든 이야기가 집단 촉진에 의해 요청되었듯이 히브리어가 사용되긴 했지만 아마도 이것은 프로젝트 방향에 대한 반응에 영향을 미쳤을 수 있다. 이전에 말한 것처럼 이 부분의 프로젝트를 위해 사용된 방 또한 데이터 수집의 후반부 동안에 또 다른 집단에 의해서도 사용되었는데, 아마도 이것이 산만함을 야기했을 수 있다. 또한 이들 〈집단 1〉의 참가자들은 2개의 연속 회기 참가자들과 섞여 있었다. 오해 때문에 두 번째 집단이 Rachel이 아니라 Nancy에 의해 조직되었다. 우리가 이러한 추가 데이터를 포함시키기로 결정은 했지만, 이것이 작품 및 이야기에 대한 분석뿐만 아니라 발견된 것에도 영향을 주었을 수 있다.

요약

이 장에서는 벤구리온대학교 대학원 학생들이 이스라엘에서 자행된 테러행위에 대한 회화적이고 회고적인 반응을 살펴보았다. 두 집단으로 나누어 하나의 집단에서는 9·11 사건을, 다른 집단에서는 자신의 조국인 이스라엘에서 자행되고 있는 테러사건들을 조명하였다. 두 집단은 공통적으로 모든 형태의 테러행위는 자신의 삶과 세상을 보는 관점에 지대한 영향을 끼쳤다고 증언하였다. 또한 참가자들은 9·11 사건 전후 미국에 대한 강한 동질감을 느끼고 있었다는 것이 회화와 회고적인 반응에 반영되었다. 연구자들은 각자 다른 문화적 배경이 있지만 이스라엘에서 벌어지고 있는 테러에 영향을 받았다고 판단되었기 때문에 공동연구자의 회고가 포함되었다.

참고문헌

Anderson, F.E. (ed.) (2001) "Art therapists in their own words: Responses to events of September 11, 2001 (special section)." *Art Therapy: Journal of the American Art Therapy Association 18*, 4, 179–189.

Arad, Y. (ed.) (1991) *The Pictorial History of the Holocaust*. New York: Macmillan.

Bowman, M.L. (1997) *Individual Differences in Posttraumatic Response: Problems with the Adversity-distress Connection.* Mahwah, NJ: Lawrence Eribaum.

Byers, J.G. (1996) "Children of the stones: Art therapy interventions in the West Bank." *Art Therapy: Journal of the American Art Therapy Association 13,* 4, 238–243.

Byers, J.G. (1998) "Hidden Borders, Open Borders: A Therapist's Journey in a Foreign Land." In A.R. Hiscox and A.C. Calisch (eds) *Tapestry of Cultural Issues in Art Therapy.* London: Jessica Kingsley Publishers.

Caram, P. (2001) *The 1993 World Trade Center Bombing: Foresight and Warning.* New York: Janus.

Friedman, M.J., Schnurr, P.P. and McDonagh, C.A. (1994) "Posttraumatic stress disorder in military veterans." *Psychiatric Clinics of North America 17,* 2, 265–277.

Gerity, L.A. (ed.) (2002) "Special Issue on 9/11." *Art Therapy: Journal of the American Art Therapy Association 19,* 3, 98–129.

Gilbert, M. (1989) *The Second World War: A Complete History.* New York: Holt.

Golub, D. (1989) "Cross-cultural Dimensions of Art Psychotherapy: Cambodian Survivors of War Trauma." In H. Wadeson, J. Durkin, and D. Perach (eds) *Advances in Art Therapy.* New York: Wiley.

Henley, D. (2001) "Responses to the events of September, 2001: Several blocks from Ground Zero." *Art Therapy: Journal of the American Art Therapy Association 18,* 4, 179–184.

Heusch, N. (1998) "Art Therapist's Countertransference: Working with Refugees Who Have Survived Organized Violence." In A.R. Hiscox and A.C. Calisch (eds) *Tapestry of Cultural Issues in Art Therapy.* London: Jessica Kingsley Publishers.

Johnson, D.R. (1987) "The role of the creative arts therapies in the diagnosis and treatment of psychological trauma." *The Arts in Psychotherapy 14,* 7–13.

Johnson, D.R. (1999) *Essays on the Creative Arts Therapies: Imaging the Birth of a Profession.* Springfield, IL: Charles C Thomas.

Jones, J.G. (1997) "Art therapy with a community of survivors." *Art Therapy: Journal of the American Art Therapy Association 14,* 2, 89–94.

Kalmanowitz, D. and Lloyd, B. (1999) "Fragments of art at work: Art therapy in the former Yugoslavia." *The Arts in Psychotherapy 26,* 1, 15–25.

Kalmanowitz, D. and Lloyd, B. (2002) "Inhabiting the uninhabitable: The use of art-making with teachers in Southwest Kosovo." *The Arts in Psychotherapy 29,* 41–52.

Makovsky, D. (1995) *Making Peace with the PLO: The Rabin's Government Road to the Oslo Accord.* New York: Westview Press.

Mayo, S. (1996) "Symbol, metaphor and story: The function of group art therapy in palliative care." *Palliative Medicine 10,* 209–216.

Richardson, J. and Evans, M.L. (2001) *Terrorism and US Policy: National Security Archive Electronic Briefing Book 55.* Retrieved from www.gwu.edu/~nsarchiv/NSAEBB/NSAEBB55/index1.html

Schaverien, J. (1998) "Inheritance: Jewish Identity, Art Psychotherapy Workshops and the Legacy of the Holocaust." In D. Dokter (ed.) *Arts, Therapists, Refugees and Migrants: Reaching Across the Borders.* London: Jessica Kingsley Publishers.

Wertheim-Cahn, T. (1998) "Art therapy with Asylum Seekers: Humanitarian Relief." In D. Dokter (ed.) *Arts Therapists, Refugees and Migrants: Reaching Across the Borders.* London: Jessica Kingsley Publishers.

제 6 부

공동체 건설

제12장

미술 스튜디오와 강의실의 다원성 및 다양성 속에서 통일감 찾기

Michael Franklin, Merryl E. Rothaus, Kendra Schpok

도입

이 장에서는 사회적 참여를 독려하는 미술치료사를 육성하는 방식으로서 자아초월 심리학 대학원의 교육과정(Franklin et al., 2000)에서 미술 스튜디오의 역할(Moon, 2002)에 관하여 알아보려고 한다. 이 방식에 관한 포괄적인 학술연구와 스튜디오를 기반으로 하는 미술치료사들 간의 지속적인 담론이 조성되길 바란다. 이 주제에 관한 토의에 이어 콜로라도 주 볼더 시 나로파대학교에서 진행된 복잡한 여정에 관하여 설명하려 한다. 그곳에서 우리는 특정한 교육적 목적과 지역사회의 요구에 기여하기 위해서 미술 스튜디오를 시작하였다. 임상환경에서 미술에 기반을 둔 요소들을 통합하는 어려운 일을 최근에 생겨난 미술치료사의 자아 구조에 포함시킨 융통성 있는 다원적 교육 모델을 제시한다. 이 장에서는 영적 수행으로서 미술과 봉사를 통한 미술치료사의 사회적 참여를 독려하는 방법을 다룰 것이다. 전체적으로 이 프로젝트는 비임상 차원이 필요하여 우리의 교육 프로그램에 추가시켰다. 우리의 목표는 다른 미술치료

교육 프로그램에도 유사한 프로젝트가 활성화될 수 있도록 지금까지 우리가 배운 것을 나누는 데 있다.

9 · 11사건이 일어난 지 일주일 후 나로파대학교 대학원 미술치료 과정은 지역사회를 기반으로 미술치료를 실시하였다. 건물이 무너지고 세계적으로 광범위한 슬픔에 휩싸여 있을 무렵 우리는 변해버린 세상에 대한 공동적 대응의 일환으로 프로젝트를 조용히 진행하였다. 영적 수행 정신에 입각하여 나로파커뮤니티미술스튜디오NCAS는 몇 가지 권한을 얻어야 했다. 우리의 근본적인 목표는 볼더 시 지역사회의 소외계층 주민들이 함께 모여서 미술을 창작할 수 있는 안전한 장소를 제공하는 것이었다. 구체적으로 말해서 우리의 사명은 다양성 속에 통일성을 높이고, 모든 개인이 공동체 안에서 창작의 표현을 추구할 타고난 권리를 보장하며, 시각예술이 폭넓은 인간의 경험을 담고 전달하는 능력을 활성화시키는 것이었다.

지역사회뿐만 아니라 전 세계적으로 직면하고 있는 복잡한 문화적 · 사회적 도전을 감안하여 훈련받은 미술치료사는 임상 기술과 사회참여를 통합하는 융통성 있는 전문가의 정체성으로 가장 잘 기여할 수 있다. 우리의 복합적 전문성은 예술가의 모든 측면을 치료사가 진정으로 수용하는, 균형 잡히고 중도적인 길을 추구할 것을 요구한다(Franklin, 1996). 융통성 있고 임상적 지식을 가진, 사회적으로 참여하는 전문가로서의 정체성을 형성하는 통합적인 3년 교육과정을 구축하는 것이 우리 학과의 일관된 목표였다.

지칠 줄 모르는 도전 정신과 예술적 정체성의 불씨를 지피는 노력은 교수와 학생 모두에게 어려운 일이다. 대학원 과정은 전문가로서 집중적으로 자기발전에 힘써야 하는 기간으로 삶의 다른 부분이 우선순위에서 벗어나게 된다. 또한 광범위한 이론적 지식을 습득하는 동안에는 예술가로서 세상과 계속 접촉하는 일이 등한시되기도 한다(Allen, 1992). NCAS는 학생과 교수들에게 전통적인 강의실 수업을 벗어나 보다 큰 사회적 이슈와 상호작용할 기회를 제공하였다. NCAS 참가자들은 미술치료가 무엇이며 어디에서 어떻게 쓰일 수 있는가에 대한 인식을 확장시켰다. 이 프로젝트의 시작과 현재에 이르기까지 어떻게 발전해왔는지를 간략하게 설명하면서 이러한 주제들을 토의할 것이다. 영적 수행으로서의 공공서비스 문제와 사회운동가로서의 예술적 조언자의 역할 또한 자세하게 다룰 것이다(Moon, 2002).

미술을 통한 다원주의의 실천

NCAS는 사회적, 문화적 다원주의 확고한 신념으로 우리의 전체적인 일은 사회적, 문화적 다원주의에 기반을 두었다는 강력한 확신에 사로잡혀 있었다. 우리는 다양한 사회환경 속에서 통일성을 기르고 인도주의적 가치를 바탕으로 집단의 통합을 실천하고자 하였다. 또한 평소 충분한 미술용품이 갖춰진 미술 스튜디오를 이용할 여유가 없는 사람들에게도 평등하게 이용할 수 있게 하고자 하였다. 이러한 포괄적인 관점에서 외면당하는 '타인'에게 우리 자신을 이입시켜 일하고자 꾸준히 시도해왔다. 일찍부터 우리는 교사와 학생을 전문가로 보는 문화적인 특권을 가졌다는 관점에 대해 책임져야 한다는 것을 깨달았다. 그러므로 우리는 자료들과 전체 스튜디오 환경을 갖추고, 아직 깨닫지는 못했지만 가능성을 가지고 우리를 기다리는 방문자들에게 열린 마음을 가진 동료 예술가로서 스튜디오를 방문하도록 노력했다. 스튜디오의 분위기 자체는 참여하는 모든 사

그림 12.1 랍비 Zalman Schacter-Shalomi의 NCAS 방문

람이 동등한 입장으로 존재하도록 능력을 구분하지 않는 환경이 기준이 된다. 진행 중인 다양한 작품들을 벽 그리고 천장에 줄을 걸어 매달아둔다. 여러 자료가 나란히 놓여 방문자들이 어떻게 함께 결합되고 화합할 수 있는지에 대한 가능성을 소리 없이 말해주고 있다. NCAS의 시작부터 우리는 통합적이고 따뜻하게 환영하며 다양한 스튜디오 환경을 유지하기 위한 노력을 기울여왔다(그림 12.1 참조).

다원주의적 환경 조성 이외에도 우리는 산스크리트어로 이기심 없는 봉사라는 뜻인 세바seva의 철학을 바탕으로 대학원 과정에서 학습 모델을 구축했다. 학생들과 교수들이 생각하고 실천하면서 이 생각은 자기변화의 중요한 형태를 위한 놀라운 열쇠가 되었다. 세상의 수많은 훌륭한 전통들은 가능하다면 이기심 없이 타인을 돕는 데 있어 내면의 신비한 힘을 펼쳐서 진심으로 봉사하는 사람으로 변모하도록 가르친다. 위대한 스승들은 우리에게 모든 행동은 근본적으로 베푸는 것이라고 말한다. 우리 노력의 결과가 주로 우리 자신의 이익이나 개인적 이득을 충족시키는 것이라고 믿는 것은 어리석은 생각이다. 결과에 집착하거나 성과를 얻은 것을 우쭐해하는 것은 우리를 세바의 방향으로부터 멀어지게 잡아당기는 덫과 같다. 이것은 윤회적 요가의 정신이며 세바는 핵심원리이다. Swami Chidvilasanada(1997)는 세바를 다음과 같이 설명한다.

> 세바는 가장 훌륭하고 가장 강력하며 가장 심오한 신비의 힘이다. 집착하지 않고 수행하는 길이며, 어떤 개인적 이익을 바라지 않고 수행하는 의무이자 자신의 행동을 방해하거나 마음을 졸이게 하는 목적도 동기도 없는 봉사이다. 세바는 무조건적으로 자신의 시간과 에너지를 바치는 것이며 완전한 자유로 일할 수 있는 것을 의미한다. 세바는 최고의 목적을 위하며 마음속 삶의 가치를 실천하는 것을 의미한다. 세바는 숭배의 형태로서 일을 하는 것, 즉 지고지순한 사랑을 위하여 베푸는 것을 의미한다. 세바는 실천하는 은혜, 실천하는 헌신, 실천하는 지식의 방식으로 일하는 것이다(p. 158).

매일 미술 멘토 역할을 하는 우리 학생들은 NCAS에서 자신의 역할을 잠시 밀어두고 어떻게 세바의 원리를 실천할 수 있는지 숙고하면서 시작하였다. 누구나 타인을 위해 봉사를 하겠다는 그들 개인의 약속에 대해 조용히 생각한다. 이것은 강박적이거나 남의 시선을 의식하는 실천이 아니다. 오히려 우리는 예술가로서 스튜디오에 있는 다른 사람에게 우리의 노력을 어떻게 전해주어야 할까를 생각하고 있을 뿐이다.

궁극적으로 우리는 서로 다른 형태와 마주한다. 변화시키는 환경으로서 스튜디오는 따로 떨어져 있으면 실존적 불가항력에 직면한다. 문화적으로 안정된 행태인 소비지상주의는 소유와 낭비로 이끌리는 충동적 행동을 통해서 행복이라는 환상을 만들어낸다. 그러나 사람들은 모두 이런 종류의 존재에 어리석음을 넘어 그들의 삶에서 더 크나큰 진리에 이르기를 원하는 것 같다. 그러므로 스튜디오 환경에서 우리는 서로를 위해서 상호관계하기, 들어주기, 간증하기와 서비스 정신의 인도주의적 가치와 관련된 단순하면서 진심 어린 관계를 실천한다.

역사와 상황

우리는 가이드와 멘토로서 이 분야 선구자들이 일구어놓은 업적이 없었다면 이 일은 가능하지 않았을 것이다. NCAS에서의 우리의 일은 미술교육가 Lowenfeld와 Brittain(1987) 그리고 Henry Schaeffer-Simmern(1961)과 미술 비평가 Herbert Read(1958), 미술치료사인 Florence Cane(1983), Edward Adamson(Seftek, 1987), Pat Allen(1992), 그리고 Janis Timm-Bottos(1995)에게 영감을 받았다.

NCAS 프로젝트가 시작된 이후 프로젝트는 몇 가지 중요한 방향으로 성장하였다. 우리는 미술치료를 학과목에 추가하였고 연구를 진행하였으며 대학의 복잡한 승인과정을 성공적으로 헤쳐나가 보조금을 지원받았다. 이 프로젝트를 이론에만 그치게 하지 않기 위해서 우리 학생들에게 직접 실천하는 경험주의적 방식으로 스튜디오를 구체적으로 운영하는 데 적극적인 역할을 하게 하였다. 동시에 지역사회 미술 스튜디오를 개설하고 운영하며 운영비를 마련하는 방법에 관한 정보에 중점을 둔 미술치료 과정을 개설하였다. 미술치료 과정의 목표는 각각의 워크숍과 함께 가상으로 미술 스튜디오를 개설하여 운영 계획을 작성함으로써 달성되었다. 과정을 이수한 후 세상에 나가 미술치료를 실현하고 실행할 수 있는 일을 가르치는 경영 기반의 수업은 확고히 자리 잡게 되었다. 우리의 목표를 계속하고 실현하기 위해서 NCAS는 우리 학생들을 위한 실습교육의 장이 되어주었다. 그러나 이러한 목표를 충분히 달성하기 전에 우리는 주간 참석자를 위해 무례가 되지 않는 요건을 포함시키는 방침이 필요했다.

이러한 일을 가능하게 하는 지침서를 제작하는 것은 어려운 일이다. 이것은 프로젝트 초기 단계에서 우리가 부딪친 가장 어려운 난관 중의 하나였다. 우리는 몇몇 동료들에게 이렇게 발전해가는 기획서를 보여주었고 그들의 비판적 피드백이 정말 귀중하다는 것을 알았다. 시간이 흐르면서 우리는 9쪽짜리 지침서로 우리의 아이디를 정리하였다. 지침서는 몇 가지 핵심적인 비전이 포함되었다. 이 프로젝트 비전은 창의적 미술행동에 참여할 경우 누구 하나 빠짐없이 실천하는 것이다. 또한 우리는 참가자의 자유의지를 제한하는 환경이 아님을 분명하게 강조했다. NCAS는 사회적, 민족적, 성별, 종교적 다양성을 존중하는 것을 원칙으로 결성되었다는 것 또한 명시하였다.

우리의 가치를 분명히 명시하고 모든 문서를 자료화하고 나서야 비로소 우리의 최종 장애물인 대학 행정부의 승인을 얻는 일이 남았다. 여러모로 대학 행정 담당자들에게는 귀찮은 사항이었다. 그들은 우리가 프로젝트를 위해 대학 강의실을 사용할 것에 우려를 표명하였다. 우리는 우리의 취지와 절차를 명확히 하고 설득력 있게 문서화하여 정신치료 형태의 미술치료가 아닌 지역사회 주민들과 스튜디오 중심의 창작활동을 실시할 것임을 강조하였다. 대학 총장과 나머지 고위 경영진에게 모든 필요한 세부사항이 준비되었음을 확신시키자 우리는 진행해도 좋다는 허가를 받았다.

현재는 4개의 프로그램이 운영되고 있다. (1) 지역의 10대를 위한 방과 후 프로그램, (2) 볼더 시 콜로라도대학교 언어청각과학센터 협력 프로그램, (3) 성인 정신질환자 집단 프로그램, (4) 볼더 시 노숙자 쉼터 프로그램이다. 방과 후 프로그램은 지역사회 고등학생들을 위한 프로그램이다. 이 프로그램은 지역의 10대 청소년들을 위해서 방과 후 오후 시간을 건설적으로 보내게 하기 위한 취지로 기획되었다. 매주 약 30~40명의 청소년들이 학기 중에 10주간 참여한다. 우리는 10대들을 위한 스튜디오 활용 시간 동안 상주 노인들이 함께 자리할 수 있도록 하였다. 콜로라도대학교를 통해 원래 우리 프로그램의 고정 참가자였던 노인들이 세대 간의 가교 역할을 하며 청소년들에게 그들이 쌓아온 지혜와 예술적 열정을 베풀어주었다.

2002년 7월 이후, 우리는 콜로라도대학교의 언어청각과학센터와 협

그림 12.2 실어증 집단의 벽화

력하여 뇌졸중을 겪은 후 또는 머리에 부상을 입은 10~12명을 대상으로 임상연구를 실시하였다. 실어증에 걸린 이 집단의 참가자들은 3년 동안 빠짐없이 참여하였다.

2003년 봄, 우리는 여러 가지 유형의 정신질환과 싸우는 성인들을 위해 프로그램을 지시했다. 동시에 우리는 노숙자 쉼터와 협력하여 쉼터 방문객들을 대상으로 프로그램을 실시하였다. 노숙인들이 쉼터에 방문하는 유일한 시간인 야간에 프로그램을 진행해야 했기 때문에 미술도구들을 쉼터로 옮겨서 진행하였다. 노숙인 집단을 제외하고 다른 모든 프로그램은 주중 우리의 스튜디오 강의실에서 오후 3~5시 사이에 열린다. 현재 매년 봄 가을 학기 중 10주 동안 70명의 인원이 NCAS에 참여하고 있다(그림 12.2 참조).

체계 세우기

NCAS는 미술치료 학과과정의 일부분이기 때문에 우리는 자체적인 운영체계를 세우는 데 상당한 어려움이 있었다. 프로젝트가 제대로 기능하기 위해서는 체계가 꼭 필요하였다. 이런 목적으로 우리는 예산집행 전략, 프로그램 평가 전략 그리고 주간 운영체계를 수립하였다.

대학 내에서 기존의 재정 구조에 의해서 우리의 예산을 계획할 필요가 있었다. 그래서 예산작성과 제출, 자금의 직접 이용을 위한 제2차 계정 구성과 장비 및 미술비품 구입을 위한 대학의 지불금 이용을 포함시켰다. 지금까지 우리는 지역의 재정지원기관으로부터 몇 가지 보조금을 받았다. 다행히도 우리는 기부금과 보조금을 관리할 회계 시스템의 필요성을 예상하였고, 각 회계연도 말에 지출과 현물지급 기부금을 추적하여 스튜디오 예산의 수입과 지출에 균형을 이룰 수 있었다. 이런 식의 추가적인 행정적 세부사항 덕분에 대학과는 별도로 프로젝트의 재정 책임성을 입증하는 것 외에도 보조금 신청에 필요한 정보를 쉽게 모을 수 있었다.

예산행정의 또 다른 필요한 부분은 스튜디오의 지속적인 행정 필요성과 상호작용하는 운영 시스템을 만드는 것이었다. 현재 우리 학생들이 추가로 하는 역할 덕분에 NCAS는 볼더 시 지역사회뿐만 아니라 우리의 대학원 과정 공동체에도 발전을 가져왔다. 다른 미술치료 수업 구성원들과 교수와 동창생과 다른 프로그램 출신의 친구들이 스튜디오에서 격식 없이 만남으로써 교육과 생활이 더 지속적으로 연속될 수 있다. 분주한 수업과 업무 스케줄 속에서 한가한 시간에는 스튜디오가 예술품을 만들고 서로를 보살피고 친교를 맺을 수 있는 장소가 되었다. 스튜디오가 워크숍을 이끌고 대규모의 장기적인 예술적 노력을 추구할 수 있도록 예술작품을 전시할 수 있는 공식적 · 비공식적 전시장을 제공하기 때문에 예술가로서 학생들의 정체성이 더 높아진다. NCAS는 우리의 미술치료 스튜디오를 우리 프로그램의 중심으로 바꾸어놓는 데 필수적이었으며, 사회활동의 한 형태로서 미술을 행할 수 있는 특수한 방법을 세우는 데 영감을 주었다.

멘토십

멘토십과 사회활동

특정 집단 구성원들이 어떻게 스튜디오에서의 개인적 미술활동을 사회활동의 한 형태로 만들 수 있을까? 집단에서 만들어진 이미지가 사회운동의 다양한 형태를 부채질할 수 있도록 문화 의식을 자극할 수 있을까?

역사적으로 볼 때 예술가들은 관람자에게 인간 조건의 극단을 보고 느끼게 하는 이미지를 통해서 아이디어와 가능성의 형태를 불어넣는 예지력을 가진 사람들이었다. 오늘날 누가 1937년 스페인 내전에 반응하여 그려진 피카소의 〈게르니카〉에 정서적 반응을 느끼지 않을까? 1260년에서 1327년까지 살았던 기독교 신비주의자 Meister Eckhart(Fox, 2001에서 인용)는 예술가를 우주와 우주를 정의하는 경외감으로 사람들을 일깨우는 힘을 가진 사람이라고 표현하였다. 예술가의 이미지를 통해서 관람자들은 집단적 상상으로 끌려들어 가는 무한한 가능성과 기회를 얻는다.

Zinn(2003)은 예술가들이 새로운 가능성을 추구하면서 그들의 사회적 추세를 초월하는 능력을 가지고 있어서 시대의 전통적 지혜를 능가한다고 기술한다. 예술가의 이미지는 본질적으로 개인과 집단의 변화를 일으키는 능력을 가지고 있다. Matthew Fox(2001)는 예술가를 주어진 문화 속에서 사회변화를 주도하는 지도자라고 칭하면서 예술가들이 겪는 변화는 우리 사회가 심지어 생물의 한 종으로서 전진하느냐 후퇴하느냐에 영향을 미친다고 하였다. 그러한 사회적 책임성을 감안할 때 아마도 자유와 가능성, 상상력을 잉태하는 환경 속에서 사람들을 하나로 결집시키는 것은 중요할 뿐만 아니라 필수적이기도 할 것이다. 이러한 목적으로 NCAS에 참여하는 사람들은 그들의 개인 경험담에 어떠한 형식을 부여하는 행위를 통해서 삶의 애환을 초월하거나 개선해나가는 의지를 가지게 한다.

실어증 집단 참가자 중 한 사람에 관한 특별한 이야기가 떠오른다. 제이는 심각한 발작을 일으킨 결과 실어증에 걸렸고 언어표현 능력이 심각하게 훼손되었다. 걸을 수는 있었지만 지팡이에 의존하여 발을 질질 끌며 걸었다. 눈에 띄는 걸음걸이와 실어증이 있었고 한 손밖에 쓰지 못했지만,

제이는 매주 용감하게 스튜디오로 찾아와 창작에 몰두했다. 어느 날 우리는 모두 콜라주 작업을 하고 있었다. 제이가 우리의 프로젝트를 받아들이고 다양한 종류의 잡지에서 동물 사진을 주의 깊게 고르고 있었다. 보조역할을 수행하는 대학원생의 도움을 받아 그는 자신을 황홀하게 만드는 그림을 몇 개 포개어놓았다. 그는 원숭이, 침팬지, 유인원의 그림을 완성하였다.

다음 1시간 반 동안 제이는 몰두하여 마침내 유머를 비롯하여 수많은 세련된 아이디어를 나타냈다. 보조자의 도움을 받아 그림을 풀로 붙였다. 완성이 되자 그가 만든 매력적인 작품은 집단 사람들의 관심을 끌었다. 제이에게는 수용하는 언어능력은 만족스러웠지만, 표현하는 언어는 매우 어려웠다. 그러나 그는 콜라주 안에 내재된 언어를 통해 많은 것을 말할 수 있었다. 최종 작품은 형식과 내용에서 모두 복잡한 특별한 이야기를 분명하게 말해주고 있었다. 그의 작품을 본 사람들 모두 작품의 복잡성을 알 수 있었다.

제이에게 많은 칭찬이 쏟아지자 잊을 수 없는 순간이 벌어졌다. 제이는 콜라주 속에 살아 있는 이야기를 통해서 자신의 내면의 주관적 사고와 아이디어가 손상되지 않고 온전하며 매우 잘 기능하고 있다는 것을 느끼는 것 같았다. 실제로 우리에게 말할 수 있는 다른 방법은 없었지만, 그 순간에 그는 장애인이 아니었다. 대신에 제이는 은유와 상징이 가득 찬 매력적인 이야기를 분명하게 보여주는 그의 창의적 사고활동과 시적 능력을 인정받았다.

Jungle 등(1993)은 다음과 같이 서술한다.

> 상상은 희망의 본질이며 창의적 과정의 잠재성이다……. 뭔가 다른, 보

그림 12.3 나로파대학교 미술치료 집단원들의 NCAS 방문

다 나은 비전과 그로 인해 우리가 행동을 취하도록 하는 희망을 제시하는 것은 상상의 작용이다(p. 149).

NCAS 참가자들에게 창의적 과정을 통해 떠오르는 꿈, 감정, 상상에 지원, 영양분, 생명을 제공하는 일은 상당히 중요하다. 창의적 자유를 통해 그들은 개인으로서 그리고 공동체 내에서 진정한 예술적 표현을 구현하는 법을 배운다(그림 12.3 참조).

공동체 환경 내에서 개인적 이미지를 창조하는 예술가로서 참가자들은 다른 사람의 예술적 과정을 대신 경험하는 모습을 관찰함으로써 분명한 영향을 받게 된다. Schaverien(1987)은 하나의 이미지가 존재할 때 그것을 창작한 예술가뿐만 아니라 그것을 보는 타인에게도 정서와 상호작용하도록 영향을 미친다고 말한다. 제3자의 예술작품을 목격한다는 것은 변화와 새로운 생각을 일으키는 창작과정에 자극을 받을 수 있다(Lachman-Chapin et al., 1998). 검은색 크레용으로 심혈을 기울여 휘갈겨 쓴 다음, 이에 관한 글을 쓰고 집단과 그 과정을 공유하는 예술가뿐만 아니라 비슷한 주제로 작업하는 예술가도 정서적 표출 및 확신에 기여할 수 있다. 이러한 상호교환의 결과물은 예술가와 예술가 삶의 경험에 대한 보다 상세한 이해를 기반으로 둔 관객 간의 관계 형성이다. 열정, 공감, 상호 권한위임은 스튜디오에 참여한 개인적 창작과정의 결과로서 참가자들 사이에서 발생한다. 이러한 인간적인 특징은 보다 확장된 세상, 즉 가족, 학교, 직장, 지역사회, 심지어 세상의 체계와 같은 다른 사회적 체계의 변화를 일으키는 것으로 생각할 수 있다. 예술가의 사회적 역할이 현대 예술에서 공통된 담론으로 거론되는 이유는 예술가와 예술비평가가 그들의 정체성과 그들의 예술적 기능이라는 보다 큰 목적을 수행하기 때문이다. 이 세상에 긍정적 영향을 미칠 역량을 지닌 사회의 구성원으로서 사회활동가인 예술가는 광범위한 문화에 유의미한 영향을 미칠 수 있다(Flack, 1986; Gablik, 1991; Grey, 2001).

미술 멘토 역할에 대한 정의

대학의 경영진이 치료적인 방식을 적용하기를 원치 않았기 때문에 우리는 미술치료와 미술 멘토 간의 경계를 고민하였다. 이 두 가지 방식이 어디에서 만나서 분기하는지 발견함으로써 우리는 매 학기 지속적인 담론을 제시하였다. 미술 멘토링이란 개념에 대해 계속 탐구함에 따라 우리는 필수적인 사회활동을 멘토링하는 오랜 전통을 새로운 관점으로 바라보기를 희망하였다.

멘토링의 기원은 고대 그리스로 거슬러 올라간다. 오디세이가 트로이

전투로 떠나기 전, 그는 자신의 친구인 멘토에게 자신의 아들을 돌보고 가르칠 것을 당부했다. 이러한 역사적 근거를 통해 멘토에 대한 개념은 다음과 같이 이어지고 있다.

> 누군가 도움이 필요한 사람과 일대일 관계를 형성하고 …… 말을 들어주고, 돌보며, 조언하고, 정보와 삶 혹은 경험자의 경험을 다른 누군가, 특히 도움을 필요로 하는 젊은 사람과 공유하는, 돌봐주는 성숙한 사람이다(Dondero, 1997, p. 881).

Bona, Rinehart, Volbrecht(1995)는 멘토링은 단지 대화에 그치지 않고 행동을 지향해야 한다는 점을 강조한다. 멘토와 멘티는 같은 환경 안에 있고 그 안에서 행동하며, 멘티가 멘토를 롤모델로 관찰할 수 있도록 허락한다. 멘토는 지도나 조언을 하지만 멘티를 위해 주어진 훈련의 뉘앙스를 수행, 제시하고 시범을 보이기도 한다.

피상적으로 미술 멘토링과 치료사-내담자의 관계에서 일정한 공통점과 차이점을 찾을 수 있다. 둘의 경우 경험이나 전문성을 토대로 차별화된 고유의 권한이 존재하는 장기적인 관계일 수 있다. 멘티 혹은 내담자는 특정 방식으로 삶의 방식을 풍요롭게 하거나 변화시키려 노력하면서 신뢰하는 사람에게 도움을 받는다. 미술 멘토처럼 미술치료사는 내담자 혹은 미술가인 참가자의 말을 들어주고, 돌보며, 그의 능력을 존중하고 믿음을 기반으로 하는 태도를 가진다. 그리고 오픈 스튜디오 접근법과 같은 몇몇 사례에서 미술치료사와 미술 멘토들은 다른 참가자들과 함께 예술 작업을 한다(Allen, 1992; Haeseler, 1989).

하지만 미술치료 대학원생이 멘토 역할을 시작할 때 우리는 미술 멘토링이 미술치료가 아니란 점을 강조하였다. 치료적 윤리 규약에서는 치료사에게 내담자와 이중적 관계를 맺거나 사적인 관계를 맺지 말도록 경고한다. 멘토십에 관한 문헌에 따르면 규정된 영역 밖에서 윤리적으로 사적인 관계를 맺는 것을 금지하는 조항이 존재한다(Cannister, 1999; Dondero, 1997; Gagnepain & Stader, 2000; Merriam, 1983; Parkay, 1988; Royse, 1998; Sunoo, 2000). 여러 전통적인 멘토링 프로그램에서 멘토와 멘티 간의 상호작용은 학술적이거나 활동지향적인 영역에 국한되지 않고 복지적 영역의 사회활동을 위해 필요하다. 일반적인 심리치료와 달리 미술치료적 멘토링은 멘티 자신의 이미지의 공유가 자각되고, 미술치료사의 이상적 자아가 멘토에 의해 구현될 수 있도록 하는 것이다. 그러면 멘티는 멘토가 제시한 자아의 선택된 측면들을 내면화한다(Kramer, 1971; Parkay, 1988). 멘토링은 기술의 습득과 적용 그리고 멘티의 검증되지 않은 자아 개념을 강화시키고 표명하는 것으로써 정신역동적 기능이나 트라우마 치유에 그 초점을 맞춘다.

임상적으로 유의한 요소들을 지닌 미술치료 프로그램에서 미술 멘토의 구조적 역할은 어려움에 직면해왔지만, 그럼에도 몇 년이 지나면서 우리는 점차 미술 멘토링과 임상적 미술치료를 구분할 수 있게 되었다. 멘티와 미술을 논의할 때 여러 이미지로 인해 가끔씩 정신적, 심리적 고통이 발생하지만, 우리는 미학적 관심 사항을 중심으로 여러 상호작용과 논평들의 틀을 잡음으로써 일관되게 예술로 돌아가는 지침을 따른다. 우리는 창의적 노력이 전개되는 과정을 목격하고 사람들이 그들 자신이 되어 정직한 예술을 창작하도록 도움으로써 이 과정을 완수한다. 멘토들 역시 자유롭게 자신들이 노력한 바를 공유하며, 관습적인 사회적 경계선과 그들 자신의 편안한 차원 안에서 그 일을 행한다. 개인적 소재를 언제 공개

할까 하는 문제는 각각 학기의 전반에 걸쳐 우리의 멘토들이 끊임없이 탐구한다.

우리는 정교하게 다듬어진 정책과 절차를 통해 일반화된 개인 사항으로부터 개인적 위기에 이르는 참여의 문제에 관한 몇 가지 사항을 우려하였다. 우리는 이러한 사항을 몇 가지 방식으로 다뤘다. 스튜디오에 참가하기 전에 모든 참가자들에게 NCAS 참여에 대한 법칙을 대략적으로 제시한 동의서에 서명할 것을 요구했다. 만일 참가자의 신상에 어떠한 문제가 생길 경우 우리는 훌륭한 시민답게 일정한 절차에 따라 참가자의 부모나 법적 보호자에게 이 사실을 알려야 하였다.

치료와 멘토링에 대한 전통적 모델들이 이런 관계들의 계층적 특성을 강조하지만, 창의적 과정은 NCAS 내 형성된 관계의 균등화에 효과를 미친다. 멘토들은 우리 프로젝트에 동참한 참가자들보다 많은 예술적 지식과 경험 그리고 방법을 알고 있겠지만 창의성의 특성, 즉 그것의 변화하는 이미지들, 새로운 관점, 실험, 독특한 형태의 표현, 유의미한 발견을 유도하는 관찰을 통해 모든 참가자는 잠재적 멘토가 된다. 전문성은 차이를 지닌 계층을 만드는 데 이용되기보다 공유된다. 스튜디오에서 다원주의를 실천하는 과정에서 우리는 이러한 역할의 변화를 유도하고 가르치는 만큼 가르침을 받고 제공하는 만큼 받으려 한다. 창의적 과정은 우리들 각자를 우리 자신의 시야(비전)에 관한 전문가로 만들어주며, 그런 시야는 타자와 공유하고 학습할 수 있다. 스튜디오에서 우리가 실천한 것은 보다 정확히 말해 '공동 멘토링'이라고 할 수 있다(Bona et al., 1995, p. 116).

삶의 과정과 개인의 인간적인 발달에 멘토링이 긍정적인 영향을 미칠 수는 있지만, 멘토링의 일차적 기능은 지혜를 후대 혹은 또 다른 관심 있는 집단에 전달함으로써 사회적 · 문화적 응집력을 키우고 유지하는 것이다. 멘토링은 종종 공동체나 문화권 내에 부족한 것을 제공하고, 동시에 개인이 사회에 참여하도록 돕는 시도를 한다. 이를 달성하기 위해 멘토 프로그램을 통해 개인 삶에 미치는 사회적 세력의 부적격 효과를 상쇄함으로써 사회적 병폐를 고치려 한다. 다양성 내 통일성, 공동체 내 창의적 표현, 예술을 통한 인간 경험의 억제를 강조하는 NCAS는 특권, 인종주의, 소비주의에 의한 사회적 고립을 해소하려 한다(Johnson, 2001). 공동체의 맥락에서 스튜디오, 개인의 창의성, 인간적 발달이 조성될 수 있고, 예술가로서 정체성이 형성될 수 있으며, 다양한 민족적 기원, 사회경제적 배경, 연령 집단에 속하며 여러 능력을 지닌 사람들은 문화적 치유라는 궁극적 목표에 부합하는 법을 발견할 것이다(그림 12.4 참조).

미술치료에서 멘토십

미술치료사는 적절한 시점에서 미술교사의 역할을 수행해야 한다고 Kramer(1971)는 주장한다. 시각미술 작가 겸 교사로서 미술 멘토가 된다는 것은 참가자들에게 '제3의 손'의 기술을 참조하도록 가르친다는 의미이다(Kramer, 1986). 제3의 손은 점토에 무늬를 내고, 심혈을 기울여 그림을 그리는 것, 도예 도구를 다루는 법과 같은 도예 기법을 말한다. 따라서 대학원생 멘토들은 그들이 예술적 기법을 가르치는 '성토대회' teach-ins를 제안하였다. 또한 참가자들은 학생들에게 무엇을 배우고 싶어 하는지 말한다. 데생, 황금 잎을 이용한 공예, 철사 조각, 인형 만들기, 점토 가면 만들기 같은 기타 미술 기법에 대한 '성토대회'가 제시되었다. 또한 참가자들은 성토대회를 개최해 참가자들 자신이 평소 관심을 갖고 있는 미술 기법을 공유해줄 것을 권유하였다.

미술교사 역할과 더불어 절대적으로 우리의 멘토들은 예술가로서 근

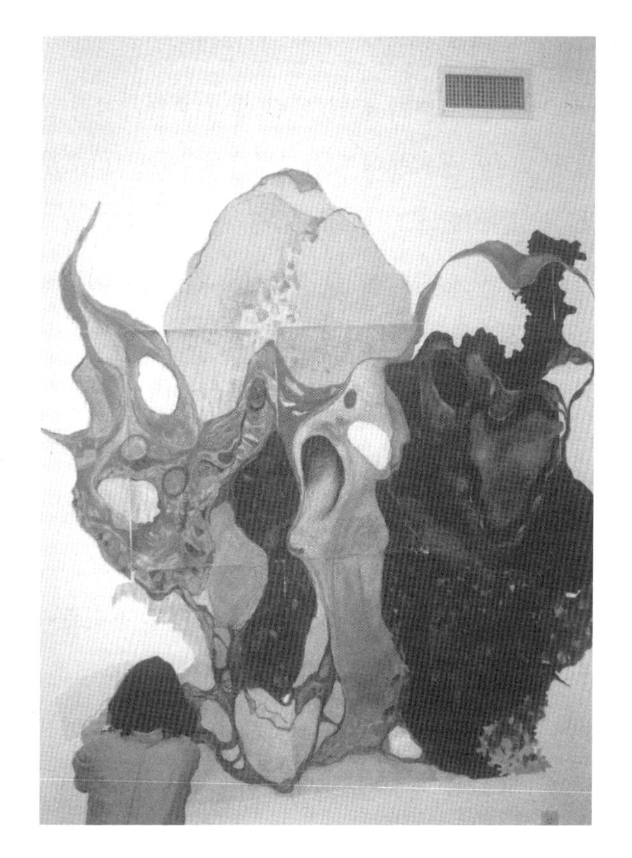

그림 12.4 Kendra Schpok의 회화

본적 핵심으로부터 스튜디오의 참가자들과 연관된다. 예를 들어, 미술작가와 다른 미술작가들의 공감대를 형성시킨다는 것은 창작과정 중 느끼는 좌절, 발견, 탐구, 재능과 욕망을 공유하고 이에 따른 창작과정의 방향성을 교류한다는 의미이다. 참가자는 예술적 지침이나 권고사항을 물어볼 수 있다. 성인 멘토는 고등학교 신입생이 바다거북의 눈을 더욱 사실적으로 묘사할 수 있도록 도울 수 있다. 청소년 참가자는 자신의 그림을 벽에 걸어 피드백을 요청할 수 있다. 또한 청소년 참가자가 스튜디오 거주 작가인 75세 노인의 점토 두상 작품의 세부묘사를 도움으로써 다세대

간 협력의 기쁨을 느낄 수 있다.

NCAS에서의 하루 일과가 끝날 무렵 우리는 참가자들을 초대하여 Allen(2001)과 그녀의 동료들이 시카고에서 오픈 스튜디오 프로젝트를 운영했던 방식인 '목격담 쓰기'를 통해 참가자들의 이미지와 창작과정을 글로 서술할 수 있도록 하였다. 목격담 쓰기는 스튜디오 참가자들에게 타인의 미술작품과 친밀한 관계를 형성한다는 내용을 담았다. 이러한 일련의 과정은 만일 이미지가 목소리를 지녔다면 어떤 메시지를 전할 수 있는지 간략하게 글로 적는 것이다. 또는 미술작품에 대한 묘사나 느낀 점을 서술하는 것도 포함된다. 일단 글쓰기가 완료되면 참가자들은 자신이 쓴 글을 소리 내어 읽도록 한다. 집단 참가자들은 비판하지 않고 텍스트 그 자체를 받아들이고 공감하도록 독려한다. Allen의 말에 따르면 본질적으로 목격담 쓰기는 이미지가 지닌 지혜를 부각시키는 행동이다. 또한 수용하고 공감하는 청취를 통해 공동체 구성에 도움을 주기도 한다고 한다. 글쓰기를 실시한 후 참가자들은 창작한 미술품 주변을 조용히 걸으며, 판단을 보류하고 단지 2시간 동안 만든 예술의 선, 모양, 색, 질감을 흡수하며 현상학적 접근법(Betensky, 2001)으로 그 그림을 감상한다(Franklin & Politsky, 1992). 하나의 집단으로 함께 온 참가자들은 자발적으로 자신들의 글, 발견 사항을 공유하고, 예술가와 함께 그의 작품을 살펴본다. 사실 몇 시간 만에 예술가 공동체가 조성되고 확립되고 확정되었다.

결론

멘토링은 우리 자신과 다른 누군가 그리고 스튜디오 환경을 초월한 공동체에 대한 제안으로 함께 예술을 창작함으로써 NACS의 역동적 공간 내에서 나아가는 것이다. 멘토는 비이중적이고 이타적이며 결과보다 과정에 초점을 맞추어 개인을 초월한 진정한 봉사에 대한 관점을 포용한다(Davis, 2000). 나는 멘토의 역할은 돌고래의 방식과 유사한 것이라고 대학원생들에게 설명한다. 돌고래는 한쪽 눈을 감고 다른 쪽 눈을 뜬 채 잠을 잔다. 감은 눈을 통해 돌고래는 내면을 보는 반면 뜬 눈으로 주변을 의

그림 12.5 NCAS의 부분 장애가 있는 참가자들이 그림에 열중하는 모습

식한다. 멘토링은 자기 자신의 작품제작 방식과 관련된 동시에 타인들의 의식과 관련이 있고, 그들의 예술적 요구, 도전 과제, 발견에 대한 접근성과 유용성을 지닌다.

처음부터 이 프로젝트는 이러한 방식의 작업을 기다리던 세계로 전달할 수 있는, 사회 참여를 하는 미술치료사들을 양성하는 데 목표를 두었다. NCAS는 공동체 안에서 창작할 때 이용 가능한 변형에 참여한 모든 이들을 계속해서 지도하는 사회적 · 문화적 중재다. 창작과정은 그 누구의 것도 아니다. 그것은 관심을 지닌 모두가 공유하고 그들에게 자유롭게 제시되는 것이다. 우리가 NCAS에서 그다음 기회를 고대하면서 다루고 촉진해야 하는 것은 바로 이러한 창작의 자유다(그림 12.5 참조).

감사의 말

이 장의 토대가 되는 프로젝트는 관대한 익명의 기증자의 재정적 지원 없이는 불가능했을 것이다.

참고문헌

Allen, P.B. (1992) "Artist in residence: An alternative to "clinification" for art therapists." *Art Therapy: Journal of the American Art Therapy Association 9*, 1, 22–29.

Allen, P. (1995a) *Art is a Way of Knowing: A Guide to Self-Knowledge and Spiritual Fulfillment through Creativity.* Boston: Shambhala.

Allen, P. (1995b) "Coyote comes in from the cold: The evolution of the open studio concept." *American Journal of Art Therapy 12*, 3, 161–165.

Allen, P.B. (2001) "Art Making as Spiritual Path: The Open Studio Process as a Way to Practice Art Therapy." In J.A. Rubin (ed.) *Approaches to Art Therapy: Theory and Technique* (2nd edn). Philadelphia: Brunner-Routledge.

Betensky, M. (2001) "Phenomenological art therapy." In J.A. Rubin (ed.) *Approaches to Art Therapy: Theory and Technique* (2nd edn). Philadelphia: Brunner-Routledge.

Bona, M.J., Rinehart, J. and Volbrecht, R.M. (1995) "Show me how to do like you do: Co-mentoring as feminist pedagogy." *Feminist Teacher 9*, 116–124.

Cane, F. (1983) *The Artist in Each of Us.* Craftsbury Common, VT: Art Therapy Publications. (Original work published 1951.)

Cannister, M.W. (1999) "Mentoring and the spiritual well being of late adolescents." *Adolescence 34*, 136, 769–779.

Chidvilasanada, S. (1997) *Enthusiasm.* South Fallsburg, NY: SYDA Foundation.

Davis, J. (2000) "We keep asking ourselves, what is transpersonal psychology?" *Guidance and Counseling 15*, 3, 3–8.

Dondero, G.M. (1997) "Mentoring: Beacons of hope." *Adolescence 32*, 881–886.

Farrelly-Hanson, M. (2001) *Spirituality and Art Therapy: Living the Connection.* London: Jessica Kingsley Publishers.

Flack, A. (1986) *Art and Soul.* New York: Penguin.

Fox, M. (2001) "Art Spirituality." Paper presented at Chicago Art Institute, Chicago, IL.

Franklin, M. (1996) "A place to stand: Maori culture-tradition in a contemporary art studio." *Art Therapy: Journal of the American Art Therapy Association 13*, 2, 126–130.

Franklin, M. and Politsky, R. (1992) "The problem of interpretation: Implications and strategies for the field of art therapy." *The Arts in Psychotherapy 9*, 3, 163–175.

Franklin, M., Farrelly-Hansen, M., Marek, B., Swan-Foster, N. and Wallingford, S. (2000) "Transpersonal art therapy education." *Art Therapy: Journal of the American Art Therapy Association 17*, 2, 101–110.

Gablik, S. (1991) *The Reenchantment of Art.* New York: Thames and Hudson.

Gagnepain, F.G. and Stader, D. (2000) "Mentoring: The power of peers." *American Secondary Education 28*, 3, 28–32.

Grey, A. (2001) *The Mission of Art.* Boston, MA: Shambhala.

Haeseler, M.P. (1989) "Should art therapists create art alongside their clients?" *American Journal of Art Therapy 27*, 3, 70–79.

Johnson, A.G. (2001) *Privilege, Power, and Difference.* New York: McGraw-Hill Higher Education.

Junge, M., Alvarez, J., Kellogg, A. and Volker, C. (1993) "The art therapist as social activist: Reflections and visions." *American Journal of Art Therapy 10*, 3, 148–155.

Kramer, E. (1971) *Art as Therapy with Children.* New York: Schocken Books.

Kramer, E. (1986) "The art therapist's third hand: Reflections on art, art therapy, and society at large." *American Journal of Art Therapy 24*, 3, 71–86.

Lachman-Chapin, M., Jones, D., Sweig, T., Cohen, B., Semekoski, S. and Fleming, M. (1998) "Connecting with the art world: Expanding beyond the mental health world." *American Journal of Art Therapy 15*, 4, 233–243.

Lowenfeld, V. and Brittain, W.L. (1987) *Creative and Mental Growth.* New York: Macmillan.

McMahan, J. (1989) "An interview with Edith Kramer." *American Journal of Art Therapy, 27*, 4, 107–114.

Merriam, S. (1983) "Mentors and proteges: A critical review of the literature." *Adult Education Quarterly 33*, 3, 161–173.

Moon, C. (2002) *Studio Art Therapy.* London: Jessica Kingsley Publishers.

Parkay, F.W. (1988) "Reflections of a protege." *Theory Into Practice 27*, 3, 195–200.

Read, H. (1958) *Education Through Art.* New York: Pantheon Books.

Royse, D. (1998) "Mentoring high-risk minority youth: Evaluation of the brothers project." *Adolescence 33*, 129, 145–158.

Schaeffer-Simmern, H. (1961) *The Unfolding of Artistic Activity.* Berkeley, CA: University of California Press.

Schaverien, J. (1987) "The Scapegoat and the Talisman: Transference in Art Therapy." In C. Case, T. Dalley, D. Halliday, P. Nowell-Hall, D. Waller and F. Weir (eds) *Images of Art Therapy: New Developments in Theory and Practice.* New York: Tavistock.

Seftel, L. (1987) "A conversation with Edward Adamson." *American Journal of Art Therapy 26,* 2, 48–51.

Sunoo, B.P. (2000) "HBO programs partnerships for inner-city teens." *Workforce 79,* 7, 66–67.

Timm-Bottos, J. (1995) "Artstreet: Joining community through art." *American Journal of Art Therapy 12,* 3, 184–188.

Zinn, H. (2003) *Artists in Times of War.* New York: Seven Stories Press.

꼭두각시 인형과 가면을 통한 공동체 건설

제13장

Lani Gerity & Edward ‘Ned’ Albert Bear

모든 사람은 빵이 필요하듯 아름다움이 필요하며, 여유를 즐길 장소가 필요하고, 자연이 치료해주고 몸과 마음에 힘을 북돋아 줄 수 있는 기도할 장소가 필요하다(John Muir, 1912, p. 198).

도입

베트남 출신의 내[1] 이웃은 아주 독실한 불교 수도승으로 열정적인 연설가는 아니지만, 어느 날 내 남편에게 “당신은 진정으로 이 세상에 대하여 고뇌하고 있습니까?”라고 물었다. 수도승은 자신의 땅에 별채를 짓고 있었고, 남편은 차를 마시기 위해 잠시 걸음을 멈추었다. 수도승은 베트남에서 자란 자신의 어린 시절에 대한 이야기를 들려주었고, 이라크에서 고통받는 이라크인에 대한 슬픈 이야기를 들려주었다. 남편은 수도승의 질문에 그다지 세상에 대하여 고뇌하지는 않는다고 답했다. 남편이 이 이야기를 나에게 전했을 때 나는 Edith Kramer가 인용했던 **벨트슈메르**

---

[1] 이 장의 해설자는 이 장의 저자이다.

츠weltschmerz[2]라는 단어가 생각났다. 때로는 어디서부터 세상의 슬픔에 대한 고민을 시작해야 할지 우리는 고뇌한다. 만약 세상의 고통이 우리의 행동을 요청하는 신호라면 우리는 어떻게 응답해야 하는가? 미술작가와 미술치료사들은 세상의 엄청난 고통에 대해 무엇을 해야 하는가? 만약 빈약한 재능과 능력에 비해 거대한 슬픔에 압도된다면 우리는 어떻게 이 요청에 응답할 수 있는가?

이 장은 행동의 요청에 대한 꼭두각시 제작자이자 미술치료사인 한 사람 그리고 가면 제작자이자 교육자인 또 한 사람의 협력적 대응에 관한 것이다. 공동체 형성을 위한 Ned와 나의 협력적인 노력을 설명하기에 앞서, 사회적 활동에 대해 대화를 나누었던 몇 명의 미술작가들과 미술치료사들을 이야기하고자 한다. 행동에 대한 요청에 응답하기 위한 나만의 방법을 찾는 것은 의욕 넘치는 미술작가들과 그들의 이야기와 아이디어로 가득 찬 모험의 여정이었다. 이들 중 4명은 아래에 소개되어 있다. 'Boréal Art/Nature' 라고 불리는 캐나다 퀘백 예술가 집단, 'Bread & Puppet 극장의 Peter Schumann, 미술치료사이자 예술가인 Edith Kramer 그리고 예술가이자 교육자인 Ned Bear이다.

네 사람과의 조우

Boréal Art/Nature

Boréal Art/Nature는 로렌시아산맥[3]에 위치한 예술가들이 운영하는 센

---

[2] 역주 : 독일어로 문화변동기에 발생하는 세계와 자아 사이의 모순에서 오는 염세주의적인 감정

[3] 역주 : 캐나다 몬트리올 북부 로렌시아 고원에 위치

터이다. 센터 예술가들은 다양한 분야의 예술가들과 협력하였고, 현대 미술과 자연의 관계를 탐구하고 장려하기 위한 아이디어를 공유하였다. 그들의 탐구는 자연과 문화의 관계에 대한 호기심으로 시작되었다. Boréal Art/Nature의 후원자인 미술치료사 Christine Doyle은 사람들에게 미술을 알리기 위한 지속적이고 협력적인 방법을 찾고 있었다. Christine은 나에게 우리 문화는 극단적으로 의존적인 문화라고 설명했다. 일종의 패스트푸드적인 사고방식으로 미리 준비되어 있는 부페장식과도 같다. 우리 스스로 책임을 원하지 않고 우리 자신에게도 어떤 것도 요구하지 않길 바란다. 이러한 것들은 그녀가 관심을 가질 만한 것도 아니었고, 내적인 만족을 이끌어내지 못했기 때문에 Christine은 이에 전혀 흥미를 느끼지 않았다. 그녀를 흥미롭게 한 것은 비옥한 상상 속에서 만개할 수 있는 예술적 씨앗이었다.

Christine은 나에게 어떻게 Boréal의 입주작가 프로그램이 운영되는지 보여주기 위해 작가들이 입주 기간에 작업하는 곳을 둘러볼 수 있도록 '체험의 날' 에 나를 안내했다. Boréal Art/Nature 방문객들은 몬트리올 컨커디어대학교 미대생들로 구성되었다. 학생들은 도시 환경에서 벗어나 숲에 자리를 잡았고, 자연에서 얻은 재료와 상호작용하고 자유롭게 그것을 이용하여 무언가를 만들어내기에 정신이 없었다. 대지는 미술교실이 되었고 Boréal Art/Nature 거주 작가들은 규칙을 설명해주는 친절한 조력가 역할을 자청하였다. '자신만의 특별한 장소 찾기, 살아 있는 생분해성 재료와 숲에서 나는 재료만 사용하기, 내 자신과 숲에 해를 가하지 않기' 라는 주제로 워크숍은 이루어졌다.

워크숍은 참가자들의 마음속에 자연에 대한 경외심을 불러일으키고 마음을 열게 했으며 예술가들과 관객이 하나가 되게 하였다. 나무, 돌, 대지 그리고 잎사귀가 작품으로 재탄생되었다. 금관화 줄기로 만든 배는 자연으로부터 입맞춤을 받는 듯한 놀라운 경험을 선사하였고, 거의 모든 참가자들이 자연을 통해 자신의 감정을 표현하였으며 그것을 다시 자신들의 추억과 연관 지었다. 그들은 생명이 사라지는 것 그리고 그것을 사라지게 놔두고 작별인사해야만 하는 자연의 순환에 대해 호기심을 느끼고 이러한 순환을 인정하는 것에 대한 이야기를 나누었다. 작가들이 자신들의 경험을 공유했기 때문에 예술가들과 참가자들 사이의 강력한 유대관계가 형성됐다는 것을 알 수 있었다. 놀라운 점은 이 워크숍을 진행하는 동안 학생들이 열정적으로 자신의 감정을 표현하였고 다시금 자신감을 찾았으며 자신의 진정한 자아를 발견하였다는 것이다. 이러한 경험은 매우 감동적이었다.

학생들 중 한 사람은 최근에 어머니를 여의었다. 그 학생은 나무 구조물을 설치한 숲 속의 특별한 장소로 우리를 안내했다. 우리는 그 구조물을 살펴보았고 그 학생이 무엇을 보았는지 단번에 알 수 있었다. 마지막 구조물에서 학생은 고정관념에서 벗어나고 싶어 했고 이 구조물 밖에서 모든 것을 보고 싶어 했다. 그녀의 황폐화된 마음이 변심하지 않고 안전하고 영구적인 틀 안에 있는 것들은 원한다고 말했다. 그녀는 이 숲에서 어머니의 존재를 느끼고 싶었으나 그녀의 황폐화된 마음이 틀 안에 머물기를 원했고, 질병과 죽음의 고통에서 떨어져 있고 싶어 했기 때문에 그녀는 이 숲과 어머니의 기억에서 벗어나길 원했다. 그녀는 자신이 처한 현실과 진실된 감정표현 그리고 어머니의 존재를 잊고 있었음을 깨달았다(우리는 그녀의 말이 정말로 진실되고 감동을 준다는 것을 알았다).

나는 그녀의 이야기를 듣다가 한 가지 의문이 들었다. 거대한 진정성에 대해 응답하고 싶을 때 명쾌한 해답과 가이드가 될 수 있는 더 큰 틀이 존재하는가? 그 학생처럼 나도 황폐화된 마음, 미술치료사로서의 정체성 그리고 무엇을 위해 그림을 그리는지, 어디서부터 그림이 실용적으로 가능한지에 대해 정의된 관점에서 벗어나고 싶었다. 나는 틀 밖으로 뛰쳐나와 예술적이고 지적인 자유를 원한다.

Peter Schumann과 Bread & Puppet 극장

나는 버몬트 주 글로버에 있는 오래된 농장에서 Peter Schumann과 극단원들을 만났다. 오래된 농장의 헛간 하나가 이야기에 따라 집단으로 분류되어 큰 가면과 꼭두각시로 채워진 이층짜리 꼭두각시 박물관으로 개조되었다(그림 13.1 참조). 나를 놀라게 했던 것은 꼭두각시를 분류하는 신선한 감각과 참신한 스타일이었다. 각각 분류된 집단은 다른 테마와 다른 스타일을 표현하였다. 나는 이 예술가들이 말하고자 하는 바를 이해한

그림 13.1 Bread & Puppet 극장의 인형 컬렉션

다고 생각했고, 그래서 듣지 않아도 된다고 생각했다. 그러나 실제 작업은 놀라웠고 신선했다. 길드 조합회는 꼭두각시를 만드는 데 사용된 이야기와 방식을 설명했다. 실제로 각각의 집단은 독창스러웠고 관람자들에게 초심으로 돌아가길 요구했다. 형상을 보고 그에 대한 이야기를 듣고 해 질 녘에 버몬트 언덕에서 열릴 연극을 상상하니 공감각적인 경험이 일어났다.

나는 Peter에게 어떻게 미술과 이야기의 참신함을 유지할 수 있는지 물었다. 그는 어떻게 관객들의 예상을 깰 수 있었을까? 예술가로서 우리는 어떻게 관객들에게 초심을 요구할까? 벨트슈메르츠는 우리가 어떤 행동을 하고, 어떤 것을 말하기를 원하는 것이라고 가정하자. 그러나 우리는 쫓겨나기를 원하지 않는다. 우리는 사람들이 우리를 밀쳐내기를 원하지 않으며, 그들이 우리가 할 말을 알고 있기 때문에 듣지 않을 것이라고 생각한다.

이에 대해 Peter는 다음과 같이 답한다. 비록 관객의 마음에 불확실성을 야기하는 것을 좋아하진 않지만, 그에게 가장 흥미로운 것은 그의 예술로 세상과 세상의 슬픔과 아름다움에 답하는 것이다. 만약 이것이 잠깐 동안 사람들의 가는 길을 멈추게 한다면 괜찮다. 하지만 그것은 우리의 재능과 목소리 그리고 관대함을 가지고 우리 주변 세상에 응답하고 있다.

Peter는 자신이 가장 가치 있게 생각하는 것 중 하나가 생각하는 능력이라고 말한다. 그의 멋진 개척자 극단에 시작하는 사람이 필요한 것처럼 좋은 예술, 좋은 이야기, 좋은 연기는 생각이 필요하다. 좋은 생각은 좋은 질문으로부터 나온다. 그는 우리의 문화에는 우리를 즐겁게 하는 것만큼이나 생각을 방해하는 것이 많이 있다고 말한다. 그러나 왜 우리는 생각하지 말아야 했는지 그는 알고 싶어 한다. 왜 누군가는 우리가 생각하는 것을 원하지 않을까? 기계적으로 무언가를 하는 대신 어떻게 해야 우리 스스로 생각하게 할 수 있을까? 우리는 어떻게 초심을 유지하고 가능성과 희망을 열어놓을 수 있을까?

그래서 Peter Schumann은 심사숙고하며 예술적인 삶을 사는 것과 그가 세상에서 보는 것들, 이를테면 불의와 억압 그리고 아름다움, 즐거움과 희망에 대해 꼭두각시 인형과 연극을 제작하는 것에 가장 관심을 갖는다. 그는 희망과 소생이 가득한 이야기, 관객이 마치 속해 있고 집에 있는 것처럼 느낄 수 있는 이야기를 만든다.

Edith Kramer

> 이것은 어떻게 보이는가에 대한 것이고, 나의 아이들이며 당신이 태어난 세상이다. 만약 당신이 이 세상을 탐탁지 않아 한다면, 당신이 변화시킬 수 있는 것은 없다(Friedl Dicker-Brandeis의 반자본적 포스터에 실린 글귀 1930-34, Makarova 2001, pp. 20-12에서 인용).

벨트슈메르츠에 대한 응답으로 우리가 어떻게 살아야 하는가에 대한 가장 고무적인 대화 중 하나는 Edith Kramer와 나눈 것이었다. 오스트리아의 예술가 Friedl Dicker-Brandeis는 자신의 작품을 통해 슬픔과 암흑기인 제2차 세계대전 당시를 묘사하였다. 1934년 프라하로 떠나기 전 Friedl은 공산주의자 박해로 인해 체포되었고 수감되었으며 심문을 받았다. 풀려났을 때 그녀는 Edith에게 그 경험을 통해 자신이 살아 있음을 실감하였고 그래서 감금된 것이 전혀 문제되지 않았으며 심지어 자유로움을 느꼈다고 털어놓았다. Edith가 회상하기로는 이러한 경험으로 Friedl은 정신분석학이 자기학대적 감정을 인지하는 것에 도움이 될 것이라고 생각하였다.

Friedl은 체코슬로바키아로 이민을 갔다. 거기서 그녀는 나치의 박해를 피해 피난 온 유대인 난민 아동을 대상으로 미술치료를 실시하였다. 이곳에서 Edith Kramer는 Friedl과 함께하며 미술치료에 대한 많은 지식을 얻게 되었다. "나는 그녀가 나에게 예술의 의미를 알려준 것에 무한한 감사를 표한다. 나는 그녀의 현명함을 토대로 미술치료에 대한 기초를 닦을 수 있었다. 어느 누구도 나에게 그녀처럼 가르침을 줄 수는 없을 것이다(Kramer, Makarova에서 인용, 2001, p. 234)."

1924년 12월 Friedl은 18세기에 요새였다가 나치에 의해서 운송 수용소로 바뀐 테레진수용소로 보내졌고, 매우 열악한 환경이지만 아이들이 창의적으로 생각하고 미술작품을 만들 수 있도록 아이들을 가르치는 데 열심히 노력하였다. 아이들은 손에 잡히는 재료를 사용했다. 아이들은 콜라주 작품을 만들었고 상상력을 길렀으며 내적인 삶을 발전시켰다. 생존한 아동의 숫자는 소수이지만 끝까지 살아남은 몇몇 아동은 Friedl이 실천한 창의적 교육으로 생존의 중요성을 알게 되었다고 한다.

Edith가 묘사한 Friedl의 이야기는 최악의 상황에서도 창의성을 잃지 않는 것, 관용을 베푸는 것에 대한 실로 위대한 교훈을 나에게 주었다. Friedl은 인내심을 발휘하였고, 심지어 감금된 상태에서 더욱더 살아 있음을 느낌으로써 고통의 시간 속에서 멋진 일을 할 수 있었다. 그래서 예를 들어 만약 어떤 사람이 꼭두각시 인형을 옆에 밀어두고 심각한 사회행동주의자가 되는 대신 그것을 만들어 가지고 논다면, 그의 재능을 이용할 수 있는 장소를 알아보는 기회를 찾을 수 있다. 우리는 행동하는 새로운 방식을 배우려 시도하지 않아도 되고, 어떤 이를 돕기 위한 분석을 끝내기까지 기다릴 필요가 없다. 우리는 극한의 상황에서도 최선의 방식으로 그 상황을 이겨낸다.

Ned Bear

나는 Catherine Martin 감독의 〈콰누테 : 미크맥족[4]과 말리시트족〉(KWA' NU' TE' : Micmac and Maliseet Artists, 1991)이라는 다큐멘터리를 통해 Ned Bear와 그의 미술작품을 접하게 되었다. 그의 조각은 Ned의 음성을 낭랑하게 울려 퍼트렸고, 그의 음성은 무척 감동적이었다. 이 작품에서 Ned는 캐나다 뉴브런즈윅 주 북부 프레더릭턴 인디언 보호구역 '울타리 안에서'의 성장을 다룬다. 그는 작품에서 인디언들이 겪은 끔찍한 상실을 묘사하였다. '버림받은 자들' Forsaken은 그가 이런 경험을 인용한 단어이다. Ned는 어린아이의 삶에 예술적 영감을 불어넣기 위한 많은 방법이 있기를 소원하며, 예술적 표현은 아이들의 감정표현을 발산하게 하여 그들의 삶을 변화시키는 것이라고 말한다. 그의 작품과 발언은 꼭두각시 인형과 가면을 만드는 것과 함께 내 머릿속에 떠올랐다. Edith Kramer로부터 밖으로 나가 예술가들에게 가장 중요한 것이 무엇인지 대화를 나누어볼 것을 제안받은 후, 나는 Ned Bear를 찾아가 그가 만든 가면을 보면서(그림 13.2 참조), 그가 속한 인디언 공동체에 대한 그의 바람에 대한 대화를 나누기 위해 약속을 잡았다.

근대적 교육은 학생들을 '원격조종 로봇' 처럼 아무 생각 없이 학업 성적과 일시적인 쾌락적이고 외적인 보상을 받아들이도록 가르친다고 Ned는 말한다. 그는 외적 보상이 주어질 경우 많은 부분이 희생된다고 말한다. 교육이 아이들로 하여금 지식을 키우고 영혼과 창의성을 길러 제대로 사고할 수 있도록 한다면 우리 지역사회는 강화될 것이라고 하였다. 나는 Ned에게 나에 대한 이야기와 내가 품고 있는 희망을 들려주었다.

---

[4] 역주 : 캐나다 동부에 사는 최대 인디언 종족

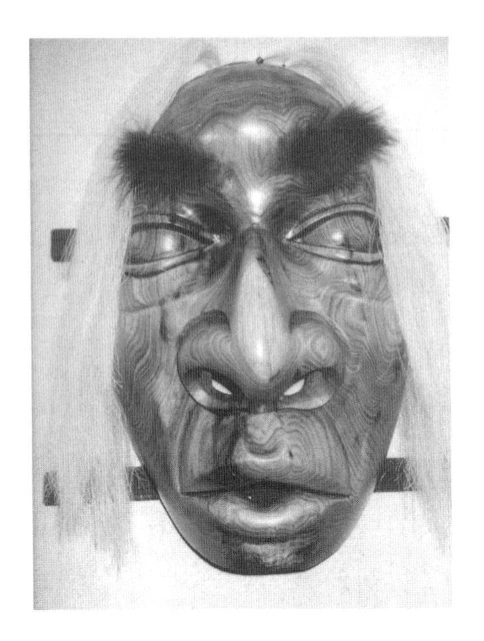

그림 13.2 Ned Bear의 '전사는 안다' 가면

협력작업

Ned와 나는 꼭두각시 인형 제작자로서 인형 만들기를 통해 사회적 적응력을 높이고, 그것이 공동체적 삶의 부흥에 이바지하기를 바랐다. 미술치료사와 교육자로서의 배경 때문에 우리는 아이들의 풍부한 상상력이 깃든 삶의 가상적 환경에 대한 의존적인 사고를 우려했다. 우리는 아이들이 점점 더 그들의 자아와 롤모델을 공동체보다는 비인간적이고 무신경한 광고와 미디어의 세계에서 찾는 것을 우려했다.

그러나 우리는 놀이에 참여하며 손을 이용하여 삼차원적인 작품을 만들 때 아이들이 상대적으로 대중문화의 형상에서 벗어나 자유로운 여느 장소로부터 창조해내고, 자신만의 것을 만들어낸다는 것을 발견했다. 우리는 자신의 예술적 표현의 유사성을 관찰했다. 가면은 현대적인 삶의 억압에 의해 집단화되었을 감정과 생각을 일깨워 환기시키는 경향이 있고, 꼭두각시 인형은 호기심과 공감 그리고 이야기의 가능성을 일깨운다.

우리의 생각은 인디언 원주민 어린이들을 대상으로 초등학교와 고등학교에서 일일 꼭두각시 만들기와 이야기 만들기 워크숍을 진행함으로써 현실화되었다. 우리는 양말로 꼭두각시 인형의 형태를 만들었고, 머리에 쓰는 큰 종이 반죽으로 된 가면을 가진 완전한 형태의 꼭두각시를 만드는 것으로 마무리하였다. 각각의 워크숍은 기초적인 형태의 꼭두각시 만들기로 시작하여 자신만의 캐릭터로 꾸미는 것으로 이어졌다. 집단별로 나뉘어 아이들이 직접 꾸민 꼭두각시 인형을 사용하여 이야기를 만드는 것으로 마무리되었다.

학교라는 교육적 환경에서 프로젝트를 직접 실행에 옮김으로써 우리는 자신감을 얻을 수 있었다. 하지만 우리는 이처럼 복합적인 도움이 필요한 참가자들을 위해 두 가지 요소를 추가해야 한다는 사실을 깨달았다. 이는 창의적 과정에서 학생들의 강렬한 몰입을 위한 원주민 사회 연장자들과 융합하기, 그리고 대중문화에서 탈피하여 자연 환경과 함께하기였다. 우리의 목적은 대중문화의 화상과 음향에서 벗어나 다양한 연령대와 세대를 아우르는 야외 환경에 마련된 예술 캠프를 창조하는 것, 참가자들로 하여금 롤모델을 찾고 함께 협동하는 과정에서 자신의 고유문화를 자랑스럽게 여기도록 생각을 전환시킬 수 있다는 점을 증명하는 데 있었다. 참가자들은 이 땅과 더 깊은 관계를 맺기 위해 그들의 창조적인 자아에 생기를 불어넣고, 자아를 깨우치기 위해 그리고 그들 자신과 타인에 대한 더 많은 존경과 감사의 마음을 얻기 위해 일련의 창조적인 과정을 사용하였다.

우리는 이러한 아이디어를 가지고 캐나다 예술진흥원을 방문해 교육 현장에서 협력적인 워크숍과 버몬트 주 글로버에 위치한 Bread &

Puppet 극장에서 우리가 진행하는 일련의 작업을 설명했고, 우리가 어떻게 공연 창작과 종이가면 만들기로 해당 지역 인디언 원주민들이 희망을 재건하고 그들과 함께할 수 있었는지를 설명했다. 또한 우리는 퀘백 Boréal Art/Nature에서 열린 워크숍을 통해 무엇을 발견했는지 대해서도 논의하였다. 우리는 캐나다 예술진흥원과 협업하여 야외 환경에서 삼차원적 작품(꼭두각시 인형과 가면 만들기)을 만들어 다양한 사회집단에 적용될 수 있도록 장기적 목표를 세워서 프로그램의 질을 향상시키도록 노력하고 있다.

세부사항

캐나다 예술진흥원은 공식 서안을 보내 프로젝트의 구체적인 계획을 알기를 원했다. 그래서 우리는 뉴브런즈윅 주 프레더릭턴의 세인트메리스 퍼스트네이션(선주민)과 인디언 원주민 지역사회에서 일주일에 걸쳐 대략 25세대의 참가자들을 위한 미술 캠프를 제안하였다. 야외활동을 기반으로 꼭두각시 인형과 가면을 포함한 포괄적인 창작활동으로써 완성된 작품에 영감을 받아 집단 참가자들이 이야기를 만드는 것을 기획하였다. 참가자들의 이야기는 그들의 자발적인 의지를 통한 창조물이며 강요된 것이 아니었다.

우리는 이전에 실시한 협동작업이 예술캠프와 유사한 형태의 경험으로 남녀노소를 불문하고 우리 모두를 적극적이고 즐겁게 창작활동에 참여하게 하고, 어느 정도 자기성찰도 가능하게 했다고 기록했다. 촉각을 이용하고, 삼차원적이며 생기를 불어넣는 경험이었다. 물론 시각적이나 이야기적 요소도 포함된다. 그것은 온전히 상호적이다. 종이 그물망과 옷, 환경이 있는 무형의 물체를 활용하여 이전 협동작업의 참가자들은 꼭두각시 인형을 조종하는 사람과 관객 모두를 신비롭게 매혹시키는 꼭두각시 인형을 만들었다. 꼭두각시 인형에 생기를 불어넣음으로써 전 세계는 갑자기 새롭고 호기심이 가득하고 흥미로운 곳이 되었다.

우리의 희망은 세대를 초월하는 이와 같은 예술품 제작인 스토리텔링 형식이 세대 간 그리고 예술가와 그 환경 간 교두보 구축에 대한 자아의식의 탐구와 강화의 결과로서 광범위한 영향을 미쳤으면 하는 것이었다. 대규모 지역사회에 인형 이야기를 제공하는 이 같은 즉각적인 결과는 교두보 구축에 대한 생생한 모델 역할을 하게 될 것이다. 다리를 건설함에 따라 우리의 희망은 창조적인 작업에 대한 고유한 보상의 환기와 창의적인 노력에서 오는 근원의 감각이 있다는 것이었다. 가면과 꼭두각시 인형 만들기의 사용은 말리시트Maliseet문화와 그 아이들과 노인들의 지혜에 숨어 있는 힘을 끌어낼 것이다. 자기존중감을 다시 일깨우기 위해 예술을 사용할 것이며, 우리는 더 넓은 세계와 세계의 모든 사람에 대한 존경이 다시 살아날 것을 희망한다.

또한 우리는 이러한 경험을 통해 정신건강을 높은 수준까지 끌어올리는 긍정적이 것이 될 수 있기를 바랐다. 우리는 인간의 정신건강 상태를 파악하기 위해 오카나간Okanagan[5] 출신의 작가이자 교육자이며 시인인 Jeannette Armstrong(1995)이라는 여성을 주목하였다. Armstrong은 인간의 정신건강을 온전한 자아가 소속 공동체와 대지(프로이트가 '대양감' oceanic feeling이라고 일컬은 단어와 유사)에서 유대감을 느끼는 상태라고 설명한다. 오카나간 문화 내에서는 가장 넓은 범위에 걸쳐 동일성(자기 자신, 가족, 공동체, 땅, 모든 사람)을 가지는 사람들이 가장 건강하다

[5] 역주 : 캐나다의 브리티시컬럼비아 주에 위치한 호수

고 여겨진다. 타인이나 땅과 단절된 사람들은 건강하지 않다고 여긴다.

결과

우리는 'K'chi Kuhkiyik'(사람들/나무의 영혼) 예술 캠프 프로젝트의 결과물을 캐나다 예술진흥원에 보고하였고 뿌듯함을 느꼈다. 우리는 참가자들이 예술 캠프를 운영하고 할머니, 할아버지, 부모, 이모, 삼촌 그리고 형제자매들이 함께한 예술 캠프를 통해 공동체적 동지애를 느낄 수 있었다. 또한 흥미롭고도 창의적인 공동체를 만드는 데 적용함으로써 우리는 작품을 통해 사회적 응용의 가능성을 넓히는 것이 실제로 가능하다는 것을 발견할 기회를 준 것에 매우 감사하다. 캠프의 첫 이틀 동안 우리는 창의적인 과정에 몰입하기 위해 우리의 삶에 얽매여 있던 일상을 벗어나 자연과 하나가 될 수 있었다. 캠프 동안 날씨는 친절하지 않아 일정에 차질이 있었지만, 그 모든 방해에도 불구하고 모두가 캠프의 마지막날까지 참여하고 각각의 일상으로 돌아갔다. 이 땅과 더 깊은 관계를 형성하고, 자신의 창의적인 측면을 지각하고 생기를 불어넣고, 자신과 타인을 더 존중하며, 자신감을 북돋우기 위해 창의적인 과정을 사용하려는 우리의 목표는 모두 달성되었다(그림 13.3 참조). 이러한 경험은 지역사회복지센터에서 퍼레이드와 어떻게 꼭두각시 인형이 만들어졌는지에 대한 발표와 가면 만들기를 축하하는 발표로 마무리되었고, 뒤이어 전 공동체를 위한 3개의 짧은 단막극이 상연되었다.

예술 캠프의 가장 핵심적인 특징은 공동체의 어른이자 유명한 인디언 전통 가수인 Maggie Paul이 참여했다는 것이다. 그녀는 저녁에 있을 노래와 드럼 공연을 위해 초대되었지만, 점점 우리의 일에 흥미를 가지게 되었다. 그녀는 창의적인 작품이 완성되는 동안 노래하고 드럼을 치면서

그림 13.3 K'chi Kuhkiyik 예술 캠프 참가자들이 만든 꼭두각시 인형

캠프의 주요 구성원이 되었다. 그녀의 존재는 우리에게 영적인 기반을 제공했고, 아마도 다음에 소개하는 이야기에 영향을 미쳤을 것이다.

이야기들

참가자들이 구성한 이야기는 신비롭고 신화적이고 허풍을 떠는 이야깃거리로 가득하다. 이는 물의 정령, 숲의 정령, 장난꾸러기 까마귀(각각의 캐릭터들은 패스트푸드의 유혹에 쉽게 흔들린다.)와 현명한 인디언 추장, 현명한 여인에 대한 이야기이다.

(이 이야기는 인디언 주술사인 Bah-tillius가 느리게 춤을 추는 것으로 시작된다.) 사람들은 슬픔에 잠긴 채 춤춘다. 공동체는 무너졌다. 사람들의 마음은 슬픔으로 가득 차 있다. 그리고 자연은 버림받았다. (자연은 사람들을 이해하기 시작하였고 춤을 춘다. Bah-tillius와 자연은 함께 슬퍼하고 느리게 춤을 춘다.)

그러나 도움의 손길을 뻗는 이가 있다. Med-ow-win이라는 주술사 여인은 그녀의 약 가방을 들고 와서 황폐화된 자연과 Bah-tillius의 슬픔 그리고 사람들의 산산조각 난 마음을 치료하기 위해 노력하였다. 그러나 사람들은 그녀를 보지도 않고 듣지도 않는다. 사람들은 마음을 닫아버렸다.

Greek-nuks라는 거대한 거북이가 사람들과 자연의 마음을 치료하려고 왔지만, 아무도 거들떠보지 않고 거북이의 말을 듣지 않는다. 사람들은 마음을 닫아버렸다.

Greek-nuks는 매우 슬펐다. "내 말을 한번 들어봐. 여기 한번 봐줄 수 있어?"라고 Greek-nuks가 물었다.

마지막으로 강하며 자기주도적인 Gwan-ta-moose라는 여인이 다가와 사람들 앞에서 흐느끼며 울었다. Gwan-ta-moose의 흐느낌은 사람들을 깨웠고, 그들은 듣기 시작했다.

사람들은 점점 Med-ow-win이라는 주술사 여인의 치유능력을 인정하였고 그녀의 약을 받아갔다. 그리고 사람들은 점점 Greek-nuks가 단지 진흙탕 속의 작은 거북이가 아닌 사람들을 모든 것으로, 우리의 어머니인 지구로, 공동체로, 자연으로 연결해주는 신성한 거북이임을 기억했다. 서서히 공동체는 치유되었고, 다시 춤추기 시작했다. (공연은 공연자들과 Maggie Paul이 청중들 사이를 지나가며 모두 함께 춤추도록 유도하는 것으로 끝이 난다.)

추적 조사

우리는 프로젝트가 종결된 이후 캠프 참가자들 중 몇몇을 버몬트 주의 Bread & Puppet 극장으로 초대했다. Peter Schumann과 그의 직원들은 집에서 직접 만든 맛있는 음식과 함께 기본적인 인형극의 전문적 기술에 대한 지식과 나무다리걷기stilt-walking 기술, 지혜와 유머를 공유하였다.

결론

미술작가이자 치료사로서 우리는 세상의 슬픔에 응답해야 하지만 탐색 과정에서 어떤 구체적인 이야기를 묘사해야만 한다는 압박감을 느낄 필요가 없다. 앞에서도 언급했다시피 우리는 잘 준비되어 만들어진 부케를 바라는 것이 아니다. 우리는 아이디어의 씨앗을 심고, 아이디어는 우리의 비옥한 상상 속에서 무슨 일이 일어나는지 지켜보는 것이다. 우리는 창조적인 내면의 생명을 육성하기 위해 더 많은 시간이 필요하다는 것을 알게 될지도 모른다. 우리는 공동체 형성에 흥미가 있거나 우리와 함께 자연 속에서 예술을 만들어내는 데 관심 있는 다른 사람을 찾게 될지도 모른다.

여기서 제시된 아이디어, 이야기 및 미술의 근본 핵심에 무슨 일이 일어나더라도 그들은 지속적으로 전개하고 성장하며 확산될 수 있다. 어떤 것이 여러분에게 떠오른다면 이번 장의 저자인 우리에게 언제라도 연락주기 바란다(우리 웹 사이트 세부사항에 대해서는 참고문헌을 참조). 덧칠, 가면 및 인형과 관련한 대화에 관한 것이라면 우리를 여러분 공동체,

사람들로 간주하기 바란다. 희망, 예술 및 열정과 같은 야생이면서 급진적인 행동의 확산에 대해 Boréal Art/Nature, Peter Schuman of Bread 및 Puppet Theater, and Edith Kramer로 거슬러 올라가 얘기를 나눌 수 있다면 우리도 기쁠 것이다.

참고문헌

Armstrong, J. (1995) "Keepers of the Earth." In T. Roszak, M.E. Gomes and A.D. Kanner (eds) *Ecopsychology: Restoring the Earth, Healing the Mind.* San Francisco: Sierra Club Books.

Makarova, E. (2001) *Friedl Dicker-Brandeis, Vienna 1898–Auschwitz 1944: The Artist Who Inspired the Children's Drawings of Terezin.* Los Angeles: Tallfellow/Every Picture Press.

Martin, C. (1991) *KWA'NU'TE': Micmac and Maliseet Artists* [Motion picture]. Canada: The National Film Board of Canada and the Nova Scotia Department of Education.

Muir, J. (1912) *The Yosemite.* New York: The Century Company.

웹 사이트

Boréal Art/Nature: www.artnature.ca

Peter Schumann and the Bread and Puppet Theater:
www.cbc.ca/ideas/features/bread_puppet
www.theaterofmemory.com/art/bread/bread.html

Lani Gerity: www.lanipuppetmaker.com

Ned Bear: www.lib.unb.ca/Texts/QWERTY/Qweb/qwerte/ned_bear/ned.htm

다문화 세상을 위한 미술치료

제 14 장

Susan Berkowitz

도입

나는 개인을 위해 미술치료를 하였다. 지금은 세상을 위해 미술치료를 한다. 아마도 여러분은 '그녀는 자신을 치료하는 것이 필요하며, 환자로서 이 세상을 치료하는 것은 터무니없는 일' 이라 생각할 것이다. 내가 현재 하는 일은 미술치료 임상과 미술치료사 양성이지만 전통적인 의미에 국한되는 것은 아니다. 우리는 고통받는 개인을 치료하지 않는 한, 이러한 환경을 치료적인 상황으로 생각하지 않는다. 나는 우리가 개개인의 독특한 차이점에 아량이 없으며, 우리 모두가 가지고 있는 유사성을 인식하지 못하기 때문에 우리 사회가 고통받고 있다고 생각한다. 미국에서 다문화 문제는 부분적으로 우리의 역사이다. 우리는 미국을 구성하고 있는 수많은 아름다운 문화를 이해하고 그 가치를 인정하도록 배우지 못했다. 그 대신 정치인들은 자신의 이익 때문에 우리를 서로 다투게 하여(Bell, 1993), 이 모든 것이 우리 정서에 악영향을 끼치고 있다. 미국에서 활동하는 미술치료사들의 90%가 백인(Talwar, Iyer & Doby-Copeland, 2004)인 현실에서 우리가 다루는 사회 문제는 대부분 유색인종에 관한 것이 사실이다(Brown et al., 2003). 불행하게도 성공하지 못한 사람을 비난하는 색맹사회[1]는 너무 지나치게 '그들 대 우리' 식의 대결구도를 영구화시켜서 우리가 세상과 소통하는 방식에 악영향을 끼친다.

1999년 나는 정신과에서 미술치료사로서 10년간 종사했던 직장을 잃었다. 25년간 성인 정신 분야 전문가들과 함께 일한 경험 덕분에 나는 관련 분야의 또 다른 직업을 가질 수 있었다. 그러나 나의 일과는 사람을 상대하는 일보다 서류일로 더 바쁜 시간을 보내야만 하였다. 나는 전문 분야에서의 치료 효과가 별로 도움이 되지 않음을 느끼게 되었다. 기업 경영진들이 정신건강 프로그램을 단지 돈벌이로만 취급하고 있음을 분명히 느낄 수 있었다. 이러한 상황이 내가 진정 원하는 일이 무엇인지 생각할 기회를 준 것이다. 나는 가족축제일을 만들고자 하는 오랜 꿈을 위해서 큰 변화를 일으키기로 결심하였다.

다문화 축제

1973년 나는 가족을 위한 All People's Day®를 생각하였다. 이날은 남을 배척하는 날이 아니라 모든 사람이 함께하는 축제의 장이다. 이런 일을 계획한 동기는 나 자신이 소외되고 이방인이라 느낀 것에서 시작되었다.

이방인이라 느꼈던 첫 경험은 기독교 사회에서 내가 유대인이라는 것이었다. 나는 어렸을 때 크리스마스 연휴 동안 소외감을 느꼈다. 다른 종교의 전통 기념일은 학교에서나 각종 언론에 노출이 되지 않는다. 나는

[1] 역주 : 인종 문제에 무관심한 사회적 현상

하누카Chanukah[2]가 크리스마스 연휴보다 더 즐겁다고 위안을 삼기로 하였다. 나는 제2차 세계대전 중 유대인에 대한 히틀러의 비인도적 처사를 알게 되었다. 다른 집단이 그들의 만행으로 고통을 겪었음을 알게 되었다. 나를 몹시 분노하게 한 극악한 행위는 아프리카계 미국인 노예에 대한 것이다. 내가 대량학살과 다른 형태의 무관용에 대하여 배웠을 때 하누카가 우월하고 크리스마스가 그보다 못하다고 말할 수는 없었다. 왜냐하면 한 인종 집단에 대한 우월감이 타 인종 집단에 대한 비인도적 행위에 대한 정당성을 부여하기 때문이다.

두 번째 이유는 내가 난독증이라는 사실이다. 나는 열 살까지 글을 읽을 줄 몰라서 지적장애 아이들과 같은 교실에서 수업을 받았다. 당시 학교 교육은 학습능력의 차이에 대하여 무지했다. 학습부진 아동은 매우 밝으며 단지 다른 학습 방식으로 지식을 얻는다는 사실을 이해하지 못했다. 나는 정말 죽을 맛이었다. 학교생활은 단지 내가 배울 수 없다는 분명한 메시지를 주었을 따름이다. 당시 나는 쉽게 학업을 포기할 수 있었지만, 누군가가 이러한 운명에서 나를 구원하였다. 그 특별한 사람은 바로 나의 어머니였다. 그녀는 내가 그림에 소질이 있다고 누군가에게 듣고 나를 격려하기로 결심하셨다. 일곱 살 때 어머니는 나를 토요 미술학교에 데려갔다. 학교에 다니는 일은 어머니에겐 무척 귀찮은 일이었을 테지만 말이다. 미술학교에서 그림을 그리며 조각을 하기 시작했을 때 놀라운 일이 일어났다. 드디어 내가 무언가에 소질이 있음을 발견한 것이다! 이런 사실은 책을 계속 읽고자 하는 나에게 용기를 주었다. 당시 나는 고등학교마저 졸업을 못할 줄 알았다. 그러나 나는 고등학교, 대학교뿐만 아니라

---

[2] 역주 : 봉헌절 히브리력의 9월 25일인 11월 말이나 12월 초에 8일간 진행되는 유대교 명절

미술치료 석사학위까지도 마쳤다. 나의 예술적 재능과 어머니의 관심이 나를 구원한 것이다.

예술적 영감과 타인과 차이를 인정하는 관용적인 자세로 나는 세상 모든 사람이 빠짐없이 소외되지 않도록 All People's Day®라는 기념일을 기획하였다. 이 기념일에 대한 관례를 개선시키면서 나는 사람들이 소외감을 느끼게 되는 다양한 이유(인종, 민족, 연령, 성별, 성적 취향, 종교, 신체적 · 정신적 차이)가 있음을 알게 되었다. 또한 사람들 사이에 존재하는 유사성을 발견하였다. 나에게는 세상 모든 일이 미술로 시작하기 때문에 이러한 미술활동은 우리가 서로 다르다고 할지라도 서로 간의 차이를 알도록 돕고 모든 인간은 권리가 있음을 상기시키도록 하는 것이었다.

All People's Day® 관례[3]

다음의 내용은 기념일의 세 가지 기본 관례를 설명하고 기념일이 왜 필요한 한지 보여주며, 학교 혹은 여러 환경에서 이러한 기념일을 어떻게 활용할 수 있는지 몇 가지 사례를 들어보겠다.

공예인형 만들기 프로젝트

많은 유럽계 백인 미국인들은 오늘날 미국에서 인종차별이 중요한 문제인지 정확히 모른다. '백인 전용' 같은 뻔뻔한 인종차별주의적 부호는 마틴 루터 킹 목사 세대 이후 자취를 감췄고 백인들은 자신들이 누리는 특

[3] 다양한 집단(여기서 제시된 사람들과 그 외 사람들)을 위한 만인의 날 프로젝트를 진행하고 적용하는 법에 관한 자세한 지침은 출간 예정인 Susan Berkowitz의 책을 참고하기 바란다.

권을 인식하지 않는다. 다음 내용은 인종차별 문제에 대한 몇 가지 사례이다.

2003년 갤럽의 여론 조사와 Ferguson(2004)의 보고서는 미국 내 인종차별에 관한 내용을 담고 있다. 시민 권리에 대한 리더십 콘퍼런스의 Wade Henderson 대표는 다음과 같이 말했다. "좋은 소식은 설문조사의 응답자들이 낙관주의적이었다는 점이다." 덧붙여 인종차별에 관한 견해에서 "인식에서뿐만 아니라 현실에서도 거리감이 있다."고 하였다. Ferguson은 다음과 같이 서술한다.

> 백인의 90%, 아프리카계 미국인의 73% 그리고 히스패닉의 76%는 시민권이 매우 크게 개선되었다고 말하지만 아프리카계 미국인의 49%는 차별행위를 경험했으며 62%는 다소 또는 매우 부당한 대우를 받았다고 하였다.

2000~2001년 아프리카계 미국인 사회과학자인 Joy Leary(2004) 박사는 폭력 예방에 대한 연구를 실시하였다. 그녀의 연구 참가자는 같은 마을에 거주하는 젊은 아프리카계 미국인 남성들로 100명은 현재 투옥 상태이며 또 다른 100명은 대학 재학 중이었다. 폭력 희생의 규모, 폭력에 대한 목격자 척도, 도시의 혼잡도, 인종 사회화 규모 및 불경함 척도, 폭력 피해와 경멸 척도에서 두 집단 모두 높게 측정되었다. 폭력 피해자가 오히려 폭력을 행사하는 가해자가 된다고 예측한 이전 연구에서 이미 알 수 있듯이 Leary는 200명의 참가자에게 자신이 아프리카계 미국인이기 때문에 차별당하는지 물었다. 그녀는 두 집단의 응답이 놀라우리만큼 유사했다고 보고하였다.

오늘날 유색인에 대한 충격적인 연구는 Brown 등의 저서 **화이트워싱 : 색맹사회의 신화**(*Whitewashing Race*[4]*: The Myth of a Color-Blind Society*, 2003)에 인용되고 있다. 다음은 이 중 일부의 내용이다.

1. 인종차별 사례에 대하여 미국 대법원은 "원고는 특정적이며 의식적으로 불순한 의도를 입증해야 한다(p. 38)."라고 말했다. 이러한 증거 사례를 확보하는 것은 매우 어려우며 연령차별의 경우에는 필요하지 않았다(이는 유일한 사례로서 인권운동 이전에 발생한 사례이다).
2. "아프리카계 미국인 또는 다른 소수 집단은 유사한 소득의 백인보다 은행으로부터 주택담보대출을 거부당했다(p. 44)."
3. "이와 유사한 차별사례는 의료 및 의료 서비스 분야에서도 성행하며 이러한 차별행위는 전적으로 사회 계층이나 유전적 요인에 기인한다고 할 수 없다. 통계에 따르면 아프리카계 미국인 남성과 여성 모두가 유럽계 백인에 비해 빠른 속도로 죽어가고 있음을 증명한다(pp. 45-46)." 아프리카계 미국인 배우와 백인 배우가 같은 증상으로 병원을 방문하였을 때 아프리카계 미국인들은 부적절한 치료를 받는 경우가 많았다.
4. Feagin과 Spike의 해석은 진정성 있게 들린다. "아프리카계 미국인은 휴식을 취하거나 쇼핑하는 동안에도 검다는 오명에서 벗어날 수 없었다(Brown et al., 2003, p. 34)."

나는 인종차별주의 문제를 다루기 위해 공예인형 만들기 프로젝트가

---

[4] 역주 : 여론 무마용의 속임수

그림 14.1 11세 아동의 고무점토 인형(사진 : Angelo Quaglia)

필요하다고 결론지었다. 비록 이러한 인종차별은 1973년 기념일을 시작한 당시보다 많은 유럽계 미국인에겐 좀 덜 눈에 띄지만 말이다.

공예인형 만들기 프로젝트는 균일하게 나눠진 다섯 덩어리의 백색 공예용 점토가 사용된다. 갈색, 베이지색, 빨간색, 금색의 식용색소를 사용하여 다양한 인종을 구현하도록 하였다. 모든 식용색소를 섞은 결과 밝은 갈색이 만들어졌다. 참가자들은 조각을 원형으로 평평하게 만들도록 지시받는다. 원형 모양에 플라스틱 눈을 붙이고 얼굴 부조 조각을 만들어 작품을 제작한다(그림 14.1 참조). 이 활동은 모든 사람이 동일한 재질(살과 피)로 이루어져 있기 때문에 평등하게 존경받고 대우받아야 한다는 메시지를 담고 있다. 유치원생에서 초등학교 5학년에 이르는 어린아이들을 위하여 비록 인종은 다르지만 공통점이 존재한다는 것에 중점을 두었다. 아이들은 접시에 다섯 가지 얼굴을 만들어서 실제 사람들도 그처럼 모두

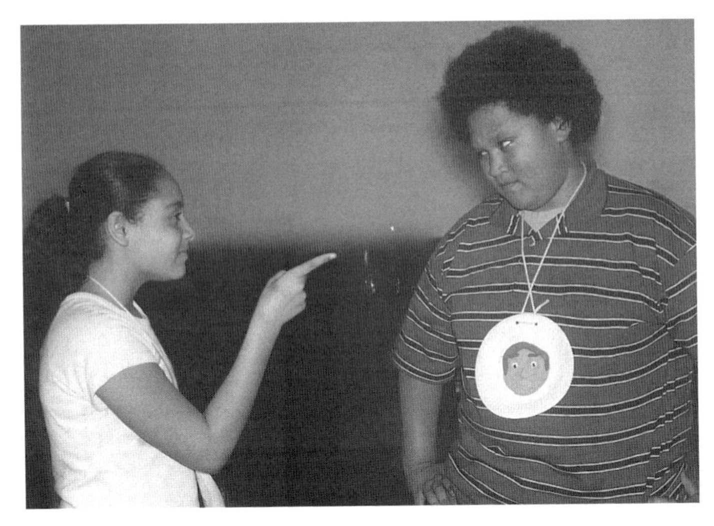

그림 14.2 인종편견에 대한 촌극을 공연하는 청소년들과 고무점토 인형(사진 : Susan Berkowitz)

같은 재료로 만들어졌다는 사실을 경험한다. 모든 사람이 똑같아 보이는 것보다 차이점이 있는 것이 존재를 더 흥미롭고 아름답게 만든다는 점을 다양한 맥락에서 토론한다. All People's Day® 행사가 끝난 후 노래와 시는 인종 간 연대감을 강조하기 위해 사용된다.

청소년과 성인을 대상으로 하면 이 과정은 좀 더 복잡해진다. 5명의 참가자가 한 집단을 이루어 참가자당 하나의 얼굴을 만들게 한다. 얼굴이 완성되면 그릇된 편견에 대한 정의가 무엇인지 생각하게 한다. 사전에 설정된 대사를 통해 각 집단은 그릇된 편견의 정체를 폭로하며 상호 문제를 해결하기 위한 협력의 필요성을 보여주는 짤막한 촌극을 공연한다. 집단원은 자신의 조각품에 따른 연기를 하며 관객이 각각의 집단원의 인종을 알 수 있도록 자신의 목에 끈으로 조각을 건다(그림 14.2 참조). 촌극은 All People's Day® 행사당일에 공연되었다.

지적장애인을 위한 공예인형 만들기 프로젝트

공예인형 만들기 프로젝트는 12~16세의 정서장애와 지적장애 소년들을 위해 진행되었다. 세 집단으로 나뉘어 하루 동안 진행되었다. 각 집단은 공예인형을 만들면서 활동을 시작하였다. 다음은 집단에 대한 내용이다.

집단에 속한 소년들은 13~15세의 중 · 고등학생들이다. 학생 1은 중간 정도의 어두운 피부색을 지닌 아프리카계 미국인 소년이며 나이가 좀 있는 소년 중 하나였다. 그는 예술적 성향을 가졌고 콧수염과 수염이 있는 혼혈 공예인형을 만들었다. 우리가 촌극 창작을 시작했을 때 그는 처음에 의구심을 가지고 있었으며 다소 반항기가 있는 태도로 일관했다. (아마도 그 소년은 콧수염과 염소수염 뒤에 숨었던 것이었을까?) 그러나 그는 결국 집단의 리더가 되었다. 반면에 학생 2는 가장 검은 피부를 가진 아프리카계 미국인 소년으로 그는 베이지색의 유럽계 미국인 공예인형을 만들기로 결정했다. 나는 이를 그 자신이 밝은 피부색의 특권을 가진 사람으로 보이고자 하는 생각이라고 해석했다.

다양한 집단에 5년간 공예인형 만들기 프로젝트를 진행했던 내 경험을 비춰봤을 때 아프리카계 미국인은 밝은 피부색을 선호한다는 것을 알게 되었다. Leary(2004)는 이러한 현상을 예를 들어 설명한다. 엄마가 검은색 피부의 아들에게 말하기를, 배우자를 고를 때 "너와 같이 검은 피부를 가진 아이를 집에 데려오지 마."라고 했다.

부모가 왜 이렇게 자신의 혐오를 분명하게 표현하고자 했을까? Leary는 이것을 '노예 외상 후 증후군' posttraumatic slave syndrome이라고 지칭한다. 미국정신의학회(1994)의 **정신장애의 진단 및 통계 편람**에서 외상 후 스트레스장애에 대한 진단 기준을 참고하여 그녀는 대부분의 노예가 외상 후 스트레스장애를 경험한다고 추측하였다. 노예들은 그 누구도 자신들이 겪은 정신적 외상을 치료받지 못했고 그 결과로 오늘의 아프리카계 미국인에게 '초세대적 영향'을 주었다고 설명한다. 이러한 현상은 보스턴대학교 교수이며 인종주제 관련 저자인 Elaine Pinderhughes(2002) 교수에 의하여 언급되었다.

또한 Leary(2004)는 아프리카계 미국인 부모의 무의식적인 칭찬에 대하여 서술하였다. 그녀는 이러한 현상은 우리가 앞선 세대로부터 학습하기 때문이라고 설명한다. Leary는 노예신분으로 부모가 아이를 칭찬하고 이를 노예 소유자가 엿들을 경우, 아이가 귀중한 재산이라고 인식하기 때문에 팔릴 가능성이 더 크다고 말한다.

학생 2의 행동은 이러한 Leary의 생각을 반증하는 것 같다. 집단원 중 누가 베이지색 공예인형을 만들고 싶어 하는지 질문을 받았을 때, 그는 제일 먼저 손을 들려고 자리에서 일어났다. 그러나 사실 이것은 하루 종일 그가 보인 행동 중 가장 활발한 것이었다. 촌극을 시작했을 때 그는 나에게 1막에서 연기해도 좋은지 물었다. 나는 그에게 직접적인 대답은 주지 않았지만 그가 참여토록 격려하였다. 촌극에서 연기하기 위해서 연기자는 모든 관객이 볼 수 있도록 청중 앞에서 서서 공연하여야 한다. Leary(2004)는 다음과 같이 설명한다. 그녀는 아프리카 여행 도중 현지인들에게 "나는 너를 보고 있어."라는 말을 자주 들었다. 미국으로 돌아왔을 때 어두운 피부색의 아이가 "어딜 쳐다봐?"라고 소리치며 밝은 피부색의 아들을 조롱했다. 그녀는 그가 "내 생각으로는 당신이 나에 대하여 생각하는 그대로가 바로 나다."라고 정말로 말하는 듯하며 그가 자신의 어두운 피부색으로 인한 낮은 자존감으로 고통받고 있는 것이 아닐까 의문을 가졌다. 어두운 피부색의 학생 2는 비중이 작은 역을 택했지만 결국 촌극에 참여하지는 않았다.

학생 3은 유럽계 미국인이며 갈색 인형을 만들었다. 그는 가장 어두운 색을 선택하였다. 아마도 모두 유색인종으로 이루어진 집단에서 다른 학생들과 어울리려는 의도로 그러했으리라 사료된다. 학생 4는 중간 피부색의 아프리카계 미국인 학생으로 빨간색 인형을 만들었다. 그는 끊임없이 관심을 끄는 행위로 결국 직원에 의해 집단에서 제외되었다. 학생 5는 중간 피부색의 히스패닉계 미국인이었으며, 금색 인형을 만들었다. 그는 약간 내성적이고 고분고분하였으며 매우 구체적인 지시가 필요했다.

집단이 해결하기로 한 문제는 차에 갇힌 상황에서 '모든 아프리카계 미국인들이 자동차 자물쇠를 따는 법을 안다'는 그릇된 편견에 대한 것이었다. 학생 3은 백인이지만 아프리카계 미국인 역할을 했고 자신의 역할을 어려워하였다. 학생 1은 학생 3에게 집중하지 않는다고 말했다. 학생 1은 "백인들은 이런 문제들을 알 리 없거나 경험해보지 않았을 것이다."라는 의미 같았다. 이러한 상황에서 학생 3은 차 안에서 자물쇠 따는 법을 알 수 없다고 설명했다. 자신이 집중하고 있다는 것을 다른 참가자들에게 증명하고 아프리카계 미국인에 대한 그릇된 편견을 이해하기 시작하자 학생 3은 진심으로 참여하기 시작했다. 아이들은 자신이 차 안에 열쇠를 두고서도 차 자물쇠를 풀 수 있는 아이디어를 생각해내었다. 아이들은 학생 3으로 하여금 그가 차를 깨고 들어간 적이 없으며 자물쇠를 따는 법을 몰랐다는 거짓말을 폭로했다. 나는 아이들 모두가 문제해결에 참여했던 점을 상기시켰다. 그들은 각각 창문을 열기 위해 가상의 옷걸이를 찾도록 협력적으로 참여했다. 나는 방에 4개의 의자를 배열하여 차 내부 환경을 만들고 그들은 촌극을 연기했으며 마지막에 하이파이브를 했다.

중학생을 위한 공예인형 만들기 프로젝트

이 사례는 유럽계 미국인 학생들이 유색인 학생 수보다 우월하게 많은 중학교에서 공예인형 프로젝트를 진행한 것에 대한 것이다. 임무를 부여받은 학급은 정신병력이 없는 1학년 학생들로 구성되었다. 나는 3개월간 매달 1회 45분 동안 회기를 진행하였다. 학생들이 직접적으로 프로젝트에 참여하지 않는 동안 나는 혼혈인에 대한 그릇된 편견을 다룬 자료를 배포하였고 담임 교사들은 학생들에게 그릇된 편견에 대한 이해를 돕도록 하였다. 나는 학생들과 촌극을 진행하였고 담임 교사들도 계속적인 관심과 도움을 주었다. 두 달 후에 나는 학교 학생들과 학부모가 모두 모인 자리에서 축하공연을 맡게 되었다. All People's Day® 프로젝트에서 함께 작업한 모든 학생들이 공연에 참여하였다.

내가 설명하게 될 집단의 한 학생이 우리 회기가 시작되기 전날 밤 자기가 생각하기에 완벽한 촌극을 쓰고 싶은 영감을 받았다고 하면서 집단에게 그것을 사용해보라고 설득했다. 다른 집단에 비해 이점이 있다고 생각하면서 그 집단 구성원들은 편견 및 거짓말과 상호 문제를 선택하는 것을 조심하라고 내가 준 지침을 완전히 무시하고 말았다. 그들은 서로 할당된 촌극의 대사 연습을 진행했다. 그들의 자리는 학교 카페였다. 그 촌극은 한 아프리카계 미국인 학생 4명의 앉아 있는 테이블에 같이 앉아도 되는지 부탁하는 것을 어떤 학생이 표현하는 식으로 설정되었다. 이들 4명은 그에게 욕설을 하면서 자기들과 함께 점심을 먹는 것을 거부했으며 그것으로 그 촌극은 막을 내렸다.

집단의 공연이 끝나면 나는 항상 다른 집단에 갈채로 그들의 노력을 칭찬하고 건설적인 비판을 부탁하도록 청한다. 사후 평가에서 이 집단은 문제만 제시했음을 알게 되었다. 즉 그들은 해결안을 내놓지는 않았다. 답변을 요청했을 때 촌극을 공연했던 여학생들조차도 아프리카계 미국인 학생과 자리 공유를 거절한 학생들의 거절 이유를 답하지 못하였다. 이 촌극은 학교에서 발생할 수 있는 사건과 이러한 사건으로 인한 혼란을 반영하는 것 같았다. 자리에 모인 모든 이들이 뭔가가 잘못된 것을 알고 있었다. 그러나 아무도 그 이유를 알 수 없었다. 중학교 나이쯤의 학생들이 이성교제를 생각할 때 그들의 부모, 또래 친구, 사회로부터의 압력으로 인하여 그들은 동일한 문화 집단과 어울리도록 요구된다. 이 모호한 상황은 대처하기가 어렵다. 이것이 잘못임을 반증하기 위하여 상호 문제와 그릇된 편견을 인지함으로써 학생들은 문제를 보다 명확히 파악할 수 있었다.

집단 구성원들은 다소 위험부담이 없는 큰 창고에 갇히는 상황을 제안했다. 나는 학생들이 즉흥적인 역할극을 꾸미도록 하였다. 아프리카계 미국인 학생들이 다른 학생들과 옷장에 갇힌 상황을 어떻게 연기할지 방법을 찾기 위해 노력하는 과정에서 어떤 학생이 아프리카계 미국인 학생이 방과 후 청소부로 일하는 아이디어를 내놓았다. 이러한 상황은 부유한 동네에서 아프리카계 미국인의 사회적 위상을 반영하였음을 시사하였다. 학생들의 아이디어는 많은 것을 시사하였다. 아이디어 중 하나는 아프리카계 미국인 학생들이 컴퓨터 도사라는 설정으로 학교에서 새 컴퓨터를 설치하기 위해 고용된다는 것이었다. 아마도 학생은 컴퓨터 설치를 위한 장비를 옮기다 창고에 갇혔을 것이다. 다섯 학생들 모두 창고를 정리하는 일이 주어졌을 것이다. 나는 집단의 선택에 의문을 제기하지 않았다. 만약 어떤 비판이 가해진다면 그들의 창의성을 억제하리라 판단했기 때문이다. 그러나 돌이켜 생각해보면 학생들이 낸 아이디어의 의미를 논의해보았으면 좋았을 것이란 아쉬움이 남는다.

집단 촌극은 다섯 학생 모두가 물품 창고에 갇히는 상황을 연출하였다.

문이 저절로 닫혀 잠겼기 때문이다. 아프리카계 미국인 학생들은 창고 열쇠를 사용해서 다른 학생들이 문을 열고 나오도록 하여 그들을 풀어주었다. 집단은 '모든 아프리카계 미국인은 신뢰할 수 없으며 그들에게 도움을 받으면 안 된다'라는 그릇된 편견을 상기하였다. 촌극은 다른 사람들이 그들과 합류하기 위해 아프리카계 미국인 학생을 초대하여 구내 식당에서 다시 만나서 학생들과 함께 결론을 내렸다. 촌극은 학생 모두가 식탁에 둘러앉아 점심식사하는 상황을 연출하는 것으로 마무리되었다.

All People's Day®의 상징물 만들기 : 다문화 문제 대처하기

미술치료사는 종교적 · 사회적 · 문화적 맥락이 이주민 내담자의 예술작품에 포함된 상징물에 지대한 영향을 미칠 수 있다는 것을 깨달았다. 예를 들어, '빗속의 인물 그리기' (Hammer, 1958)는 개인이 환경적 스트레스에 어떻게 적응하는지 평가하기 위한 것이다. 스트레스를 극복하기 위한 내담자의 방어는 우산, 코트 또는 나무와 같은 형태로 묘사된다. 그러나 중동, 아프리카와 같은 지역의 내담자는 비 내리는 날씨를 경험한 적이 별로 없다. 그래서 이러한 내담자들이 비를 묘사한 것에 스트레스 요인이 존재한다고 볼 수 없다. 사실 아라비아 반도와 북아프리카에서 비는 신의 은총으로 여겨지며 사람들은 비를 맞으며 춤추기도 한다. 이러한 사실에 익숙지 못한 유럽계 미국인 치료사는 이러한 지역 출신의 이민자가 그린 빗속의 인물화를 오해할 요지가 있다. 특히 그림 속 사람이 스트레스의 근원인 비를 환영한다면 말이다. 따라서 내담자의 문화적 차이에 대한 주제를 주도하며 회기 진행은 주제에 더욱 접근 가능하도록 하며, 치료사로 하여금 내담자의 출신 국가에 대한 정보를 얻어야 한다. 이민자 내담자가 인종적 정체성을 보존하는 것 또한 중요한 문제이다. 정체성 보존은 도덕적 고결성과 자존감을 가질 수 있도록 도우며 새로운 세계로의 통합이라는 다면적 상황에서 그림을 그릴 수 있도록 용기를 북돋아 준다 (Hiscox & Calisch, 1998). All People's Day® 프로젝트는 긍정적이고 수용적인 이미지를 통하여 문화적 다양성이라는 주제의 교두보 역할이 될 수 있다.

내가 처음 만든 상징물은 프로젝트 역할의 예시이다. 이 상징물은 네 가족을 구리, 흑단, 은색 그리고 금색 금속으로 묘사하여 만들었다. 각각의 가정은 다른 대륙, 다른 인종과 다른 문화를 나타낸다. 각각의 가족은 다른 연령대의 두 남성과 두 여성으로 구성되었다. 인물들은 세계 평화와 이해를 위한 희망을 상징화하기 위하여 서로 손을 맞잡고 있다. 네 가족은 원으로 연결되어 모두가 한 가족임을 보여주고 있다.

상징물 프로젝트의 참가자들은 각각의 가족 이미지가 담긴 그림을 나누어 받는다. 이미지는 빨간색, 갈색, 베이지색 또는 금색으로 표시되어 따로 분리되거나 함께 연결되는 방식으로 디자인되어 원래 이미지와 같이 손을 맞잡고 있는 방식으로 구성되어 있다. 참가자들은 자신의 조상들의 출신 국가를 결정하며 네 가족을 색칠한다. 어린아이들은(그림 14.3 참조) 각각의 가족에 단일 색상을 사용할 수 있다. 참가자들은 우리 세상은 각기 다른 인종 집단으로 구성되었다는 매우 단순한 개념에 초점을 맞춘다.

청소년과 성인은 자신의 문화적 배경을 포함하여 각각 가족의 출신 국가의 국기와 민족 의상을 그릴 수 있다. 만약 참가자들 가족의 출신국을 모른다면 자신이 마음에 드는 국가를 선택하도록 하였다. 대부분의 사람들이 조상의 전통 의상을 모른다는 것을 알게 되었다. 도서관이나 인터넷을 통해 민속 의상 그림을 찾기는 어려운 일이어서 나는 조사를 통해 40여 개국의 전통 의상 샘플을 직접 그렸다. 이 샘플은 낱장을 플라스틱

그림 14.3 어린 학생이 네 가족의 문화적 다양성의 아름다움을 그린 그림(사진 : Angelo Quaglia)

끈으로 한데 묶어 안내서로 제작되었다. 참가자의 요구에 따라 두 가지 깃발로 혼혈가족을 표현한 것을 추가하였다(장애인에 대한 존중으로, 휠체어를 탄 가족이 있는 표현은 또 다른 선택 안이다).

공예인형 만들기 프로젝트와 마찬가지로 상징물 프로젝트는 축하 행사에서의 프레젠테이션으로 마무리되었다. 초등학교 학생들은 민족 음악, 춤 그리고 시 또는 조상에 대한 공연을 했다. 청소년과 어른이 서로 다른 인종 집단 간에 있을 수 있는 오해에 대한 촌극을 공연한다. 준비된 원고는 참가자 자신의 아이디어 또는 내가 제공한 사례를 기반으로 하였다. 촌극을 만들 집단을 위한 또 다른 선택안은 문화 의상을 입은 실물 크기의 인물 색칠하기이다. 복장은 내가 제작한 자료를 참조하고 인물들의 팔은 서로 손을 잡는 모습으로 겹칠 수 있다. 각각의 그림은 한 집단의 촌극(그림 14.4 참조) 인물을 나타낸다. 이 촌극은 All People's Day® 행사에서 공연되었다. 또한 완성된 이미지는 관객을 둘러싸도록 커다란 원형으로 벽에 부착되어 다른 문화적 배경을 가진 실물 크기의 인물이 무대소품으로 쓰였다.

조화로움을 육성하고 세상 사람들이 지닌 피부색의 아름다움, 다양성 그리고 그들의 의상을 높게 사는 것 이외에도 상징물 프로젝트는 자기 조상의 나라에 대한 관심을 불러일으켰다. Monica McGoldrick(1998)의 다문화가족연구소는 사람들이 자신과 타인을 더욱 잘 이해하도록 자기 가족의 문화적 근원을 알아볼 것을 권하고 있다. 참가자들은 자신의 가족이나 다른 집단이 미국에 온 이유를 조사할 수도 있다. 자신들의 조상이 어떻게 대우받았는지 알게 된다면 사람들이 새로운 이민자를 더 잘 받아들이도록 도울 수 있을 것이다.

그림 14.4 학생들에 의해 만들어진 실물 크기의 인물들이 다양한 문화를 지닌 사람들 사이에서 있을 수 있는 오해에 대한 창작 촌극의 배경이 된다(사진 : Angelo Quaglia).

상징물 프로젝트의 촌극

앞서 거론한 백인 학생이 대부분인 중학교 1학년 학급에서 네 집단으로 나누어 상징물 프로젝트를 실시하였다. 전통 의상을 그리도록 하여 자신과 타인의 문화 집단에 대한 관심을 불러일으켰다. 일본인 학생은 네 집단 중 한 집단을 주도하였다. 그녀는 다른 집단원들에게 일본에서는 저녁 식사에 초대받은 손님이 와인을 선물로 가져오는 것은 모욕이라고 알려주었다. 그녀의 집단은 이러한 주제로 촌극을 준비하였다. 일본인 소녀는 집단원들에게 자신의 가족생활을 더 상세히 묘사하며 집단 리더로서 의기양양해졌다.

다른 집단은 '소말리아와 같은 일부 이슬람 국가에서 다른 사람에게 발 또는 신발 바닥을 보이는 것은 모욕' 이라는 사례를 인용했다. 집단은 다음과 같은 상황을 설정했다. 소녀는 친구의 집에 초대받았고, 소녀의 친구는 발을 무릎 방석 위에 올려놓았는데 하필이면 발바닥이 소녀를 향하고 있어서 소녀가 매우 분노하는 상황을 연출하였다. 소녀 친구의 가족은 왜 소녀가 소리를 질렀는지 물어봤지만 소녀는 답할 수 없을 만큼 화가 나 있었다. 친구의 어머니 역할을 연기한 학생은 그 소녀의 이해할 수 없는 행동에 부정적인 말을 했다. 처음에 학생은 소녀를 모독한 상황을 설명하라고 하였고 나는 현실에서 사람들의 문화적 차이에서 기인한 해프닝이라고 지적하였다. 그래서 딸은 조용히 문제를 논의할 수 있는 공간으로 그녀의 새로운 친구를 데려오기로 결정하였다. 촌극은 해명과 사과로 마무리되었으며 좀 더 깊은 우정에 대한 희망으로 결말났다. 이 촌극을 공연하며 학생들은 극 중 어머니와 같은 섣부른 판단을 대신하여 다른 문화권 사람들과의 일상적인 상황에서 있음직한 문화적 오해를 찾는 것을 배웠다고 의견을 나누었다.

평화의 종이학 프로젝트 : 평화 문제 다루기

만약 우리가 세상 모든 사람들을 걱정한다면 우리는 지극히 당연하게 그들의 평화를 원할 것이다. 그래서 All People's Day®를 위한 평화의 상징으로 종이학을 접는 것을 선택했다. 나는 학을 선택했는데 이는 제2차 세계대전에 대한 감동적인 이야기와 평화를 소망한 소녀 사다코의 이야기와 관련이 있다. 사다코 이야기를 통해 참가자들은 최근 '대량살상무기'라고 통칭되는 핵폭탄의 위력에 대하여 알게 되었다.

사다코 이야기는 1,000개의 종이학이 완성되면 모든 일이 잘 될 것이라는 고대 일본전설에 대한 것이다. 히로시마에 투하된 원자폭탄의 장기적 영향으로 방사능 때문에 죽어가는 사다코는 종이학에 대한 설화를 알게 되었고 1,000마리의 학을 접기 시작하였다. 그녀는 12세 나이에 백혈병으로 죽어가고 있었지만 타인에 대한 배려심을 잃지 않았다. 그녀는 히로시마 시 시장에게 특별한 의미의 학을 보내 세계 평화를 위한 그녀의 희망을 전하고자 하였다. 그녀는 종이학의 날개에 '평화'라고 써서 세상에 평화를 널리 전하길 원했다.

이민자들이 겪은 인권 문제, 9·11 사건 희생자 또는 이라크같이 전쟁으로 파괴된 나라의 사람들에게 이 프로젝트를 통해 이러한 이야기가 전해질 것이다. 종이학은 개인적 관점과 넓은 관점에서 평화 문제에 관한 은유적 표현 방식이다. 공예작품 이면의 깊은 의미를 이해한 후(그림 14.5 참조) 참가자들은 자신들의 평화를 기원하는 종이학을 접는다. 타인에게 도움이 되기 위하여 찾아온 사람들의 이름을 보여주는 이름표를 종이학에 매달아 평화로운 세상을 창조하는 데 일조한다. 참가자는 유명인이든 무명인이든 선택할 수 있다. 학교에서는 학생들 자신의 학급을 위한 평화지킴이로 임명되며 승리자의 이름은 종이학에 걸린다. 타인에 의한 온정

그림 14.5 Susan이 학생에게 만국 평화의 상징인 종이학을 접은 것을 도와주는 모습(사진 : Angelo Quaglia)

은 참가자의 선택이 평화의 종이학 집단에 추가될 경우에 상징적으로 전달된다.

수상 실적이 있는 사람들은 종종 그들의 이름을 결정하는 사람들의 필요에 의한 것이다. 예를 들어, 가난한 지역에서 아이들은 지속적으로 자신의 기본적인 욕구를 충족시켜주는 부모를 공경한다는 사실을 알게 되었다. 어떤 10대 청소년들은 자신이 좋아하는 가수를 동경한다. 학생들에게 자신이 좋아하는 가수의 노래 가사에 담긴 의미를 조사하도록 한다. 이는 노래 가사는 사람들에게 긍정적인 메시지를 준다는 것을 보여주기 위해서이다. 반항적인 메시지는 학교 중재원 또는 중재위원에게 문제를 제시하거나 청원서에 서명을 하는 것이나 국회의원에게 메일을 보내는 것과 같은 국지적 또는 국제적 문제에 대한 평화시위 참여와 같은 긍정적인 동기로 전환될 수 있다.

존경하는 인물을 기리는 시, 촌극, 춤 또는 노래가 축제에 올려지기도 하였다. 다른 사람들을 향한 긍정적인 행동을 강조하는 리듬의 랩을 읊으면서 커다란 카드 위에 '평화'라고 쓰고, 평화를 증진하는 방법을 설명하는 단어로 시작하는 문자를 사용하는 식의 집단 발표가 진행되었다.

히로시마의 날 행사에 참석한 100여 명의 성인들은 하바쿠샤[5]의 사연을 듣고 All People's Day® 프로젝트와 평화의 종이학에 대하여 알게 되었다. 참석자 중 한 사람은 내게 종이학이 그녀에게 희망을 선사하였고 집에 종이학을 걸었다고 하였다.

결론

각 프로젝트의 시각적 요소들은 인종, 문화, 평화의 문제에 관련된 비언어적 경험을 체험하도록 하였다. 공예인형 프로젝트는 우리가 서로 같은 재료로 만들어졌음을 보여준다. 상징물 프로젝트는 시각적으로 세상 사람들 모두가 한 가족임을 증명한다. 평화의 종이학 프로젝트는 전쟁이 세계를 파괴할 수도 있고 평화는 세상의 구세주가 된다는 메시지를 담고 있다. 행사의 하이라이트를 준비하며 참가자는 초기 예술표현을 다른 양상으로 확장하였다. 이것은 그들로 하여금 일상에서 다문화를 생각해보는 계기가 되었다.

공예인형 만들기 프로젝트

프로젝트의 공연은 학생들에게 인종 간 연대감을 결속시키는 노래와 시를 들려준다. 아프리카계 미국인 학생들은 자신의 인종 집단에 대한 그릇

---

[5] 역주 : 원폭 생존 피해자

된 편견이 오해임을 보여주는 상황극을 설정하기도 하였다.

Leary(2004)는 남아프리카공화국으로 여행을 다녀온 후 다음과 같이 회고한다.

> 나는 남아공의 서너 도시를 여행했지만 적대감을 느끼지 않았다. 그 여행으로 나는 (미국) 공항에서 느꼈던 적대감의 수준을 비교하였다. 사회과학자로서 나는 이 현상이 무엇인지 내 자신에게 물었다.

수개월에 걸친 인종차별 공청회에서 그녀는 다음과 같이 증언하였다.

> 남아프리카공화국 정부는 인종차별이 존재한다는 사실을 인정합니다. 그들은 인종차별을 인정할 수밖에 없습니다. 아주 유감스럽지만 남아프리카공화국에는 인종차별이 남아 있습니다. 반면 미국은 이러한 병리학적 현상을 거부합니다. 사실 문제를 외면하는 것이 인종차별 문제를 키우는 것입니다. 미국사회는 인종차별이 존재한다는 것을 인정하길 거부합니다.

첫 번째 사례는 공예인형 만들기 프로젝트로 아프리카계 미국인 학생들에게 현재 직면한 문제를 치유과정의 일환으로 공표할 기회를 주었다(나는 같은 이유로 아프리카계 미국인 사회의 노예제도 배상운동을 지지한다). 공예인형 만들기 프로젝트는 앞서 인용한 사례에 등장한 백인 학생들을 위한 인식개선에 기여하였다. 첫 번째 사례를 통해 유럽계 미국인 학생은 아프리카계 미국인에 대한 그릇된 편견을 가지고 있었음을 인식하게 되었으며, 촌극에서 자신의 역할을 통해 그릇된 편견을 체험할 기회를 가지기도 하였다. 두 번째 사례는 백인 학생들의 구성이 우세한 학교에서 유색인 학생들이 지배적인 문화가 주는 영향에 분투하는 내용을 담고 있다. 또래 집단과 친밀감을 형성하는 것은 학교에서 점심을 같이 먹은 후의 다음 단계이다. "모든 사람은 동등하게 대해야 해."라고 말하는 것과 현실적으로 다른 문화권 친구의 과제를 도와주는 것은 다르게 다루어져야 한다.

미국인구조사국(2004)에 따르면 히스패닉과 아시아인 인구는 향후 50년 동안 3배로 증가할 것이며 비히스패닉 백인이 전체 미국 인구의 절반을 차지할 것이라고 전망하였다. 이는 서로 다른 문화의 사람들이 상호작용할 기회가 많아졌다는 것을 의미한다. 선택의 여지는 있다. 우리는 나와 다른 사람들을 배척하며 문화적 오해를 옹호할 수도 있고, 더 나은 유대감을 형성하고 문화적 차이를 이해하는 개방적인 태도를 취할 수도 있다.

상징물 프로젝트

이 프로젝트는 문화적으로 인식하는 방식을 제공한다. 첫 번째 주제는 다른 국가 출신 사람들의 묘사를 통해 도입되는데, 이는 '이민자' 문제를 탐구하는 자연스러운 소통장치를 제공하며 우리 모두에게 영향을 미치는 근원과 소통하지 않는 사람에게 잊혔던 자신의 뿌리를 찾도록 독려하는 것이었다. 두 번째 촌극은 참가자들로 하여금 다른 문화를 이해하고 실감하도록 하며, 긍정적인 관점에서 자신의 문제를 해결하도록 돕는다.

각 행사는 전체 구성원이 팔을 자신의 가슴에서 교차하여 손을 잡아 상징물을 형성하는 것으로 절정에 이른다. 우리는 다음과 같은 문구를 암송하면서 범지구적 유대감을 표현한다.

All People's Day®의 상징물처럼 행동하기

가까운 사람과 팔과 마음을 교차해보세요.

나를 따라해보세요. (굵은 글자체로)

우리 모두 함께 하네 : ______________(장소를 넣으세요)

______________(마을을 넣으세요.)

______________(주를 넣으세요.)

미국에서

지구에서

우주에서

우리 모두는 : 행복을 느껴요

슬픔을 느껴요

화가 나요

뿌듯함을 느껴요

우리 모두 함께 : 홀로

특별함

사람들

팔을 올려 외쳐보세요 : 즐거운 All People's Day®

평화의 종이학 프로젝트

평화의 종이학 프로젝트는 우리 시대가 직면한 위험을 일깨우고, 세상을 치유하고 타인을 돕는 이들을 칭송하는 것에 대한 교훈을 주었다. 사다코의 감동적인 이야기는 아이나 어른에게 용기를 준다. 무력감과 절망감을 느끼는 대신 문제에 대한 적극적인 행동을 보이는 것은 미국식 접근 방식이다. 따라서 나는 9·11 사태 이후 매주 같은 장소에서 평화운동을 실현하였다. 많은 사람이 참여하였고 많은 문제를 논의하였다. 그리고 우리는 앞서 거론한 히로시마의 날과 같은 특별한 행사를 개최하기도 하였다.

오늘날과 같은 전쟁과 테러의 시대에 나는 미술치료사로서 사람들의 두려움과 강박관념을 해소하는 데 도움을 줄 뿐만 아니라 병든 사회에서 그러한 두려움이 실제 사건으로 발생하였을 때 인식할 수 있도록 의무감을 가지고 있다. 우리는 세상의 다양한 사건들, 이국적 문화 또는 유색인종에 대한 그릇된 편견의 화살을 개인에게 돌리는 대신 공동체적인 사회적 역할에 초점을 맞춰야 한다. 우리 사회는 All People' s Day® 같은 축하 행사로 이러한 보편적인 문제들을 인식할 수 있다. 우리는 우리 아이들이 조화로운 세상에서 살기 위해 미래를 준비해야만 한다.

All People' s Day® 기념일 축하 행사에서 간디에게 헌정된 한 편의 시가 모든 사람의 손동작으로 공연되었다. 시는 다음과 같이 시작된다

> 나는 당신에게 평화를 주고 싶어요. (손바닥을 위로, 앞으로) 나는 당신에게 사랑을 주고 싶어요. (손을 가슴에 대고) 나는 당신에게 우정을 주고 싶어요. (손을 귀에 대며) 나는 당신의 아름다움을 느껴요. (손으로 눈을 가리키며) 나는 당신이 무엇을 원하는지 알고 싶어요. (손을 귀에 대고) 나는 당신의 감정을 느낍니다. (손을 가슴에 교차하며) 나의 지혜는 더 높은 근원에서 나오지요? (왼손은 가슴에, 오른손은 얼굴 오른쪽 관자놀이에) 나는 당신 안에 있는 그 근원에 인사를 드립니다. (손을 턱 아래에) 단합과 사랑을 위해 우리 함께해요. (손을 접어서)

나는 여기에 '행복한 All People' s Day' 를 추가했다. (팔을 위로 펼치며)

참고문헌

American Psychiatric Association (1994) *Diagnostic and Statistical Manual of Mental Disorders* (4th edn). Washington, DC: American Psychiatric Association.

Bell, D. (1993) *Faces at the Bottom of the Well: The Permanence of Racism.* New York: Basic Books.

Brown, M.K., Carnoy, M., Currie, E., Duster, T., Oppenheimer, D.B., Shultz, M. and Wellman, D. (2003) *Whitewashing Race: The Myth of a Color-Blind Society.* Berkeley and Los Angeles, CA: University of California Press.

Ferguson, C. (2004) "Improvement seen in US race relations: But majority of blacks says unfairness persists" (Electronic version). *The Boston Globe,* 9 April.

Gandhi, M.K. (no date) "I offer you peace." Retrieved 26 February 2006 from www.quoteworld.org/quotes/5235

Hammer, E.F. (1958) *The Clinical Application of Projective Drawings* (5th edn). Springfield, IL: Charles C. Thomas.

Hiscox, A.R. and Calisch, A.C. (eds) (1998) *Tapestry of Cultural Issues in Art Therapy.* London: Jessica Kingsley Publishers.

Leary, J. (2004) "Posttraumatic slave syndrome." Presentation given at the Abyssinian Baptist Church in New York, NY, 15 January.

McGoldrick, M. (1998) *Re-Visioning Family Therapy.* New York: Guilford Press.

Pinderhughes, E. (2002) "The legacies of slavery and racism." Paper presented at the 11th Annual Culture Conference on Truth and Reconciliation, Highland Park, NJ, May.

US Census Bureau (2004) Press release on race, 18 March. Retrieved from www.census.gov/ipc/www/usinterimproj

Talwar, S., Iyer, J. and Doby-Copeland, C. (2004) "The invisible veil: Changing paradigms in the art therapy profession." *Art Therapy: Journal of the American Art Therapy Association 21,* 1, 44–48.

기고자

Pat B. Allen

Pat B. Allen은 30년 이상 미술작가 겸 미술치료사로 활동하고 있다. 그녀는 현재 온라인 가상 스튜디오 www.studiopardes.com 개설을 위해 개발 중에 있다. 또한 미술은 지식의 방편(*Art is a way of knowing*)과 미술은 영적인 길(*Art is Spiritual Path*)의 저자이며 다수의 연구를 발표하기도 했다. 그녀는 실용성에 기반을 두고 남다른 길을 가기도 하지만 때로는 성공에 이르기도 한다. 현재 시카고예술대 겸임 부교수이며, 미술치료와 관련하여 여러 차례 작품을 제공하고 있다.

Edward 'Ned' Albert Bear

Edward 'Ned' Albert Bear는 지난 15년간 현역 자연조각가로 활동하였다. 그는 캐나다 뉴브런즈윅 주 프레더릭턴 소재 뉴브런즈윅디자인공예주립칼리지를 우수한 성적으로 졸업한 후 아티스트로 활동을 시작했다. 이후 예술교육 분야에서 꾸준히 공부한 그는 향토 예술 전공으로 학사학위를 받기도 했다. 또한 뉴브런즈윅 예술위원회 위원을 역임한 바 있으며 현재에는 뉴브런즈윅 고고학 자문위원회 위원으로 활동하고 있다. 현재 그는 세인트메리스퍼스트네이션 지역교육위원회 이사회에서 여러 직무를 수행하고 있다. Ned의 마스크와 인간형상 조각작품은 주로 역사적이고 전통적인 신념에 대한 해석을 요한다. 그의 작품은 여러 곳에서 널리 전시되고 있다.

Susan Berkowitz

Susan Berkowitz는 고등학교, 대학교, 보건시설 기관, 미국미술치료협회, 교회 및 청소년 법원시설 등 50곳이 넘는 뉴저지의 다양한 현장에서 All People' s Day® 프로그램을 운영하였다. 이러한 노력의 결과 뉴저지 애틀랜틱시티는 All People' s Day®를 도시 공휴일로 지정한 첫 번째 지자체가 되었다. 이전에 그녀는 낮 치료 프로그램과 정신병동과 관련하여 20년 이상 정신건강 미술치료 분야에서 활동한 바 있다. 또한 12년 동안 뉴저지 미술치료협회 위원을 지내기도 했다.

Michael Franklin

Michael Franklin은 1981년 이후 학계 및 임상과 관련한 다양한 환경의 미술치료 부문에서 활동하면서 지도한 바 있다. 1986~1997년 동안에는 오하이오에 소재한 볼링그린주립대학교에서에서 미술치료를 지도한 바 있다. 현재 콜로라도 볼더에 소재한 나로파대학교 미술치료 대학원 이사회 이사로 재직 중이다. 그는 미국 내는 물론 해외에서도 강의를 하고 있으며 미학, 자립, 에이즈 아이코노그래피(도해), 해석 전략, 지역사회 기반 미술치료 등 여러 분야에서 다양한 범위의 연구로 공헌하고 있다. 현재 아티스트 겸 연구자로 활동하는 그의 작품은 미술치료, 요가, 철학 및 명상 간 상관관계에 주로 초점을 맞추고 있다. 또한 메사추세츠 소재의 한 대학에서 철학박사 과정을 밟고 있다.

Lani Gerity

Lani Gerity는 노바스코샤의 인형 제작가, 작가, 미술치료사 겸 세계 여행가로 활동하고 있다. 그녀의 열정으로 인해 여행을 단어와 이미지로 결합하는 비전통적인 방식을 모색하고 있다. 인형과 이야기는 바닷가 부근에 있는 전형적인 어촌 집에서 그녀가 창의적인 기술로 힘을 쏟고 있는 부분이다. 인형 제작 관련 일과 글 쓰는 일 외에도, 지도와 관련하여 미국과 캐나다에서 그녀가 가장 만족할 만한 활동을 하고 있는 분야가 있는데 세대 간을 뛰어넘는 인형 제작 강습회가 바로 그것이다.

David E. Gussak

David E. Gussak은 탤러해시에 소재한 플로리다주립대학교 미술치료과정 조교수로 재직 중이며 현재 미술치료에 종사하고 있다. 그는 미술치료사의 작품, 법 환경에서의 미술치료 및 공격적이고 폭력적 성향의 의뢰인, 그리고 현장에서 부닥치는 다양한 법률 문제들에 대해 국내외 및 지역에서 연구물을 발표해왔고 작품들을 제출해왔다. 그는 **그림 그리는 시간 : 미술치료 교도소 및 교정 시설 적용**(*Drawing Time: Art Therapy in Prisons and Other Correctional Settings*)의 공동 편집자 겸 보조 저자이기도 하다. 미국미술치료협회 위원으로 활동한 바 있으며 현재 *Art Therapy* 저널 편집에 참여하고 있다.

Dan Hocoy

Dan Hocoy는 임상심리상담 전문가이자 캘리포니아 카핀테리아 소재 퍼시피카대학원의 핵심 교수진 교수이기도 하다. 그는 또한 심리학과 문화 및 지역사회 역량강화 간 상호관계를 다룬 여러 연구와 저서의 저자로도 알려져 있다. 그의 현재 연구는 개인과 집단 변화 사이의 관계에 있어 예술과 치료의 역할에 대해 탐구하고 있다. 그는 사회정의 문제에 오랜 관심을 가져왔고 남아프리카공화국의 진실과 화해위원회 및 캐나다 교정 기관 같은 문화 간 분쟁해결을 위한 정부 및 기관 컨설턴트로 일하였다.

Maxine Borowsky Junge

Maxine Borowsky Junge는 미술작가, 미술치료사, 작가, 교사, 기관 직원, 조직개발 컨설턴트 겸 사회변화 대행자로 활동 중이다. 또한 로스앤젤레스 소재 로욜라메리마운트대학교 가족치료(임상미술치료)학과 명예교수직을 맡고 있다. 이 대학에서 9년 동안 해당 학과 학과장으로 지냈으며 해당 학과를 개설한 멤버이기도 하다. 그녀는 또한 이매큘러트하트칼리지, 고다드칼리지와 시애틀 소재 안티오크대학교에서 강의를 하였다. 인간과 조직시스템학 박사학위 소지자이며 미국미술치료협회에서 수여하는 최우수상을 수상한 바 있고, 협회평생명예회원(HLM)이기도 하다. 그녀는 수많은 논문을 발표하였고 두 권의 저서가 있는데, **미국 미술치료 역사와 창조적 현실 : 의미를 찾아서**(*The History of Art Therapy in the United States and Creative Realities: The Search for Meanings*)의 전체 내용 중 1/3 정도는 공동 저자 Harriet Wadeson과 집필하였으며, **미술치료의 구조 : 기억과 삶의 이야기**(*Architects of Art Therapy: Memories and Life Stories*)는 2006년 말에 출간되었다. 그녀는 30년 이상 개인 치료실을 운영하였으며 그녀의 작품은 널리 전시되었다.

Frances F. Kaplan

Frances F. Kaplan은 뉴저지 소재 캐리어재단에서 창의적 예술치료 전문가 팀장 및 뉴욕에 위치한 호프스트라대학교 대학원 미술치료 프로그램의 공동 코디네이터 근무를 비롯하여 미술치료 관련 교육, 현장 치료 및 강연 부문에서 다양한 경험을 가지고 있다.

그녀는 오스트레일리아의 퍼스에 소재한 에디스코완대학교에 1년 동안 출강하였으며, 오리건에 위치한 포틀랜드주립대학교에서 예술과 갈등해결 과정을 개설하고 강의한 바 있다. 현재 그녀는 오리건 주 소재 메릴허스트대학교에서 미술치료 대학원 과정을 지도하고 있으며 미국미술치료협회저널(*Art Therapy: Journal of the American Art Therapy Association*)의 미술치료 편집자로 4년 동안 근무하였다. 예술, 과학 및 미술치료 : 리페인팅(*Art, Science and Art Therapy: Repainting the Picture*)의 저자이기도 하다.

Rachel Lev-Wiesel

Rachel Lev-Wiesel은 이스라엘에 있는 하이파대학교 사회복지학과 부교수이다. 그녀는 또한 이스라엘 가정폭력 · 성폭력 대책협회 의장을 맡고 있다. 최근까지 이스라엘 베에르셔바에 소재한 벤구리온대학교 대학원 미술치료 과정 학과장 및 학부 사회복지학과 학과장으로 재직한 바 있다. 그녀는 트라우마와 홀로코스트 및 그림분석과 관련한 네 권의 저서 외 80편 이상의 논문과 연구를 발표하였다.

Marian Liebmann

Marian Liebmann은 여성 단체 및 지역사회 단체와 함께 범죄자들을 대상으로 미술치료에 종사해왔으며, 현재는 영국 브리스톨에 있는 시립 정신건강기구에서 근무하고 있다. 영국 및 아일랜드의 여러 대학에서 미술치료 관련 지도와 강의를 하고 있다. 명상과 갈등해결 분야에도 종사하고 있으며, 여러 나라에서 '예술 및 갈등'을 주제로 워크숍을 운영하였다. 그녀는 범죄자 미술치료(*Art Therapy with Offenders*), 갈등 미술치료(*Arts Approaches to Conflict*)와 집단 미술치료(*Art Therapy for Groups*)의 두 번째 개정판(2004)을 편집, 출간한 바 있다. 그녀는 미술치료, 정의적 사법 및 명상 부문 연구로 롱포드상 특별 공로상을 수상한 바 있다.

Rachel Citron O' Rourke

Rachel Citron O' Rourke는 오리건 주 포틀랜드에서 활동하는 미술치료사이자 사회행동가이며 예술가이다. 그녀는 보스니아, 소말리아, 과테말라, 캄보디아, 불가리아와 시카고 도심지역 출신의 전쟁 피해자, 고문 생존자들을 대상으로 활동하고 있다. 그녀는 총기 폭력에 대항한 국제예술가 기구인 페이퍼 피플 프로젝트Paper People Project의 창시자이다. 또한 그녀는 아픈 아동과 청소년을 대상으로 미술치료사로서 광범위하게 활동하고 있다. 그녀는 틈틈이 저술활동도 하며 친구인 Susan Beal, Torie Nguyen, 및 Cathy Pitters와 함께 첫 번째 저서인 훌륭한 기술 : 75개의 놀라운 방법 프로젝트에 관하여(*Super crafty: Over 75 Amazing How-To Projects*)를 저술한 바 있다.

Merryl E. Rothaus

Merryl E. Rothaus는 나로파대학교 초인격 상담 심리학/미술치료학과를 졸업하였다. 정식 미술치료사이자 전문 상담사이기도 한 그녀는 나로파의 외래교수 겸 대학 산하 미술치료기관 직원으로 재직 중이며, 나로파 커뮤니티아트스튜디오의 현장 코디네이터이기도 하다. 그녀의 열정적 신념은 또한 청소년을 위한 여러 '사회행동 예술표현' 단체 창설 및 운영으로 이어졌다. 이들 단체의 작품이 전시되고 작품 판매 수익금은 사회의식 단체들을 위해 쓰인다. 그녀는 개인 미술치료업에 종사하고 있으며, 하코미세러피 방식의 초인간적 그리고 게슈탈트 미술치료와 대학원 연구 방식을 통합해 운영하고 있다. 그녀는 청소년 대상 미술치료와 사회운동의 효능에 대한 국내 미술치료 콘퍼런스에서 그녀의 연구를 발표하였다.

Kendra Schpok

Kendra Schpok은 청소년 및 성인 정신과 입원 병동, 청소년거주치료센터, 병원 소아 병동 및 시립 청소년 정신치료기관에서부터 청소년, 가족과 성인을 대상으로 한 현재 연구에 이르기까지 풍부한 경험을 지닌 미술치료 전문가이다. 그녀는 또한 치료목적 학교의 상담사이며, 가족미술치료센터 교육담당 직원 겸 거주 치료목적 아동 대상 가족을 위한 부모 지원 단체의 공동 리더이기도 하다. 2004~2005년 동안 나로파커뮤니티아트스튜디오의 공동 코디네이터로도 활동하며 행정 감독 및 청소년 기업연계 사업인 버드홈사업 지원금 조성 및 프로그램 개발 업무를 담당하였다. 그녀는 또한 전통 공예에서 드로잉, 회화 및 그래픽 디자인에 이르기까지 여러 매체에 출연할 정도로 성공을 거둔 아티스트이다.

Annette Shore

Annette Shore는 오리건 주 포틀랜드에 소재한 개인 병원 임상미술치료사 및 관리자이며 오리건 주 메릴허스트 소재 메릴허스트대학교 미술치료 석사과정 겸임교수로 재직 중이다. 그녀의 연구는 개인과 사회가 상호 간에 영향을 미칠 것이라는 점을 강조하고 있다. 그녀가 강조하는 이러한 과정을 통해 갈등을 효과적으로 대처하기 위해서 개인의 능력을 향상시킬 수 있으며 이는 건강한 사회 건설에 기여한다. 미술치료 배경하에서 어린이와 성인 발전 및 대인관계 측면에서 치료 관련 측면에 초점을 둔 여러 편의 연구물의 저자이기도 하다.

Nancy Slater

Nancy Slater는 일리아노 주 시카고에 소재한 알더직업심리학대학원 미술치료학과 학과장이며, 이전에는 캔자스 주 엠포리아 소재 엠포리아 주립대학교 대학원 미술치료 과정 학과장을 지낸 바 있다. 그녀는 국제미술치료사네트워킹협회 네트워크 업무 핵심 담당자로 활동하고 있으며 미국미술치료협회AATA 연구위원회와 AATA 윤리위원회 위원장을 역임한 바 있다. 과거에 이스라엘 베에르셔바의 벤구리온대학교에서 최초 미술치료 프로그램을 개설하고 미술치료를 지도하였으며 그전에 오스트레일리아 멜버른에서 지도한 경력도 있다. 국제 콘퍼런스 및 미국에서 여러 연구를 발표하였다. 그녀의 주요 관심사는 트라우마와 대인관계 및 정치적 폭력에 대한 국제 미술치료 및 미술치료 연구이다.

Anndy Wiselogle

Anndy Wiselogle은 이스트메트로 약물치료협회(오리건 주 그레셤 소재의 커뮤니티센터)의 이사이며, 직장 갈등을 전문으로 다루는 민간 중재자이기도 하다. 그녀는 오리건 주 포틀랜드 소재 포틀랜드주립대학교의 외래교수 이며, 지역사회의 구성원 및 중재자를 위한 갈등 관련 단체들을 이끌면서 예술과 갈등에 대해 탐구하고 있다. 갈등해결협회 및 오리건중재협회원이기도 하다.

찾아보기

| 기타 |